Innovation Sozialer Dienstleistungen

Andreas Langer · Johannes Eurich ·
Simon Güntner

Innovation Sozialer Dienstleistungen

Ein systematisierender Überblick auf
Basis der EU-Forschungsplattform
INNOSERV

 Springer VS

Andreas Langer
Department Soziale Arbeit
HAW Hamburg
Hamburg
Deutschland

Simon Güntner
Fakultät Architektur und Raumplanung
TU Wien
Wien
Österreich

Johannes Eurich
Diakoniewissenschaftliches Institut
Universität Heidelberg
Heidelberg
Deutschland

Diese Publikation ist ein Produkt des EU Forschungsprojekts „Social Platform on Innovative Social Services – INNOSERV", das von der Europäischen Union im 7. Forschungsrahmenprogramm gefördert wurde (Nr. 290542).

Elektronisches Zusatzmaterial
Die Online-Version für das Buch enthält Zusatzmaterial, das berechtigten Benutzern zur Verfügung steht. Oder laden Sie sich zum Streamen der Videos die „Springer Nature More Media App" aus dem iOS- oder Android-App-Store und scannen Sie die Abbildung, die den „Play Button" enthält.

ISBN 978-3-658-05121-1   ISBN 978-3-658-05122-8 (eBook)
https://doi.org/10.1007/978-3-658-05122-8

Die Deutsche Nationalbibliothek verzeichnet diese Publikation in der Deutschen Nationalbibliografie; detaillierte bibliografische Daten sind im Internet über http://dnb.d-nb.de abrufbar.

Springer VS

Springer VS ist ein Imprint der eingetragenen Gesellschaft Springer Fachmedien Wiesbaden GmbH und ist ein Teil von Springer Nature.
Die Anschrift der Gesellschaft ist: Abraham-Lincoln-Str. 46, 65189 Wiesbaden, Germany

Vorwort

Grundlage des vorliegenden Buchs ist ein mehrjähriger Diskussionsprozess, an dem viele Kolleginnen und Kollegen aus Wissenschaft und Praxis beteiligt waren. Von 2012–2014 förderte die Europäische Kommission über das 7. Rahmenprogramm zur Forschungsförderung das Forschungsprojekt „INNOSERV – Social Platform on Innovative Social Services". Über dieses Projekt wurde der Stand der Literatur zusammengetragen und ausgewertet. Zudem wurden insgesamt 167 Praxisbeispiele zu Innovationsprozessen in sozialen Dienstleistungen gesammelt. 20 dieser Beispiele wurden in Fallstudien vertiefend analysiert, wobei auch sog. *Visual Essays* angefertigt wurden. Zu diesen Kurzfilmen wiederum wurden in mehreren Ländern Diskussionsrunden mit ExpertInnen durchgeführt mit dem Ziel, transversale Elemente von Innovation zu identifizieren.

Auf die Produkte der INNOSERV Plattform wird im Folgenden zurückgegriffen (vgl. Dahl et al. 2014). Die hier präsentierte Auswertung dieses Materials wurde von uns eigenständig erarbeitet und geht über die Ergebnisse der INNO-SERV Plattform hinaus. Die achtzehn für diese Publikation ausgewählten Fallstudien wurden überarbeitet und aktualisiert, und die in jedem Kapitel vorgenommenen konzeptionellen Erörterungen wurden mit dem Ziel einer systematischen Einbettung in die Innovations- und Dienstleistungsforschung ergänzt.

Wir danken den Kolleginnen und Kollegen des INNOSERV Konsortiums für die Möglichkeit, die gemeinsam erhobenen Daten neuerlich auszuwerten und in diesem Buch zu publizieren. Ein ganz besonderer Dank geht an Zoe Catsaras und Dirk Gebhardt, die mit viel Umsicht und Feingefühl die Kurzfilme erstellt haben.

Wir haben uns bemüht, den Text in einer gendergerechten Sprache zu verfassen, ein generisches Maskulin zu vermeiden und weitgehend genderneutrale Begriffe und Umschreibungen zu nutzen. Wo uns dies nicht möglich erschien, wird punktuell auf männliche und weibliche Formen zurückgegriffen. Bei einzelnen zusammengesetzten Begriffen, wie z. B. der „Nutzerorientierung", wurde – soweit keine gendergerechte Alternative gefunden wurde oder wir eine potenziell einhergehende Objektivierung als unangemessen erachteten – jedoch auch die herkömmliche Schreibweise genutzt. In diesen Fällen werden selbstverständlich alle Genderformen mitgedacht.

Inhaltsverzeichnis

Teil II Fallstudien

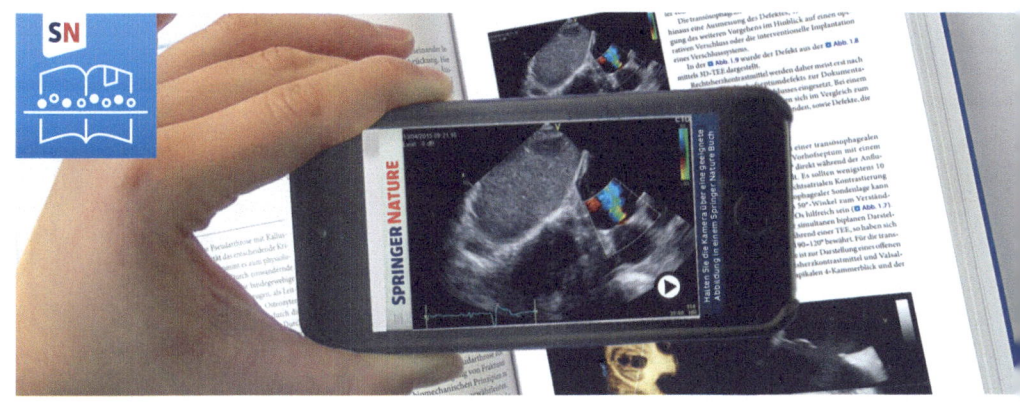

Springer Nature
More Media App

Videos und mehr mit einem „Klick" kostenlos aufs Smartphone und Tablet

- Dieses Buch enthält zusätzliches Onlinematerial, auf welches Sie mit der Springer Nature More Media App zugreifen können.*
- Achten Sie dafür im Buch auf Abbildungen, die mit dem Play Button ⊙ markiert sind.
- Springer Nature More Media App aus einem der App Stores (Apple oder Google) laden und öffnen.
- Mit dem Smartphone die Abbildungen mit dem Play Button ⊙ scannen und los gehts.

Kostenlos downloaden

*Bei den über die App angebotenen Zusatzmaterialien handelt es sich um digitales Anschauungsmaterial und sonstige Informationen, die die Inhalte dieses Buches ergänzen. Zum Zeitpunkt der Veröffentlichung des Buches waren sämtliche Zusatzmaterialien über die App abrufbar. Da die Zusatzmaterialien jedoch nicht ausschließlich über verlagseigene Server bereitgestellt werden, sondern zum Teil auch Verweise auf von Dritten bereitgestellte Inhalte aufgenommen wurden, kann nicht ausgeschlossen werden, dass einzelne Zusatzmaterialien zu einem späteren Zeitpunkt nicht mehr oder nicht mehr in der ursprünglichen Form abrufbar sind.

A60956

Einleitung

1

In diesem Buch zeichnen wir anhand einer Literaturauswertung und der Analyse von Fallstudien aus verschiedenen europäischen Regionen ein systematisierendes Bild von Innovationsprozessen in sozialen Dienstleistungen. Der erste Teil ist als Überblicksstudie angelegt, im zweiten Teil werden dann einzelne Fallstudien vorgestellt. Aus dem Anspruch, einen Überblick zu liefern, ergibt sich eine Form der Darstellung, die auf Details zu den einzelnen Projekten weitestgehend verzichtet. Den Leserinnen und Lesern sei daher ans Herz gelegt, die *Visual Essays* anzusehen, die mit den Fallstudien verbunden sind. Diese jeweils ca. 5-minütigen Kurzfilme sind ein wesentlicher Bestandteil dieses Buches und geben einen Einblick in das Engagement und die Leidenschaft der Menschen, die diese Innovationen ermöglichen – und auch in die großen Herausforderungen, mit denen sie konfrontiert sind. Auch die Unterschiedlichkeit der Kontexte, z. B. in der Ausstattung von Kindertagesstätten oder Pflege im nordeuropäischen Metropolregionen im Unterschied zu einer peripheren ländlichen Region in Südosteuropa kommen in den Filmen besser zur Geltung, als es kurze textliche Ausführungen oder auch statistische Angaben vermögen könnten.

Kap. 2 nimmt eine begriffliche und konzeptionelle Einordnung des Innovationshandelns im Kontext sozialer Dienstleistungen vor. In Kap. 3 stellen wir dann ein Analysemodell vor, das Anlässe für Innovationsprozesse, die Akteure und deren Reaktionen auf die (wahrgenommenen) Herausforderungen in den Blick nimmt. Die anschließenden Kapitel greifen auf dieses Modell zurück und stellen die wesentlichen Ergebnisse der Forschungsplattform INNOSERV vor: Kap. 4 widmet sich Akteurskonstellationen und entwickelt eine Typologie von Innovationsallianzen, Kap. 5 beleuchtet das Spannungsverhältnis von Innovation und Organisation, in Kap. 6 geht es um die Messbarkeit von Innovation. In den Kap. 7 und 8 werden zwei aktuelle Trends behandelt, die handlungsfeldübergreifend zu beobachten sind: Personalisierung und Technisierung. Der gesellschaftliche und sozialstaatliche

© Springer Fachmedien Wiesbaden GmbH, ein Teil von Springer Nature 2018   1
A. Langer et al., *Innovation Sozialer Dienstleistungen*,
https://doi.org/10.1007/978-3-658-05122-8_1

Kontext von Innovationen sowie Ansätze, die nicht auf die Erbringung von Dienst-leistungen, sondern auf deren diskursive und regulative Rahmung zielen, werden in Kap. 9 vorgestellt, bevor wir in Kap. 10 ein kurzes Fazit ziehen.

Im Kap. 11 finden sich dann die achtzehn Fallbeispiele, die sich aus textbasier-ten Fallstudien und begleitenden *Visual Essays* zusammensetzen.

In der Online-Version (E-Book) können die Filme neben der App-Funktion auch durch Anklicken der Abbildungsunterschrift aktiviert werden.

Teil I

Innovation von und in sozialen Dienstleistungen

Einordnung und Forschungskontext der Innovation von und in sozialen Dienstleistungen

2

2.1 Eine erste Einordnung

Die Geschichte der sozialen Dienstleistungen ist eine Innovationsgeschichte. So lange die Einführung einer spezifischen Dienstleistung auch zurückliegen mag, wird das absichtsvolle Schaffen von Neuem eine wesentliche Rolle gespielt haben. Im Laufe der Zeit werden dann Änderungen vorgenommen worden sein, um etwa auf sich verändernde Bedarfe oder Rahmenbedingungen zu reagieren. Als historisches Beispiel seien die verschiedenen Varianten der öffentlichen, kirchlichen, bürgerlichen und staatlichen Armenpflege genannt, die sich über die Jahrhunderte an gesellschaftliche und institutionelle Entwicklungen anpasste (und diese auch mitgestaltete). Die Form des Hilfeangebots und später der Dienstleistung korrespondierte dabei jeweils mit spezifischen Weltanschauungen und zeitgebundenen Vorstellungen von Armut, mit sozialrechtlichen Entwicklungen und mit den jeweils bekannten und einsetzbaren Techniken, Verfahren und Methoden der Pflege, Beratung, Unterbringung, Versorgung und Verwaltung, die ehrenamtlich und professionell erbracht wurden.

Soziale Dienstleistungen sind folglich äußerst dynamisch und Schauplatz von Veränderungen, die sich u. a. auf die Leistung selbst, auf die Rahmenbedingungen oder auch auf das Zusammenspiel von Finanzierung, Erbringung und Nutzung beziehen können. Aber wie vollziehen sich diese Veränderungen? Ist angesichts der enormen Vielfalt an Arrangements, in denen soziale Dienstleistungen erbracht werden, ein Muster zu erwarten, das übergreifend Gültigkeit hat, oder sind die Verläufe so kontextspezifisch und zugleich kontingent, dass sich die Fülle an Varianten auch in den Entwicklungs- und Innovationsprozessen niederschlägt?

Um die vielen kleinen und großen Neuerungen und Änderungen in sozialen Dienstleistungen zu verstehen, ist es notwendig, zunächst die beiden Gegenstände zu klären, um die es geht: Soziale Dienstleistungen sowie Innovationsprozesse.

© Springer Fachmedien Wiesbaden GmbH, ein Teil von Springer Nature 2018
A. Langer et al., *Innovation Sozialer Dienstleistungen*,
https://doi.org/10.1007/978-3-658-05122-8_2

Soziale Dienstleistungen zeichnen sich durch eine Reihe von Besonderheiten aus, die sie von anderen Gütern unterscheiden. Hierzu zählen ihre Immaterialität, Unteilbarkeit, Standortgebundenheit und ihre hohe Individualität sowie die *Integration des externen Faktors*: Produktion und Konsum verlaufen simultan (Arnold et al. 2014; Badura und Gross 1976). Das *Soziale* dieser Dienstleistungen kann sich aus den Zielgruppen und Zielsetzungen ergeben, sowie aus den Angeboten und den Anbietern. In vielen Variationen geht es um die Verbesserung der Lebenssituation von Menschen, die in der Gesellschaft Benachteiligungen erfahren. Typische Leistungsformen sind u. a. Beratung, Betreuung, Behandlung und Pflege. Anbieter von sozialen Dienstleistungen können privatwirtschaftliche oder staatliche Unternehmen sein sowie Organisationen des sog. Dritten Sektors, viele Leistungen werden auch durch private Haushalte oder in Eigenproduktion erbracht (Arnold et al. 2014; Schneider und Pennerstorfer 2014, S. 164 ff.)

Die Zentralstellung der Nutzerinnen und Nutzer in der Dienstleistungsproduktion hat neben der konkreten Leistungserbringung auch Konsequenzen für ihre weitere Entwicklung. Innovation in sozialen Dienstleistungen setzt Neuerungen auf beiden Seiten voraus: beim Anbieter sowie bei Adressatin bzw. Adressat (vgl. Jacobsen und Jostmeier 2010, S. 220). Ohne Akzeptanz und aktive Mitgestaltung durch Nutzerinnen und Nutzer kann die neue oder veränderte Dienstleistung nicht zustande kommen. Allerdings werden soziale Dienstleistungen nicht nur in der individuellen und direkten Interaktion zwischen Dienstleistenden (z. B. Pflegekraft, Beratende) und Nutzenden erbracht, sondern in einem komplexen und mehrere Ebenen umfassenden System oder organisationalen Feld, das sowohl die Organisation des Dienstleisters wie das organisationale Umfeld als auch das soziale Umfeld der Nutzerin oder des Nutzers (insbesondere die Familie) und schließlich das System der Finanzierung umfasst, die oftmals durch den Sozialstaat in spezifischen Formen von Rechten und Anspruchsregelungen erbracht wird. Innovationen in sozialen Dienstleistungen oder auch gänzlich neue soziale Dienstleistungen können sich auch aus Veränderungen in diesem organisationalen, sozialen, rechtlichen und politischen Umfeld ergeben.

Ungeachtet ihrer jeweiligen Begründung und Zielrichtung können Innovationen in sozialen Dienstleistungen verschiedene Bezugspunkte haben. Sie können Abläufe sowie Produkte betreffen, neue Technologien und neue Formen der Zusammenarbeit zwischen den an der Dienstleistung beteiligten Artefakten und Akteuren, also „Hardware", Software" und „Orgware" (Rammert 2010, S. 28).

Aber nicht jede Neuerung oder Änderung ist bereits eine Innovation. Vielmehr ist das komplizierte Gefüge aus Ressourcen und Bedarfen in sozialen Dienstleistungen ein Schauplatz für Konflikte um die Deutungshoheit über Innovation und die damit verbundene Durchsetzung von Interessen. Gemeinhin gilt als Bestandteil einer Innovation neben der Neuartigkeit (bzw. der Wahrnehmung als solcher) vor allem das Versprechen einer Verbesserung gegenüber dem Bisherigen (Braun-Thürmann 2005; Rogers 2003; Rammert 2010), denn ihre Durchsetzung wird über eben diese Verbesserung legitimiert. Dabei ist es zweitrangig, ob die Innovation auf absichtsvolles Tun zurückzuführen oder rein zufällig entstanden ist. Insofern schließen wir uns folgender Definition des Soziologen Werner Rammert an:

> Innovationen können vorläufig als diejenigen Variationen von Ideen, Praktiken, Prozessen, Objekten und Konstellationen begriffen werden, die durch kreative Umdeutung und Umgestaltung geschaffen oder durch zufällige Abweichung und Rekombination hervorgebracht worden sind, die als Verbesserung in einer akzeptierten Hinsicht erfahren und gerechtfertigt werden und die durch Imitation und Diffusion einen Bereich der Gesellschaft mit nachhaltiger Wirkung verändern (Rammert 2010, S. 39).

Analytisch sind zwei Aspekte einer Innovation bedeutend: ihre Neuartigkeit und ihre Durchsetzung. Als neuartig gilt eine Dienstleistung, wenn sie sich gegenüber anderen auf spezifische Weise unterscheidet. Das kann zeitlich (Vorher-Nachher-Relation) sein, sie muss jedoch auch eine sachliche Veränderung aufweisen. Entscheidend ist auch nicht, ob sie tatsächlich neu ist in dem Sinn, dass es sie noch nirgendwo gegeben hat, sondern dass sie als neuartig wahrgenommen wird. Insofern sind Innovationen immer kontextgebunden. Es ist dabei nicht zu erwarten, dass eine Dienstleistung aus dem Nichts – also ohne an bereits bestehende Aktivitäten anzuschließen – entsteht, vielmehr wird sie sich durch eine neue Kombination von bekannten Bestandteilen auszeichnen, durch die Handlungsroutinen verändert werden. Schumpeter bezeichnete dies als Akt der „schöpferischen Zerstörung" (Schumpeter 2005, S. 134). Und schließlich muss diese Modifikation als Besserung und nicht als Bedrohung wahrgenommen werden.

Zur Durchsetzung bedarf es daher Kommunikation (semantische Ebene der *Innovationsdiskurse*), einer Entsprechung dieser Diskurse im kreativen, nicht routinisierten Handeln (pragmatische Ebene der *Innovationshandlungen*) sowie der Übernahme und Nachahmung durch Dritte. Erst wenn sich aus der neuen oder modifizierten Art und Weise, etwas zu tun, ein spezifisches Muster ergibt, ist eine Generalisierung zu erwarten, die zukünftiges Handeln orientieren kann (grammatische Ebene der *Innovationsregime*) (Rammert 2010 grundlegend auch: Rogers 2003).

In der Innovationsforschung wird dieser Prozess der Durchsetzung einer Neuerung oder Änderung als Diffusion bezeichnet. Everett Rogers, der diese Diskussion maßgeblich prägte, beschreibt eine Abfolge von fünf Phasen der Verbreitung einer

Innovation: zunächst müssen zukünftige Anwender bzw. Anwenderinnen von der Innovation erfahren und verstehen, worum es dabei geht und wie die Innovation funktioniert. Dann müssen sie von ihr überzeugt werden. Abweichungen von bisherigen Routinen bergen Risiken, die abgewogen werden müssen. Eine positive Bewertung allein führt jedoch noch nicht zur Durchsetzung, die Anwendenden müssen sich dann auch für die Innovation entscheiden – wobei es durchaus auch vorkommen kann, dass die Entscheidung der Überzeugung vorausgeht (zum Bsp. durch Handlungsdruck oder Vorgaben). Und schließlich muss die Innovation im Handeln aufgenommen werden und sich in wiederholter Anwendung bestätigen (Rogers 2003). In Innovationsprozessen kommt sog. „Change Agents" eine entscheidende Rolle zu – Personen, die sich, aus welchen Motiven auch immer, für eine Neuerung oder Veränderung einsetzen und ihre Durchsetzung vorantreiben (Rogers 2003).

2.2 Soziale Innovation(en) und Dienstleistungsinnovation(en)

Innovationsprozesse spielen sich in allen Sphären der Gesellschaft ab. Zwar gibt es eine besondere Aufmerksamkeit auf ökonomische und technische Innovationen, aber bei näherer Betrachtung sind auch diese in kulturelle, soziale, politische, rechtliche und wissenschaftliche Entwicklungen eingebettet und bedingen sich wechselseitig. Ohne den Buchdruck hätte es wohl keine Reformation gegeben, ohne das Internet wären viele neuen Geschäftsmodelle nicht denkbar (Rammert 2010; Eisenstein 1983; Thiedecke 2003). Gesellschaftliche Akzeptanz war indes Voraussetzung für die Durchsetzung beider technischer Neuerungen.

Innovationen, die sich nicht in erster Linie durch technische oder ökonomische, sondern durch soziale Referenzen auszeichnen und legitimieren, werden gemeinhin als soziale Innovationen bezeichnet (vgl. Gillwald 2000). Für die Institutionen der Europäischen Union gilt folgende Definition von sozialer Innovation:

> Innovationen, die sowohl in Bezug auf ihre Zielsetzung als auch ihre Mittel sozial sind, insbesondere diejenigen, die sich auf die Entwicklung und Umsetzung neuer Ideen (für Produkte, Dienstleistungen und Modelle) beziehen, die gleichzeitig einen sozialen Bedarf decken und neue soziale Beziehungen oder Kooperationen schaffen und dadurch der Gesellschaft nützen und deren Handlungspotenzial eine neue Dynamik verleihen (ebenso: BEPA Bureau of European Policy Advisors 2011; Europäisches Parlament und Europäischer Rat 2013, S. 243)

Die soziale Referenz wird in der Deckung „sozialer" Bedarfe und damit in einem „gesellschaftlichen" Nutzen gesehen. In der wissenschaftlichen Diskussion werden ähnliche Definitionen empfohlen, wie eine Literaturauswertung der Young Foundation zeigt (The Young Foundation 2012). Worin diese Bedarfe und der Nutzen liegen, ist kontextabhängig und Ergebnis diskursiver Aushandlung (The Young Foundation 2012, S. 19). Seit „Soziale Innovationen" zu einem mit öffentlichen Fördermitteln ausgestatteten Bereich experimenteller Politik avancierten (prominente Beispiele sind das 2009 von US Präsident Obama ins Leben gerufene Office of Social Innovation and Civic Participation und das EU Programm für Beschäftigung und soziale Innovation, EaSI 2014–2020), ist der politische Gehalt dieser Definition offensichtlich. Während die Durchsetzung ökonomischer Innovationen weitgehend (zumindest im Modell) über den Markt geregelt ist, ist die Deckung „gesellschaftlicher Bedarfe" komplexer und fügt sich als Handlungsfeld in die Logik und Programmatik investiver Sozialpolitik, die seit der Lissabon-Strategie (2000) und noch prononcierter seit der EU 2020 Strategie EU-weit die Richtung sozialpolitischer Reformen bestimmt (Daly 2012 einen Überblick über EU Instrumente zur Förderung sozialer Innovation gibt Sabato et al. 2015) Die ökonomische Bedeutung politischer Aufmerksamkeit ist nicht nur angesichts der öffentlichen Fördermittel groß, sondern viel mehr noch durch die auf diesem Wege vorbereiteten Änderungen sozialpolitischer Regulation. Für die Analyse sozialer Innovationen ist es daher bedeutend, zu rekonstruieren welche Interessen mit den zu deckenden Bedarfen verbunden sind, welche Wege der Durchsetzung gefunden wurden und nicht zuletzt, welche bisherigen Praktiken sie ersetzen. Es wäre fahrlässig, gesellschaftliche Bedarfe als konsensual zu verstehen, vielmehr sind Konflikte zwischen Innovationsregimes im Kampf um Deutungshoheit und Durchsetzung zu erwarten. Swyngedouw bezeichnet die Figuration der sozialen Innovation gar als trojanisches Pferd zur Durchsetzung marktförmiger Regulation (Swyngedouw 2005, S. 2003; siehe auch: Knierbein 2010).

In der aktuellen Entwicklung sozialer Dienstleistungen ist die politökonomische Dimension sozialer Innovation besonders deutlich. Soziale Dienstleistungen sind unverkennbar ein Schauplatz der Aushandlung gesellschaftlicher Bedarfe und Nutzen. Mit dem EU Wettbewerbsrecht, insbesondere dem Beihilfe- und Vergaberecht und der Leitunterscheidung zwischen ökonomischen und nichtökonomischen Dienstleistungen hat ein schon länger währender Ökonomisierungsprozess in den EU Mitgliedstaaten seine vorläufige Fixierung gefunden und der Skepsis von Swyngedouw durchaus Nahrung gegeben. Hier liegt auch ein wesentlicher regulativer Rahmen der Innovationsprozesse in diesem Sektor. Ein zweiter, diese Richtlinien überlagernde Rahmen ist der auf den Diskurs über ein Europäisches Sozialmodell referierende Qualitätsrahmen sozialer Dienste, auf den sich die EU

Mitgliedstaaten verständigt haben um u. a. die Ökonomisierung zu begrenzen (Ausschuss für Sozialschutz 2010). Zu den nicht disponiblen Spezifika sozialer Dienstleistungen zählen unter anderem die Orientierung an den Menschenrechten und die aktive Beteiligung der NutzerInnen an der Dienstleistungserbringung. Auch diese Prinzipien sind ein zentraler Bezugspunkt im Innovationsdiskurs und in entsprechenden Förderprogrammen (wie z. B. EaSI).

2.3   Die EU Forschungsplattform INNOSERV

Die im Folgenden präsentierten Überlegungen und Beispiele gehen auf das von der EU finanzierte Forschungsprojekt „INNOSERV – Social Platform on Inovative Social Services" zurück. Aufgabe und Ziel dieser Plattform war es, den Kenntnisstand über Innovationsprozesse in sozialen Dienstleistungen in der EU aufzubereiten und weiteren Forschungsbedarf zu ermitteln (vgl. Dahl et al. 2014; Langer und Eurich 2014). Es ging dabei nicht darum, systematisch die nationalstaatlichen Sozial- und Innovationssysteme zu analysieren, sondern ausgehend von konkreten Dienstleistungen Faktoren zu identifizieren, die Dienstleistungsinnovationen begründen und den Verlauf der Innovationsprozesse beeinflussen. Folgende Einrichtungen waren an diesem Prozess beteiligt:

• Universität Heidelberg, Diakoniewissenschaftliches Institut und Centrum für Soziale Investitionen und Innovationen
• Hochschule für Angewandte Wissenschaften Hamburg, Department für Soziale Arbeit
• Roskilde University, Department of Society and Globalisation
• Diakonhjemmet University College Oslo
• Budapest Institute
• IRS – Istituto per la Ricerca Sociale, Area Politiche della Formazione e del Lavoro, Bologna
• University of Southampton, Faculty of Health Sciences
• Institut d'administration des entreprises (IAE) Paris
• European Association of Service Providers for Persons with Disabilities (EASPD), Brüssel
• SOLIDAR, Brüssel
• European Network on Independent Living (ENIL), Brüssel

Von 2012 bis 2014 wurden über die INNOSERV Plattform insgesamt 750 Dienstleister in 20 Staaten kontaktiert und davon ausgehend insgesamt 167 Beispiele

Tab. 2.1 Fallstudien und Visual Essays zur Illustration und Vertiefung sozialer Dienstleistungsinnovation © Langer/Eurich/Güntner 2018

Fallstudie	Kurzbeschreibung	Link
Abitare Solidale	Das Wohnprojekt „*Abitare Solidale*" verbindet erschwinglichen und zugänglichen Wohnraum mit nachbarschaftlicher Hilfe, indem v. a. ältere Menschen, die Hilfe bei der Haushaltsführung benötigen, aber finanziell abgesichert sind, mit Menschen in wirtschaftlich schwierigen Situationen oder sogar finanziellen Notlagen auf der Suche nach bezahlbarem und angemessenem Wohnraum zusammengebracht werden.	https://doi.org/10.1007/000-0na
Ammerudhjemmet	Als „offenes Pflegeheim" bietet das von der kirchlichen Stadtmission Oslo betriebene Heim Dienstleistungen auch für die umliegende Nachbarschaft und wird so zu einem Treffpunkt für Menschen aus unterschiedlichen Generationen und mit unterschiedlichen Bedarfen.	https://doi.org/10.1007/000-0nb
Blue Assist/Cloudina	*Blue Assist* ist eine Smartphone Anwendung, die in Verbindung mit der App „Cloudina" Menschen mit kognitiven Einschränkungen ermöglicht, ihre Mitmenschen in schwierigen Alltagssituationen schnell und einfach um Hilfe zu bitten. Damit eröffnen sich neue Formen gesellschaftlicher Teilhabe und unabhängigen Lebens.	https://doi.org/10.1007/000-0nr

Tab. 2.1 (Fortsetzung)

Fallstudie	Kurzbeschreibung	Link
Center for Independent Living (CIL) Serbien	Das *CIL Serbien* organisiert Kampagnen und Öffentlichkeitsarbeit für unabhängiges Leben verbunden mit Kapazitätsentwicklung für persönliche Assistenz (PA) von Menschen mit Behinderung.	https://doi.org/10.1007/000-0np
Dänisches Zentrum gegen Menschenhandel/Mobile Sundhetstilbud	Das *Dänische Zentrum gegen Menschenhandel (Center mod Menneskehandel)* bietet eine mobile Gesundheitsberatung und -versorgung in Verbindung mit aufsuchenden der Sozialarbeit für Frauen ohne Papiere an, die in der Sexarbeit tätig sind.	https://doi.org/10.1007/000-0nt
ESD – Stroke Care/Early Supported Discharge	Das Projekt *Stroke Care/Early Supported Discharge* ermöglicht eine patientengesteuerte Betreuung und Pflege von Schlaganfallpatienten in deren Zuhause.	https://doi.org/10.1007/000-0ng

Tab. 2.1 (Fortsetzung)

Fallstudie	Kurzbeschreibung		Link
ELTERN-AG	Die *ELTERN-AG* bietet einen Raum für Eltern, die sich in belastenden Lebenslagen befinden und durch konventionelle Hilfsangebote nur schwer oder überhaupt nicht erreicht werden. In einem Peer-to-Peer-Coaching in Erziehungsfragen werden auf die soziale Herkunft zurückzuführende Ungleichbehandlungen frühzeitig bekämpft und so die Chancengleichheit gefördert.		https://doi.org/10.1007/000-0mn
European Care Certificate (ECC)	Das *ECC-Zertifikat* (*European Care Certificate*) ist eine Qualifizierungsbescheinigung für den pflegenahen Sozialbetreuungsbereich, die in 16 EU-Ländern erworben werden kann. Das Zertifikat umfasst einen Katalog aus Qualifikationen und Kenntnissen, die einen europäischen Standard für die Betreuung darstellen.		https://doi.org/10.1007/000-0nq
GPE Mainz	Die *Gesellschaft für psychosoziale Einrichtungen* (*GPE*) bietet Menschen mit Behinderungen und psychischen Erkrankungen passgenaue Hilfen zur beruflichen und sozialen Integration in die Gesellschaft. Begleitete Arbeitsplätze werden gemeindenah zur Verfügung gestellt.		https://doi.org/10.1007/000-0nc

Tab. 2.1 (Fortsetzung)

Fallstudie	Kurzbeschreibung	Link
Humanitas Thuisadministratie	Das Programm Humanitas „Thuisadministratie" zur Unterstützung und Beratung bei Finanz- und Haushaltsangelegenheiten zielt auf die Vermeidung von Schulden und zur Förderung von sozialer Integration. Vermittelt über die Organisation Humanitas bieten ehrenamtliche Kräfte diese Dienstleistung an und schließen damit eine Lücke im Bereich der professionellen Schuldnerberatung.	https://doi.org/10.1007/000-0nf
Irre menschlich Hamburg e. V.	Der Verein „Irre menschlich Hamburg e. V." führt Kampagnen und Projekte zur interaktiven Wissensvermittlung über psychische Erkrankungen durch. Ein zentrales Konzept ist der „Trialog", in dem sich Betroffene, Angehörige und Fachkräfte austauschen.	https://doi.org/10.1007/000-0nj
Môm'Artre	Das Sozialunternehmen Môm'Artre bietet außerschulische Kinderbetreuung für Eltern mit schwierigen Arbeitszeiten, insbesondere Alleinerziehende, an und schafft damit auch Arbeitsplätze und Einsatzmöglichkeiten für Kunstschaffende.	https://doi.org/10.1007/000-0ne

Tab. 2.1 (Fortsetzung)

Fallstudie	Kurzbeschreibung		Link
Nueva	*Nueva* bildet Menschen mit Behinderung dazu aus, andere behinderte Menschen zu befragen, wie sie die Qualität ihrer Pflege- und Arbeitsumgebung bewerten. Die Evaluationen werden auf der Grundlage von Peer-to-Peer-Interviews durchgeführt. Die Qualität der Evaluation ist folglich hochgradig inklusiv und stellt die Nutzer in den Mittelpunkt.		https://doi.org/10.1007/000-0nh
Place de Bleu	*Place de Bleu* ist eine Nähwerkstatt, die am Arbeitsmarkt marginalisierten Einwandererinnen Ausbildungs- und Arbeitsplätze anbietet. Die interkulturelle Zusammensetzung der Belegschaft findet sich auch im Design wieder. Als Sozialunternehmen werden die mit den Produkten erzielten Gewinne wieder in die Ausbildung investiert.		https://doi.org/10.1007/000-0nk
Real Pearl	Die Stiftung *Real Pearl* zielt auf Armutsbekämpfung durch Kunsterziehung von Kindern in einer peripheren ländlichen Region in Verbindung mit Elternarbeit und deren Einbindung in Produktion und Vertrieb handwerklicher Produkte.		https://doi.org/10.1007/000-0ns

Tab. 2.1 (Fortsetzung)

Fallstudie	Kurzbeschreibung	Link
La Santé Communitaire Seclin	*La Santé Communitaire Seclin* ist ein gemeinschafts-getragenes Projekt der Gesundheitsförderung, das durch Theaterspielen auf Probleme und Lösungsansätze im Bereich Gesundheit aufmerksam macht.	https://doi.org/10.1007/000-0mv
Somerset Community Pain Management Service/Know Your Own Health	Der *Somerset Community Pain Management Service* bietet in Kooperation mit dem Sozialunternehmen „Know Your Own Health" ein Online-Tool zum Selbstmanagement von SchmerzpatientInnen an, um ihre Unabhängigkeit zu stärken und ihre Lebensqualität und Gesundheit zu verbessern.	https://doi.org/10.1007/000-0nd
Vitality	Das Projekt *Vitality* bietet einen selbsthilfeorientierten Pflegedienst zur Unterstützung der Unabhängigkeit von alten Menschen an. Ein wichtiger Bestandteil sind sog. „Botschafter", die als Pflegefachkräfte den Selbsthilfe-gedanken an ihre Kolleginnen und Kollegen vermitteln.	https://doi.org/10.1007/000-0nm

Quelle: eigene Zusammenstellung © Langer/Eurich/Güntner 2018

für Innovationsprozesse in sozialen Dienstleistungen zusammengestellt. 20 dieser Beispiele wurden in vertiefenden Fallstudien analysiert. Bei der Auswahl wurde darauf geachtet, möglichst viele unterschiedliche sozialstaatliche Kontexte einzubeziehen und auch ein ausgewogenes Bild unterschiedlicher Handlungsfelder sozialer Dienstleistungen zu gewinnen. Berücksichtigt wurden die Bereiche Bildung, Gesundheit und allgemeine soziale Unterstützung. Ausschlaggebend war dann jeweils der einem Beispiel durch das Projektkonsortium zugesprochene innovative Charakter, wobei v. a. die Neuartigkeit des Dienstleistungshandelns im jeweiligen lokalen Kontext betrachtet wurde (zu Kriterien und Auswahlprozess siehe Hawker und Frankland 2012; Vanhove 2012).

Begleitend zu jeder Fallstudie wurden sog. *Visual Essays* erstellt, die Einblicke in die jeweiligen Praktiken ermöglichen. Diese Kurzfilme können im E-Book direkt über einen Link und in der gedruckten Ausgabe über einen Scan mit der Springer Nature More Media App aufgerufen werden. Die in Tab. 2.1 dargestellten Projekte und Praktiken bilden die empirische Basis auch für die hier vorgenommene Analyse:

Ein Analysemodell für Innovationen in sozialen Dienstleistungen

3

Um die vielzähligen und vielfältigen Faktoren zu erfassen, die zur Innovation in einer sozialen Dienstleistung führen, wurde von der europäischen Forschungsplattform INNOSERV ein Modell entwickelt, das im Folgenden vorgestellt wird. Mit diesem Modell wurden auch die Daten für die in den weiteren Kapiteln angeführten Fallstudien erhoben. Es unterscheidet zwischen drei Sphären:

- **Bezugspunkte und Antriebsquelle einer Innovation**: dazu zählen soziale Probleme, auf die reagiert wird, oder Veränderungen im organisationalen Umfeld, die mittels der Innovation bewältigt werden, wie z. B. veränderte Budgets oder Gesetze, neue Technologien oder weitere Entwicklungen, die Akteure veranlassen, routinisierte Abläufe zu verändern/verlassen.
- **Fürsprecher, Vermittler und Treiber der Veränderung**: Personen, die sich für eine Veränderung einsetzen und diese vorantreiben, sogenannte „Change Agents".
- **Innovation**: Im Kern des Modells steht die durch die Akteure der Veränderung gefundene und mit einem Versprechen auf Neuartigkeit, Verbesserung und Nachhaltigkeit durchgesetzte Antwort auf die (wahrgenommene) Herausforderung.

Das Modell folgt einem neoinstitutionellen Verständnis von Innovation und betont die Dynamik und Veränderbarkeit von Dienstleistungen und Dienstleistungshandeln. Abb. 3.1 zeigt das Grundmodell in visualisierter Form. In Kap. 11 werden die Fallstudien zu den „Visual Essays" jeweils mit einer angepassten Abbildung kurz beschrieben.

© Springer Fachmedien Wiesbaden GmbH, ein Teil von Springer Nature 2018
A. Langer et al., *Innovation Sozialer Dienstleistungen*,
https://doi.org/10.1007/978-3-658-05122-8_3

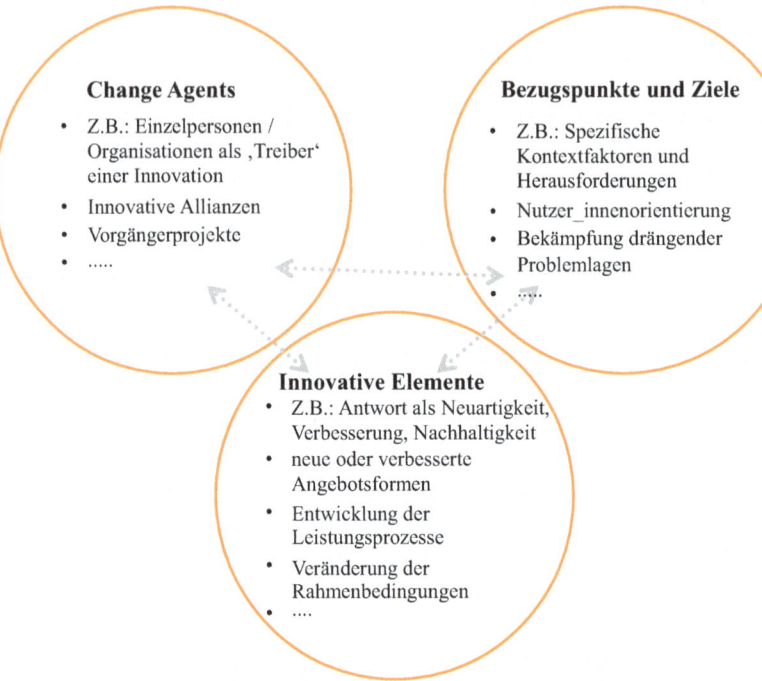

Abb. 3.1 Grundmodell der Innovationen in sozialen Dienstleitungen © Langer/Eurich/ Güntner 2018

3.1   Bezugspunkte und Antriebsquellen der Innovation

Substanzielle Änderungen in einer sozialen Dienstleistung geschehen nicht zufällig und ziellos, sondern setzen einen Anlass voraus. In einer Literaturübersicht haben Hawker und Frankland (Hawker und Frankland 2012) verschiedene mögliche Bezugspunkte und Auslöser für Innovationshandeln zusammengestellt, die wir hier aufgreifen und leicht modifizieren:

- Demografischer Wandel und damit verbundene Bedarfe in Betreuung und Pflege, zum Beispiel in der zunehmenden Gruppe sehr alter Menschen.
- Sozialer Wandel und damit verbundene Erwartungen und Ansprüche an Dienstleistungen durch veränderte Selbstbilder und Rollen (von der Klientin zur Kundin oder Koproduzentin), veränderte Familienstrukturen, Migration, kulturelle Vielfalt und Wandel der Lebensstile.

- Soziale Probleme und sich verändernde bzw. neue soziale Ungleichheiten.
- Neue Technologien und damit verbundene Möglichkeiten der Kommunikation.
- Veränderungen in Politik und Regulation (z. B. durch das Inklusionsparadigma, Wettbewerbsrecht etc.).

Diese Auflistung will selbstverständlich keinen Anspruch auf Vollständigkeit erheben, schließlich wird es im Einzelfall immer eine spezifische Entwicklung oder eine spezifische Konstellation verschiedener Faktoren sein, auf die eine soziale Dienstleistung reagiert. Und Zufälle können im Prozess auch durchaus eine Rolle spielen. In der Analyse kommt es jedoch darauf an zu sehen, wo und wie ein Faktor durch den Träger der sozialen Dienstleistung mit Bedeutung belegt wird, und wie der Träger daraufhin sein Handeln verändert. Damit ist jedoch noch nicht beant-wortet, wie die Reaktion auf diese Herausforderung entsteht. Eine Innovation ent-steht dann, wenn Handlungsweisen gefunden werden, denen die Befürworter des Wandels zutrauen, die Herausforderungen bewältigen zu können. Viele Formen der Inspiration sind denkbar, so etwa bewährte Praktiken anderer Akteure in verwand-ten Feldern (sog. „Good Practice"), Ergebnisse systematischer Forschung oder experimenteller Politik. Die Innovationskapazität einer Organisation besteht darin, Herausforderungen und Lösungsansätze so zu verkoppeln, dass daraus eine als Verbesserung empfundene Neuerung oder Änderung – eine Innovation – erwächst.

3.2 Innovationsakteure

Ein Innovationsprozess kommt durch Akteure in Gang, die sich für eine Neuerung oder Veränderung einsetzen und damit verbundene Risiken in Kauf nehmen. Diese Akteure sind Personen oder Personengruppen in einer Dienstleistungsorganisation oder im Umfeld der Organisation, die Entscheidungsprozesse in der Organisation beeinflussen können – hierzu zählen auch Berater bzw. Beraterinnen. Es können auch im funktionalen (nicht zwangsläufig auch kaufmännischen) Sinne unterneh-merische („entrepreneurial") Einzelpersonen oder Personengruppen sein, die den Aufbau einer Dienstleistungsstruktur erst noch voranbringen. Oftmals werden Innovationsprozesse auch durch Allianzen von unterschiedlichen Akteuren über organisationale und professionelle Grenzen hinweg angestoßen und umgesetzt. So gibt es zum Beispiel Interessenskoalitionen zwischen Ministerien und Wohl-fahrtsverbänden oder auch zwischen Pflegekräften, Betreuenden und Beratenden und ihren Auftraggeberinnen und Auftraggebern bzw. Adressatinnen und Adres-saten. Diese Koalitionen und die in ihnen repräsentierten Interessen sind entschei-dend für die Zielrichtung einer Innovation. Während beispielsweise zu erwarten ist, dass auf Managementebene angestoßene Prozesse v. a. auf Effizienzsteigerung gerichtet sind, werden sich Adressatinnen oder Nutzer und mit ihnen verbündete Pflegekräfte, Betreuende oder Beratende eher für Effektivitätsgewinne einsetzen. Die Konflikte zwischen den in einer Dienstleistungsstruktur repräsentierten Interessen können sich in konkurrierende Innovationsprojekte übersetzen. Somit kann es neben den Antreibenden auch „Bremsende" geben, die die Durchsetzung einer für sie ungünstigen Neuerung oder Veränderung zu verhindern suchen (vgl. Rogers 2003, S. 366).

3.3   Innovation als Versprechen auf Neuartigkeit, Verbesserung und Nachhaltigkeit

Eine innovative soziale Dienstleistung unterscheidet sich von einer etablierten durch die Abkehr von bekanntem, routinisierten Handeln. Als innovativ gilt die Änderung oder Neuerung, wenn sie sich von Bestehendem unterscheidet (Neuartigkeit), eine qualitative Verbesserung verspricht und auch durchgesetzt wird (Nachhaltigkeit). Gerade personenbezogene Dienstleistungen sind durch die simultane und interaktive Produktion und Konsumption immer individuell sowie ständig im Wandel. Nur substanzielle und dauerhafte Änderungen, die den Rahmen einer Einzelsituation verlassen und auch von anderen übernommen werden, sind jedoch als Innovation zu verstehen (vgl. Kap. 2; Rogers 2003). Die Innovation ist dabei immer kontextgebunden. Es ist unerheblich, ob an einem entfernten Ort eine ähnliche schon existiert. Entscheidend ist die Wahrnehmung als Neuerung oder Verbesserung durch diejenigen Akteure, die die Innovation durchsetzen können und diejenigen, die sie aufgreifen und ihr Handeln an ihnen orientieren („Adopters"). Auf Konflikte in der Bewertung wurde schon hingewiesen: Managementseitig durchgesetzte Veränderungen werden nicht zwangsläufig von den Nutzenden als Verbesserung erlebt. Wenn diese Alternativen haben und diese auch wahrnehmen, wird sich die Veränderung nicht durchsetzen und der Innovationsprozess kommt ins Stocken. Wenn sie allerdings gezwungen sind, die Veränderung hinzunehmen, wird sich die Veränderung durchsetzen und ist dann auch formal als Innovation zu bewerten. Wenn auf der anderen Seite Nutzer bzw. Nutzerinnen einen Vorschlag zur Verbesserung einer Dienstleistung machen, dieser jedoch vom Leistungserbringer nicht aufgegriffen oder von der finanzierenden Stelle nicht unterstützt wird, kann es nur dann zur Innovation kommen, wenn ein neuer Rahmen für sie gefunden wird, z. B. eine Aus- oder Neugründung. Insofern ist die Bewertung einer neuartigen oder veränderten Handlungsweise als Verbesserung – oder eben nicht – die Achillesferse eines Innovationsprozesses.

Wir unterscheiden drei mögliche Formen der Innovation in sozialen Dienstleistungen. Diese Formen sind analytische Kategorien; in der Praxis werden Überschneidungen üblich sein, da sie sich oftmals wechselseitig bedingen:

- **Produktinnovation**: eine neuartige oder verbesserte Dienstleistung, die neue Bedarfe adressiert oder bestehende Bedarfe besser bearbeitet.
- **Prozessinnovation**: neue oder verbesserte Abläufe zur Erstellung einer Dienstleistung, die eine Verbesserung dieser Dienstleistung bewirken.
- **Rahmeninnovation**: neue oder verbesserte Formen der Regulierung und Unterstützung einer Dienstleistung, einschließlich neuer oder veränderter politischer und gesellschaftlicher Leitbilder.

Akteure des Neuen: Change Agents und Allianzen im Innovationsprozess

4

Wie oben bereits angedeutet wurde, geschieht ein Innovationsprozess nicht zufällig, sondern wird von Akteuren bewusst und unter Inkaufnahme von Risiken betrieben. Natürlich können auch Zufälle und zunächst unbewusste Veränderungen oder gar Fehler eine Rolle spielen, innovativ werden diese Änderungen jedoch erst durch „reflexives und strategisches Handeln" (s. o., Rammert 2010, S. 39). Im Folgenden widmen wir uns den Akteuren, die sich aktiv für Neuerungen und Veränderungen einsetzen, den sog. „Change Agents", und den Konstellationen, in denen sie auftreten, die wir als „Innovationsallianzen" beschreiben.

4.1 Innovationshandeln der „Change Agents"

In der vergleichenden Analyse von Innovationsprozessen im INNOSERV Projekt konnten wir eine ganze Reihe an Akteuren identifizieren, die als „Change Agents" auftreten, und zwar auf allen Ebenen und in allen an der Dienstleistungserbringung beteiligten oder interessierten Organisationen, wie z. B. Einrichtungen und Förderprogramme auf EU-Ebene, Ministerien, regionale und kommunale Verwaltungen und weitere Akteure im Politikbetrieb, Verbänden und andere Interessensorganisationen, auf der Managementebene sozialer Dienstleister, aber auch Fachkräfte in der Umsetzung und selbstverständlich auch Nutzer und Nutzergruppen.

Dabei konnten wir sehen, dass die landläufige Annahme, dass gerade professionelle Fachkräfte und ihre Netzwerke Veränderungen eher skeptisch sehen und behindern, nicht haltbar ist (Ferlie et al. 2005). Vielmehr bilden sie oft gemeinsam mit den Nutzerinnen und Nutzern ihrer Dienstleistung eine einflussreiche Innovationsallianz. Allerdings zeigt sich auch, dass sich die Bezugspunkte und Zielrichtungen der Innovation gerade zwischen Allianzen auf Erbringungsebene und auf

© Springer Fachmedien Wiesbaden GmbH, ein Teil von Springer Nature 2018
A. Langer et al., *Innovation Sozialer Dienstleistungen*,
https://doi.org/10.1007/978-3-658-05122-8_4

Steuerungsebene deutlich unterscheiden und zwischen diesen Gruppen erhebliche Differenzen in der Bewertung einer Neuerung oder Veränderung bestehen können (Langer et al. 2013).

Die folgende Auflistung systematisiert vor dem Hintergrund der analysierten Beispiele die „Change Agents" und ihr Innovationshandeln und gibt Hinweise auf die Fallstudien, in denen sie jeweils eine entscheidende Rolle spielen:

1. Akteure, die Innovation auf *regulatorischer Ebene* in einem System vielschichtiger Interdependenzen initiieren, auch *framework setter* genannt (vgl. Allen 2006). Beispiele hierfür sind die innovativen Projekte *„Dänisches Center für Menschenhandel/Mobile Sundhetstilbud"* (Abb. 9.2) und *„Ammerudhjemmet"* (Abb. 5.2)
2. Akteure auf der *Managementebene*, die sich für neue Abläufe in ihrer Organisation oder auch organisationsübergreifend einsetzen; eindrückliche Beispiele hierfür sind die Projekte *„Humanitas Thuisadministratie"* (Abb. 6.2), *„Place de bleu"* (Abb. 7.2), *„GPE Mainz"* (Abb. 5.1) und auch *„Blue Assist/Cloudina"* (Abb. 8.1).
3. *Fachkräfte*, die sich auf der *Umsetzungsebene* unter Bezug auf ihre fachliche Expertise, ihren Zugang zu spezifischem Wissen (erworben durch entsprechende Ausbildung oder Praxis), durch ihren Zugang zu und die Anwendung von bestimmten Methoden und auch durch ihre wertorientierte Einstellung für Veränderungen einsetzen. Als Expertise verstehen wir hier die Verfügung über praktisches Wissen, Arbeitswissen und/oder systematisches akademisches Wissen sowie die Anwendung von entsprechenden Methoden, Standards und Konzepten, die auf soziale Dienstleistungen zugeschnitten sind. Außerdem werden professionelle Werteinstellungen, Qualitätsprinzipien/Ethos, ethische Reflexion sowie moralische Beschäftigungsgrundsätze und Kodizes zugrunde gelegt. Hinter *professionellem* Agieren – also dem je nach Ausbildung variierenden Ausüben einer Beschäftigung – kann ein sozialer Kontext identifiziert werden. Dieser soziale Kontext kann als Potenzial für Innovation betrachtet werden. Beispielhaft können hier die Projekte *„ELTERN-AG"* (Abb. 7.1) und *„Irre menschlich Hamburg e.V."* (Abb. 7.4) und *„Know Your Own Health/Somerset Community Pain Management"* (Abb. 5.4) genannt werden.
4. *Nutzende und Nutzergruppen* sowie ihre Angehörigen können ebenfalls als wichtige Akteure sozialen Wandels agieren. Oftmals bilden sich Koalitionen aus Nutzenden und Fachkräften, um Änderungen voranzubringen. Diese Zusammenschlüsse können als strategische Allianzen betrachtet werden. Beispiele sind *„Santé Communitaire Seclin"* (Abb. 9.3), *„Irre menschlich e.V."* (Abb. 7.4), *„Môm'Artre"* (Abb. 5.5) und das *„Center for Independent Living"* (Abb. 7.5) in Serbien.

Das Innovationshandeln dieser Akteure kann sich in Räumen entfalten, in denen Routinen verlassen werden. Dies ist v. a. in experimentellen Förderprogrammen und in Pilotprojekten gegeben. Außerhalb der herkömmlichen Dienstleistungssysteme und ihrer Routinen werden dort neue Ansätze getestet und evaluiert. Pilotprojekte können sich in vielen Aspekten, z. B. hinsichtlich der akademischen Vorarbeit, dem Monitoring oder der Anleitung unterscheiden, gänzlich offen für neue Ideen sind sie jedoch selten. Vielmehr legen die Fördermodalitäten und die inhaltliche Rahmung – meist durch Innovationsallianzen zwischen Akteuren der Regulierung und Steuerung formuliert – den Spielraum des Experimentierens fest. Auffällig ist auch, dass viele Neuerungen den Status eines Pilotprojekts nicht verlassen und es dann auch nicht zur Diffusion der Innovation kommt (vielmehr wird dann „das Rad regelmäßig neu erfunden").

Etwa die Hälfte der in INNOSERV analysierten Projekte wurden von mehr als einer oder einem „Change Agent" angeregt. Wir können drei typische Innovationsallianzen erkennen, an denen die eben genannten Akteure in unterschiedlicher Form und in unterschiedlichen Kombinationen beteiligt sind und sich über organisationale und arbeitsplatzbezogene Grenzen hinweg für eine Neuerung oder Veränderung engagieren:

- Verbünde auf Management- und Steuerungs-Ebene,
- Verbünde zwischen Fachkräften und Nutzern sowie
- breiter angelegte Initiativen zur Mobilisierung der Öffentlichkeit.

Hervorzuheben ist, dass bei der Mehrzahl der Projekte Fachkräfte eine zentrale Rolle im Innovationsprozess spielen, beispielsweise Pflegekräfte oder spezielle Ausbilder (*„European Care Certificate"* Abb. 7.6), Professionelle aus dem Gesundheitssektor (*„Santé Communitaires Seclin* Abb. 9.3), Kunstlehrerinnen (*„Real Pearl"* Abb. 9.2), Angestellte aus Wohlfahrtsorganisationen (*„GPE Mainz"* Abb. 5.1), wissenschaftliche Mitarbeiterinnen (*„ELTERN AG"* Abb. 7.1) oder Freiwillige bzw. Freiwilligenorganisationen (*„Abitare Solidale"* Abb. 5.3). Es zeigt sich auch, dass Innovationen eng mit ihren sozialen Kontexten verbunden sind und nicht als entkoppelte Prozesse ablaufen.

4.2 Strategische Grenzüberschreitungen: Innovationsallianzen

Die romantisierende Vorstellung von Innovationsakteuren als einzelnen kreativen, geniehaften Entrepreneurs wurde spätestens durch die Entdeckung und Förderung von Innovationssystemen aufgegeben (Lundvall 1985; Storper 1997, S. 107 ff.).

Auch in der Entwicklung von Dienstleistungen ist Innovationshandeln als verteiltes und kollektives Handeln zu verstehen, welches nicht nur Routinen aufbricht, sondern gleichsam die Rahmenbedingungen der bisherigen Abläufe herausfordert. Selbst in den Beispielen, die durch Einzelpersonen als Sozialunternehmerinnen bzw. -unternehmer initiiert wurden (wie *„Môm'Artre"* (Abb. 5.5) oder die *„Eltern-AG"* (Abb. 7.1)), waren diese in Diskussions- und Entwicklungskontexte eingebunden und nutzten diese zur Ausarbeitung und Umsetzung ihrer Angebote. Innovation ist auf Konnektivität und Interdependenzen, Kooperation und das Teilen von Informationen und Vertrauen angewiesen (Jalonen und Juntunen 2011). So überrascht es auch nicht, dass im Innovationsprozess systematisch Grenzen überschritten werden: Grenzen zwischen Abteilungen und Zuständigkeiten, Organisationen, Disziplinen und Rollen (Jalonen und Juntunen 2011; Sørensen und Torfing 2011). Diese Grenzen erweisen sich als Schnittstellen und der „Grenzraum" als besonders günstig für die Entwicklung von Neuem (Williams 2012; The Young Foundation 2012, S. 21; Nicholls und Murdock 2011). Von ihnen ausgehend können auch neue, „hybride" (und damit auch innovative) Formen der Organisation und Kooperation entstehen und sich verfestigen (Billis 2010).

Allerdings wirft die Einführung von Wettbewerb, Konkurrenz und marktförmigen Organisationsformen im sozialen Bereich die Frage auf, wie eine Interessenskongruenz zwischen privaten Organisationen auf dem Markt (oder Quasi-Markt) hergestellt werden kann, wenn Wettbewerb, Konkurrenzsituationen und Ressourcenknappheit zu greifbaren Hindernissen werden, die das Teilen von Wissen und transparente Kommunikation verhindern. Eng damit verbunden ist die oft wiederholte These eines „Innovations-Defizits" in sozialen Diensten (Crepaldi et al. 2012). Ein zweiter Fragekomplex betrifft die Diskussion rund um den Einfluss, die Rollen und die Funktionen „hybrider Organisationen" (z. B. Social Entrepeneurs und Sozialunternehmertum, vgl. Hasenfeld und Gidron 2005) im Unterschied zu traditionelleren Anbietern sozialer Dienstleistungen. Sozialunternehmertum ist oft eng verbunden mit Start-Ups und der Erschließung von (Sozial-)Märkten (siehe z. B. auch die Fallstudien *„Môm'Artre"* und *„ELTERN-AG"* (Abb. 5.5)). Jedoch ist es bislang unklar, ob ein Zusammenhang besteht zwischen einer Zunahme unternehmerischer Aktivitäten im Bereich sozialer Dienste und Innovationen in sozialen Dienstleistungen. In der Literatur finden sich Hinweise, dass gerade Kooperationen traditioneller und neuer Akteure positive Synergieeffekte nach sich ziehen können (Beckmann et al. 2013). So könnte größere Flexibilität auf der einen Seite für Innovation förderlich sein, aber auf der anderen Seite erscheinen etablierte Netzwerke, Ressourcen und Erfahrung als unverzichtbar für die Institutionalisierung und Verbreitung von Innovation. Antworten auf diese Fragen finden sich durch eine systematische Auswertung der INNOSERV Fallstudien. Es zeigt sich, dass

Innovationen v. a. durch strategische Kooperationen zwischen unterschiedlichen Trägern und Funktionsgruppen vorangetrieben werden.

Die nachfolgend beschriebenen strategischen Innovationsallianzen illustrieren, wie Organisationen oder individuelle Akteure durch Kooperation neuen Ideen zur Umsetzung und Verstetigung verhelfen. Die Typologie bezieht sich auf die beteiligten Akteure und nicht auf den Bezugspunkt der Innovation. So kann man diskutieren, ob und inwiefern es einen Zusammenhang zwischen diesen beiden Aspekten gibt. Konkret: Macht es einen Unterschied, ob sich Managerinnen zusammensetzen und ein neues Dienstleistungsprodukt entwickeln, oder ob sich Fachkräfte und NutzerInnen gemeinsam auf eine neue Praxis verständigen? Die empirische Basis der folgenden Überlegungen sind die im INNOSERV Projekt erhobenen Fallstudien – wir gehen allerdings davon aus, dass die Typologie auch darüber hinaus sinnvoll ist, um Allianzen zu unterscheiden und zu beschreiben.

4.2.1 Typ I: Intersektorale Management-Allianzen

In dieser Innovationsallianz kommen Akteure mit weitreichenden Entscheidungskompetenzen zusammen, um innovationsfördernde Rahmenbedingungen zu schaffen. Beteiligt sind sowohl Akteure der Dienstleistungsstruktur wie auch der Regelungsstruktur. Die sich aktiv einbringenden „Change Agents" bewegen sich v. a. auf der Managementebene. Sie initiieren beispielsweise Pilotprogramme, die dann evaluiert und bewertet werden. Nicht immer haben die Akteure die Entscheidungsbefugnis, auch langfristig Ressourcen für die Neuerungen aufzuwenden, was Pilotprojekte so prekär macht. Sie sind auch nicht selbst diejenigen, die eine neue Technik einsetzen und damit angewiesen auf das Zutun der Mitarbeiter, die sie dafür per Anweisung, Überredung oder Überzeugung gewinnen müssen. Es zeichnet sich ab, dass gerade bei Management-initiierten Projekten die Grenzen zwischen unterschiedlichem beruflichem Fachwissen zunehmend durchlässiger werden, weil dort fachliche und disziplinäre Expertisen aus verschiedenen Bereichen zusammengebracht werden. Beispiele sind insbesondere die Projekte „*Abitare Solidale*" (Abb. 5.3), „*Blue Assist/Cloudina*" (Abb. 8.1), „*GPE Mainz*" (Abb. 5.1) und „*Stroke Care/Early Supported Discharge*" (Abb. 6.1).

4.2.2 Typ II: Subversive Praxis-Allianzen

In den subversiven Praxis-Allianzen kommen Fachkräfte und Nutzerinnen zusammen, um gemeinsam die beiderseitig alltagsprägende Praxis weiterzuentwickeln.

Sie bilden gewissermaßen ein Gegenmodell zu Management-Allianzen. Die „Change Agents" handeln subversiv, indem sie sich Regeln widersetzen, Routineabläufe umgehen oder die konzeptionelle Trennung zwischen Fachkraft und Nutzer aufbrechen (cf die Beiträge in Barnes und Prior 2009). Dieses Reflektieren und Überwinden von Standardabläufen ist funktional aufgrund (absichtlich oder unabsichtlich) offen gehaltener Vorgaben oder der Kontingenzen und Spezifika von Einzelfällen, die sich aus der Kontextgebundenheit der Dienstleistungserbringung ergeben (Prior und Barnes 2009) . Das Wissen der Fachkräfte und der NutzerInnen wird zu einem neuen Expertensystem verbunden (Needham 2011). Der Bezugspunkt dieser Allianzen ist zwar die unmittelbare alltägliche Praxis, sie können jedoch auch andere inspirieren, und die Innovation auf diese Weise diffundieren. Eine situative Absprache und Abweichung wird dann zur Innovation, wenn sie in anderen Situationen und von anderen Personen übernommen wird und so eine neue Orientierung für Dienstleistungshandeln bietet. Beispielhafte Projekte sind „*Irre menschlich Hamburg e.V.*" (Abb. 7.4), „*Môm'Artre*" (Abb. 5.5) und „*Santé Communitaire Seclin*" (Abb. 9.3).

4.2.3 Typ III: Initiativen und Kampagnen zur Kontextinnovation

Initiativen von sozialen Bewegungen, Politik, Verwaltung und Verbänden, die eher allgemeinen Charakter haben und Anreize und Ansatzpunkte für neue Entwicklungen bieten, fassen wir in diesem Typus zusammen. Hier geht es um das Thematisieren und Problematisieren von ungedeckten Bedarfen, die Suche nach Lösungen und das Mobilisieren von Ressourcen zu ihrer Bearbeitung (vgl. Groenemeyer 2010; Cummins et al. 2011). Gerade für Innovationsprozesse im Gesundheitsbereich scheinen solche Initiativen eine große Bedeutung zu haben ebenso wie mit Blick auf die Inklusion von diskriminierten und marginalisierten Gruppen. Gelingen soll dies etwa durch die Bereitstellung und Vermittlung von spezifischem Wissen (siehe „*European Care Certificate*" Abb. 7.6 und „*CIL Serbien*" Abb. 7.5), medizinischer Versorgung (siehe „*Dänisches Zentrum gegen Menschen'handel/Mobile Sundhetstilbud*" (Abb. 9.1) und „*Know Your Own Health/Somerset Community Pain Management Service*" Abb. 5.4) oder Kultur (z. B. „*Ammerudhjemmet*" Abb. 5.2). Welche Innovationsallianzen in den INNOSERV Fallstudien wiederzufinden sind zeigt Tab. 4.1.

Tab. 4.1 Innovationsallianzen in den INNOSERV Fallstudien © Langer/Eurich/ Güntner 2018

Fallstudie	Typ I: Intersektorale Management-Allianzen	Typ II: Subversive Praxis-Allianzen	Typ III: Initiativen und Kampagnen zur Kontextinnovation
Abitare Solidale	X		
Ammerudhjemmet	X		X
Blue Assist/ Cloudina	X	X	X
CIL Serbien		X	X
Mobile Sundhetstilbud			X
Stroke Care/ Early Supported Discharge	X		
ELTERN-AG	X		
European Care Certificate			X
GPE Mainz	X		
Humanitas Thuisadministratie	X	X	
Irre menschlich Hamburg e.V.		X	X
Môm'Artre		X	
Nueva	X	X	
Place de bleu	X	X	
Real Pearl		X	X
Know Your Own Health/Somerset Community Pain Management Service	X		X
Vitality	X		

4.3   Folgenreiche Allianzen: Machtverhältnisse im Innovationshandeln und Anforderungen an das Innovationsmanagement

Zusammenfassend können einige wichtige Schlussfolgerungen aus der Typologie und unseren Erkenntnissen zu „Change-Agents" und Innovationsallianzen abgeleitet werden. Jeder Typus steht für eine spezifische Verbindung von Akteuren, Ressourcen und Wissen im Innovationsprozess. Sie reagieren in durchaus unterschiedlicher Weise auf Herausforderungen und Anlässe und können dabei um Deutungsmacht konkurrieren. Insofern ist es folgenreich, welche Allianz sich eines Themas annimmt und Innovationsprozesse initiiert. Gerade mit Blick auf neue Technologien ist dies augenscheinlich. Allen Allianzen gemein ist, dass sie die Steuerungsmacht des Managements einer Dienstleistungsorganisation relativieren. Innovationshandeln muss als ein Prozess verstanden werden, der zwischen Anbietern, Finanziers, Netzwerken, Erbringern sowie Konsumentinnen und Konsumenten stattfindet, die als Faktoren der Organisationsumwelt in das kooperative Innovationsmanagement zu integrieren sind. Das Management der unternehmensexternen Faktoren ist eine Schlüsselaufgabe, um Innovation in sozialen Dienstleistungen durchsetzen zu können. Mit diesem Zusammenhang beschäftigt sich das folgende Kapitel.

Innovation und Organisation 5

Eine wichtige Funktion von Organisationen ist es, personenunabhängige Routinen, Strukturen und Logiken bereitzustellen, die das Alltagshandeln des Personals von ständigem Neu-Entscheiden, Neuorientieren und Unsicherheitsbearbeitung entlastet. Die Logiken von Organisation und Innovation müssen also naturgemäß in einer Spannung zueinander stehen, die Aufrechterhaltung von Routinen und organisiertem Alltagshandeln steht dem Innovationshandeln entgegen, wie bereits Lipskys Studie zu Street-Level-Bürokratien gezeigt hat (Lipsky 2010). Die öffentlichen Dienstleistungen und ihre Administration zeigten sich in seinen Studien resistent gegen Wandel und fanden ihre Wege, um sich dem Druck vonseiten der Manager oder der Nutzer zu widersetzen. Diese Autonomie und der darin zu entdeckende Erfindungsreichtum müssen verstanden werden, um Organisationen zu verändern und neue Abläufe oder Technologien durchzusetzen (vgl. Eurich und Langer 2016). Wenngleich jede Form von Wandel einzigartig ist, weisen verschiedene Studien darauf hin, dass Innovation eher in inkrementellen als in plötzlich einsetzenden und radikalen Prozessen stattfindet (Laino und Sütó 2013) und dass inkrementeller Wandel oft einen größeren und länger andauernden Einfluss hat als eine radikale Intervention.

5.1 Der Wandel von Organisationen

In Organisationen finden unterschiedliche Arten von Wandel statt: forcierter und nicht-forcierter; beabsichtigter und unbeabsichtigter; strategisch geleiteter und

Elektronisches Zusatzmaterial
Die Online-Version für das Kapitel (https://doi.org/10.1007/978-3-658-05122-8_5) enthält Zusatzmaterial, das berechtigten Benutzern zur Verfügung steht. Oder laden Sie sich zum Streamen der Videos die „Springer Nature More Media App" aus dem iOS- oder Android-App-Store und scannen Sie die Abbildung, die den „Play Button" enthält.

ad-hoc durchgeführter Wandel. Der nicht-forcierte, unbeabsichtigte eher ad-hoc durchgeführte Wandel entsteht oft durch – und in Form von – kleine(n) prozessuale(n) Anpassungen. Dies können auch Anpassungen sein, die im Rahmen des professionellen Ermessens erlaubt und sogar beabsichtigt sind und dem Bedarf nach professioneller fallbezogener Flexibilität entsprechen, wenn Routinemaßnahmen nur unbefriedigende Ergebnisse liefern. Es können auch Veränderungen sein, die aus Unzufriedenheit mit Vorgaben heraus entstehen. Eine Veränderung wird dann zur Innovation, wenn sie sich in neuen formellen oder informellen Regelungen niederschlägt, die auch von zunächst Unbeteiligten befolgt und zudem von der Managementebene mitgetragen werden und sich somit dauerhaft etablieren können (Langer et al. 2013, S. 27–28). Neben Veränderungen in Abläufen oder Strukturen kann organisationale Innovation auch die Einführung einer neuen Organisationseinheit oder gar die Gründung einer neuen Organisation bedeuten (Langer et al. 2013, S. 34).

Um eine nachhaltige Veränderung zu bewirken, muss eine organisationale Neuerung oder Veränderung in die Kultur der Organisation und auch in das Wertegefüge des organisationalen Feldes passen (Mahoney 2000). Aus dieser Passung („contextual fit") ergibt sich das komplexe und paradoxe Problem der Spezialisierung und Versäulung sozialer Dienstleistungen. Innovationsprozesse können zu neuen Spezialisierungen führen, wenn zum Beispiel neue Bedarfe entdeckt und bedient werden. Bestehende Spezialisierungen und ihre Abbildung in einer Organisation können aber auch Ausgangspunkt für Veränderung sein, wenn erkannt wird, dass eine Dienstleistung die tatsächlichen Bedarfe der Adressatinnen und Adressaten nicht (mehr) erreicht.

Am Beispiel einer Dienstleistung für Menschen mit Behinderung lässt sich dieses Spannungsfeld illustrieren. Die Gesellschaft für psychosoziale Einrichtungen GmbH (GPE) in Mainz verbindet die Schaffung von Arbeitsplätzen für Menschen mit Behinderung mit individualisierten, passgenauen Unterstützungs- und Begleitungsleistungen für Menschen mit Behinderungen und psychischen Erkrankungen, die auf berufliche und gesellschaftliche Integration abzielen (Abb. 5.1). Die Einführung von Nutzerorientierung brachte einige Herausforderungen mit sich: Die neuen Rollen und Abläufe mussten in übergreifende Prozesse der Organisationsentwicklung eingebunden werden. Das gelang durch die Verfolgung einer expliziten Hybridisierungs-Strategie: Anstatt den ersten Arbeitsmarkt für Menschen mit Behinderung in reinen For-Profit-Organisationen zu öffnen, wurden Non-Profit-Unternehmen zu solchen Organisationen weiterentwickelt, die Arbeitsplätze auf dem ersten Arbeitsmarkt auch für Menschen mit Behinderung erreichbar machen. Dazu wurden Dienstleistungsbereiche ausgegründet, neue Unternehmen gegründet oder auch in bestehenden Einrichtungen marktförmige Strategien weiterentwickelt.

Ähnliches lässt sich an Dienstleistungen für ältere Menschen illustrieren, die oft ein großes Spektrum an Maßnahmen abdecken: Gesundheitsversorgung (entweder

Abb. 5.1   LINK: *Gesellschaft für psychosoziale Einrichtungen* GmbH (GPE) in Mainz ©
Langer/Eurich/Güntner 2018 (https://doi.org/10.1007/000-0nc)

stationär oder ambulant), soziale Unterstützung (in Form von finanzieller Unterstützung für diejenigen, die von einer sehr geringen Rente leben, oder in Form von
Alltagsunterstützung etwa durch Haushaltshilfen, Unterstützung beim Einkaufen
oder beim Pflegen sozialer Kontakte usw.), Umbaumaßnahmen (Barrierefreiheit)
oder auch beim Übergang von ambulanter zu stationärer Pflege. Wenngleich in
den vergangenen Jahren in vielen Ländern die Bedeutung integrierter Strukturen
erkannt wurde, ist der Bereich dennoch von hartnäckiger Fragmentierung gekennzeichnet (Mur-Veeman et al. 2008). Schwächen der gegenwärtigen Gesundheits-
und Sozialsysteme beziehen sich u. a. auf:

- Fehlende Zuständigkeit für Patienten und ihre Probleme, sodass Information
  innerhalb des Systems verloren gehen.
- Unzureichende Einbeziehung der Nutzer/Patienten in das Management und die
  Strategiefindung der Pflege
- Mangelnde Kommunikation mit den Nutzern/Patienten und auch zwischen den
  Anbietern von Gesundheits- und Sozialdienstleistungen
- Behandlung der Patienten meist nur im Hinblick auf eine Erkrankung, wobei
  andere Bedürfnisse und Erkrankungen nicht erkannt oder ignoriert werden und
  so die Effektivität der Behandlung verringern.
- Unterschätzung des Einflusses von Entscheidungen im Gesundheitssektor auf
  den sozialen Sektor und umgekehrt (Lloyd und Wait 2005, S. 7).

Eine Studie von Mur-Veeman und anderen (2008) zeigt, dass die Veränderungsresistenz in diesem Bereich durch Förderprogramme und eine integrierte Pflegepolitik aufgebrochen werden kann (hierzu auch Leichsenring 2004). Neuere Befunde aus dem europäischen Forschungsverbund INTERLINKS geben Hinweise, dass auch über den Markt, aber vor allem auch aus zivilgesellschaftlichen Initiativen heraus integrierte Ansätze angestoßen wurden (Leichsenring 2012).

Die Integration von Maßnahmen in einer Dienstleistung bringt zahlreiche Herausforderungen mit sich. In integrierten Settings arbeiten Menschen mit ganz unterschiedlicher Expertise zusammen. Es ist ein sehr aufwändiges Unterfangen, Kontexte guter Zusammenarbeit herzustellen. In integrierten Strukturen treten auch Akteure auf, die ursprünglich keinerlei Qualifikationen oder Kompetenzen in diesem bestimmten Arbeitsfeld mitbringen, und müssen sich nun mit anderen verstehen, um miteinander kooperieren zu können. Langer (2009) spricht hier auch von „De-Codierungskosten", weil die Verständnisse, fachlichen Standards, Sprachen und professionellen Kulturen sehr unterschiedlich sein können. Transdisziplinäre Zusammenarbeit ist nicht (nur) additiv zu denken, sondern kann mit einer neuen inter-professionellen Haltung, Kultur und Identität einhergehen. Sichtbar wird dies beispielsweise in Projektzusammenhängen, die oft für die Teilnehmer viel interessanter und bedeutender sind als die dahinter liegenden Organisationen, auch wenn sie auf diese Trägerstrukturen angewiesen sind (Grabher 2002).

Diese Entwicklungen lassen sich wieder besonders prononciert im Bereich der Pflege zeigen und dort im Verhältnis von professionellen und ehrenamtlichen Pflegekräften sowie den Nutzenden und ihrem jeweiligen Wissen und Selbstverständnis. Zwischen professioneller Pflege und familiärer Pflege herrscht noch immer eine Leistungskonkurrenz, obwohl großes Potenzial für Synergien und Qualitätssteigerung in der strategischen Verknüpfung von formeller und informeller Pflege liegt. Die Herausforderung besteht dabei darin, die Ressourcen und Kompetenzen der informellen Pflege mit den spezifischen Angeboten formeller Pflege zu neuen Formen der Expertise, also des gemeinsamen Wissens, von geteilten Methoden und Konzepten zu führen. Und die Anwendung der geteilten Expertise ist dann wiederum als erwartbares Dienstleistungshandeln – entwicklungsoffen – zu routinisieren.

Dies lässt sich am Ansatz des „offenen Pflegeheimes" illustrieren, wie er im „Ammerudhjemmed" (Abb. 5.2) in Oslo, Norwegen realisiert wird. Ein großes Spektrum an Einrichtungen und Angeboten, die nicht nur den Bewohnerinnen und Bewohnern offenstehen, werden dort im Haus durchgeführt, sodass vieles öffentlich ist. Das Pflegeheim für betreuungsintensive alte Menschen wurde zur

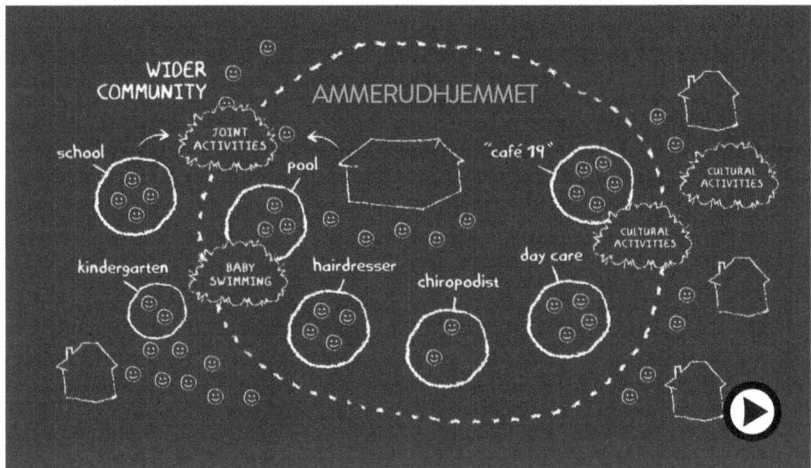

Abb. 5.2 LINK: *Ammerudhjemmed* in Oslo, Norwegen © Langer//Eurich/Güntner 2018 (https://doi.org/10.1007/000-0nb)

Gemeinde hin geöffnet und in einem sozialräumlichen Ansatz in das Gemeindeleben eingebettet. Anstatt die Pflege aus dem Heim herauszulösen und zu „ambulantisieren", wurde der Sozialraum in das Pflegeheim integriert. Das Heim entwickelte sich so zu einem neuen Gemeindezentrum. Die Öffnung des Heims umfasst drei Elemente: die Einbindung der Gemeinde, z. B. über spezielle kulturelle Angebote; die Integration von Angeboten der kommunalen Infrastruktur und Versorgung mit Gütern des alltäglichen Bedarfs in den Räumen der Einrichtung, wie z. B. ein Café/Restaurant, Friseur, Einkaufsmöglichkeiten, Schwimmhalle; sowie die Aktivierung ehrenamtlichen Potenzials. So verbindet sich die Vermeidung der Isolierung der Bewohnerinnen und Bewohner mit einer Belebung des Gemeinwesens.

5.2 Innovation, Management und Kommunikation

Managerinnen und Manager von sozialen Diensten haben die Aufgabe zu entscheiden. Ihre Professionalität bezieht sich auf die Kunst, die richtigen Entscheidungen herbeizuführen und zu treffen. Insofern sind sie auch die Akteure, die über systematische und strukturelle Veränderungen innerhalb von Organisationen entscheiden (vgl. Langer 2013b). Ihr innovationsbezogener Spielraum ist allerdings oft nicht groß. So sind die Ressourcen, die ihnen für Forschung und Entwicklung bereitstehen, begrenzt. Sie sind häufig auf spezielle Förderprogramme angewiesen, die wiederum oftmals inhaltlich enge Vorgaben haben. Hinzu kommen ethische Fragen bei jedweder Form des Experimentierens mit verletzlichen Personen. Innovation setzt daher ein „Gefühl" für die Situation und (auch stillschweigendes) Einvernehmen der Betroffenen voraus. Gleiches gilt für die Einführung bzw. Übertragung von Neuerungen, die in anderen Kontexten oder von anderen Trägern erprobt wurden. Dementsprechend finden sich in der sozialwissenschaftlichen Innovationsforschung und in der Managementforschung zahlreiche Hinweise, dass traditionelles hierarchisches Management („top down") Innovation nicht unbedingt fördert und partizipative Modelle dazu besser geeignet sind. In einer Studie zur Kinder- und Jugendhilfe finden Grunwald und Steinbacher (2007) Anforderungen an das Management, die sich auch auf andere Kontexte übertragen lassen:

- Führungskräfte sind „angewiesen auf die rechtzeitige und angemessene Einbeziehung von MitarbeiterInnen im Sinne einer sozialen, kommunikativen und reflexiven Kompetenz" (Grunwald und Steinbacher 2007, S. 87)
- „Management bezieht sich aufgrund immer komplexer werdender Aufgabenstellungen nicht nur auf die Leistungen der Führungskräfte, sondern auf die vielfältigen Handlungen von verschiedenen Akteuren im System des Unternehmens" (Grunwald und Steinbacher 2007, S. 88)
- „Gerade weil in Managementprozessen Prioritäten gesetzt und Entscheidungen getroffen werden (müssen), ist Management nicht als wertneutrales Handeln zu verstehen, sondern muss laufend Sinnangebote machen und diese gegenüber allen AkteurInnen inner- und außerhalb der Organisation kommunizieren und vertreten" (Grunwald und Steinbacher 2007)

Die Tatsache, dass Innovation in Sozialen Dienstleistungen kaum zu trennen ist von der Expertise und dem Innovationshandeln der Akteure im direkten Interaktionsgeschehen, erfordert einen Perspektivenwechsel in der Interpretation des Managementhandelns, wie er in der neoinstitutionell geprägten soziologischen Forschung vollzogen wird. Die neoinstitutionelle Managementsoziologie geht von einer gegenseitigen Abhängigkeit von Führungskräften und Angestellten aus. Sie betont, dass die Autorität von Führungskräften diesen von den Angestellten insbesondere als Weisungs- und Beratungskompetenz zugewiesen wird (Pohlmann 2002). In Innovationsprozessen sind Managerinnen und Manager folglich darauf angewiesen, dass ihnen die betroffenen Mitarbeiterinnen und Mitarbeiter bei diesem risikohaften Unterfangen vertrauen und dieses nicht sabotieren. Die Erkenntnis, dass nicht selten die „Change-Agents" auf der Ebene der professionellen Fachkräfte zu finden sind, verweist auf entsprechende Herausforderungen an das Sozialmanagement. Die neoinstitutionelle Managementsoziologie entzaubert die Machtposition des Managements insbesondere, wenn es um die Initiation von Innovation geht. Innovationsprozesse werden oft nicht vom Management, sondern von den Stakeholdern (Nutzern, Angestellten, Freiwilligen, etc.) in verschiedenen Konstellationen (Innovationsallianzen) eingeleitet, die in einem gemeinsamen Entscheidungsfindungsprozess und beruhend auf gemeinsamen Standards, Regeln und Werten das Verhältnis von Angebot und Nachfrage vermessen und (neu) justieren. Anstatt den Managementakteuren zuzuschreiben, dass sie Sinnangebote für ihre Untergebenen machen können, wird Innovationsmanagement förmlich umgedreht gedeutet: Die Managementakteure generieren nicht Innovation, sondern sie „können im Nachhinein deutend für die Organisation festlegen, was richtig und was falsch war" (Pohlmann 2002, S. 233) und entscheiden darüber, ob Innovation zugelassen, gefördert, vorangetrieben oder unterdrückt wird. Und Neuerungen können nur dann erfolgreich als Innovationen in einer Organisation verankert werden, wenn Teamfähigkeit und Führungskompetenz zusammenkommen und auch Weiterbildung, Zusammenarbeit und Partizipation gefördert werden (Hermans und Vranken 2010). Innovative Organisationen verfügen demnach über Führungskräfte, die ihrem Team beratend zur Seite stehen, Raum geben für eigene Initiativen der Fachkräfte, offen sind für Anregungen der Nutzer, und auch die Zusammenarbeit mit externen Akteuren ermöglichen und fördern (Langer 2013b).

Ein wesentlicher Bestandteil eines innovationsfördernden Managementstils ist dabei die gemeinsame Entscheidungsfindung. Gemeinsame Entscheidungsfindung impliziert (anders als gemeinsame Produktion), dass der Nutzer bzw. die Nutzerin auch an der Lösungsfindung mitwirken. Dies führt zu mehr Solidarität und komplexeren Zusammenarbeitsstrukturen zwischen den Akteuren (Richez-Battesti und Vallade 2009). Dabei kann es zu Kontroversen zwischen den Stakeholdern kommen, die entweder in der Anfangsphase oder über den ganzen Transformationsprozess hinweg weitergeführt werden und lösungsorientiert moderiert werden müssen. Die Existenz von Foren des Austauschs macht soziale Innovation, die aus dem Dialog der eingebundenen Personen und dem damit einhergehenden gegenseitigen Vertrauen resultiert, erst möglich (Laville 2014).

Aus diesen Beobachtungen ergibt sich, dass innovationsrelevante Expertise nicht notwendigerweise organisationsinterne Expertise ist, sondern sich auf eine ganze Reihe von Akteuren mit unterschiedlichen Beziehungen zur betreffenden Dienstleistung verteilen kann. Die organisationsexternen Akteure in diesen hybriden Konstellationen sind für das Management nur schwer zu steuern, bzw. müssen von diesem in angemessene Formen der Ansprache und Steuerung gekleidet werden. Nicht zwangsläufig ist eine formale Integration dieser

Ressourcen in die bestehende Organisation oder in eine neue Organisationsform passend; auch können lockere, temporäre Verbünde geeignet sein, um Verbindlichkeit und Verantwortlichkeit in der gemeinsamen (Ko-)Produktion einer Dienstleistung zu sichern. Prahalad und Ramaswamy verweisen hier auch auf den Erlebnischarakter einer Dienstleistung und das Interesse der Nutzerinnen und Nutzer (dort: Konsumenten), sich an der Wertschöpfung zu beteiligen (Prahalad und Ramaswamy 2004; vgl. auch Reichwald und Piller 2009; Jacobsen und Jostmeier 2010).

In solchen Konstellationen ist also mit einer Relativierung der Dominanz des Dienstleistungsunternehmens zu rechnen. Innovation sozialer Dienstleistungen wird prozesshaft und in netzwerkartigen Konstellationen zwischen Anbietern, Finanziers, Erbringerinnen und Nutzenden ausgehandelt (Langer und Eurich 2014). Mit anderen Worten: die Grenze zwischen der Organisation und ihrer Umwelt verschwimmt. Dieser Grenzbereich ist der eigentliche Schauplatz der Innovation: die Konsumentinnen und Konsumenten, Nutzerinnen und Nutzer rücken mit ihrem Wissen, ihrer Expertise, ihren Wünschen immer mehr in den Mittelpunkt.

Dies kann gut an zwei Fallstudien verdeutlicht werden: *„Abitare Solidale"* (Abb. 5.3) und *„Know Your Own Health"* (Abb. 5.4). Im Falle von *„Abitare Solidale"* verbindet sich ein erschwingliches Wohnangebot mit nachbarschaftlicher Hilfe und ergänzenden Dienstleistungen. Angesprochen werden u. a. ältere Menschen, die Hilfe bei der Haushaltsführung benötigen, Familien, die Arbeit und Kinderbetreuung Vereinbaren müssen, Menschen, die mit wirtschaftlichen Schwierigkeiten konfrontiert sind oder auch Personen, die als Opfer häuslicher Gewalt eine sichere Unterkunft benötigen. Das eigentliche Dienstleistungsangebot kommt hier nicht von der vermittelnden Organisation (der Verein „Auser Volontariato Abitare Solidale"), sondern vor allem über die gegenseitige Hilfe: So bietet z. B. ein unterstützungsbedürftiger Haushalt Wohnraum als Ressource, eine unterstützungsgebende Nutzerin kann Hilfe im Alltag als Ressource einbringen, benötigt zugleich die Nutzung von Wohnraum. Die innovative Dienstleistung besteht nun darin, diese gegenseitigen Bedarfe und Ressourcen zueinander passend auszuwählen, zu vermitteln und zu begleiten. So arbeiten also Sozialarbeiterinnen, öffentliche Behörden und Freiwillige gemeinsam daran, jeweils individuelle Wohn- und Unterstützungslösungen zu finden und beiden Parteien Begleitung und Sicherheit zu bieten. Das Projekt stiftet in diesem Sinne zwischenmenschliche Beziehungen und gleichzeitig gegenseitige Hilfe.

Als zweites Beispiel kann das Projekt *„Know Your Own Health/Somerset Community Pain Management"* genannt werden. Die innovative Idee besteht darin, chronisch Kranken, in diesem Fall Schmerzpatienten, im Umgang mit ihrem Leiden zu mehr Autonomie zu verhelfen und ein nachhaltiges Selbstmanagement zu etablieren – im Kern wird die Behandlungssteuerung an die Betroffenen (teil)übertragen.

Abb. 5.3 LINK: Das Wohnprojekt *Abitare Solidale* © Langer/Eurich/Güntner 2018 (https://doi.org/10.1007/000-0na)

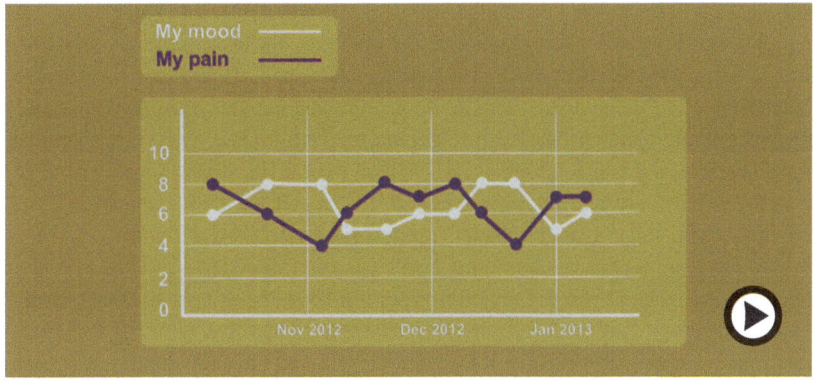

Abb. 5.4 LINK: *Somerset Community Pain Management Service* in Kooperation mit dem Sozialunternehmen „Know Your Own Health" © Langer/Eurich/Güntner 2018 (https://doi.org/10.1007/000-0nd)

Die Online-Plattform „Kenne deine eigene Gesundheit" (Know Your Own Health) bietet u. a. Unterstützung durch einen Gesundheits-Mentor, der das Selbstmanagement unterstützt und dabei hilft, persönliche Ziele festzulegen, Zugang zu validierten Informationen über den Umgang mit Schmerzen und Hilfeinstrumente zu erhalten, um dieses Leben besser zu organisieren, Training im Selbstmanagement,

Werkzeuge, die die Zielerreichung überwachen, Instrumente, die den Austausch mit anderen ermöglichen (Gesundheitsexperten, Familie, Freunde), und Informationen über relevante Unterstützungsdienste in der Umgebung.

5.3 Innovation, Ressourcen und Finanzierung: Wertschöpfungsinnovation

Die Innovation von und in sozialen Dienstleistungen bindet unterschiedliche Ressourcen. Oft werden öffentliche Förderung (vor allem auch Programme der experimentellen Politik) und private Finanzierung in Form von Entgelten oder Sponsoring kombiniert. Auch die Beteiligung und das Wissen von Nutzerinnen bzw. Nutzern, die Kompetenzen der Fachkräfte und das Engagement von Freiwilligen sind wichtige Ressourcen (Crepaldi et al. 2012). Kürzungen und eingeschränkte Budgets sind dabei sowohl als Treiber als auch als Barriere zu betrachten.

In der Kombination und Hybridisierung dieser Ressourcenarten ist in den untersuchten Beispielen ein Strukturprinzip der Ressourcentransformation deutlich geworden, welches man auch als Wertschöpfungsinnovation bezeichnen kann. Diese bedeutet, das Engagement und die Erfahrung, die Zeit und relevante Fähigkeiten und Fertigkeiten aller Beteiligten (Nutzende, Angehörige, Nachbarn etc.) als wertvolle Ressource zu erkennen bzw. in eine Ressource umzuwandeln. In den unten genannten Fällen ist es jeweils gelungen, diese Ressourcen so aufzugreifen, dass die Dienstleistungserbringung dadurch eine Wertsteigerung erfahren konnte. Die Wertschöpfung besteht darin, einen sozialen Kontext zu schaffen, der die Transformation von Kompetenzen bzw. Ressourcen in ein wertvolles und nutzbares Potenzial für eine dritte Partei möglich macht. Tab. 5.1 zeigt Beispiele für diese Form der Wertschöpfung.

Zur Illustration sei vor allem auf die Fallstudie „*Môm'Artre*" (Abb. 5.5) hingewiesen. Ausgehend von der Initiative einer Mutter mit spezifischen Bedarfen der Kinderbetreuung wurde ein System aus sich ergänzenden Ressourcen geschaffen, über das ein neues und kreatives Angebot der Nachmittagsbetreuung entstanden ist, welches zugleich der Arbeitsmarktintegration dient. Die spezifischen Bedarfe der Nachmittagsbetreuung wurden durch die Kombination von pädagogischer und künstlerischer Expertise gewährleistet und abgedeckt. Die Kunsterziehung am Nachmittag wird als Aufwertung der Qualität in der außerschulischen Bildung empfunden und durch Künstler realisiert, die sich für das Projekt engagieren. Zugleich wurde damit eine Nachfrage nach künstlerischer Arbeit stimuliert. Durch die Angebote außerschulischer Bildung wurden so schließlich Arbeitsplätze auf dem ersten Arbeitsmarkt geschaffen für Personen, die sonst mit ihrer Qualifikation kaum Zugänge zu Erwerbsarbeit haben.

Tab. 5.1 Wertschöpfungsinnovation durch Ressourcentransformation © Langer/Eurich/ Güntner 2018. (Quelle: www.inno-serv.eu, © eigene Zusammenstellung)

Fallstudie	Ressourcentransformation
Abitare Solidale	Die Schaffung von Wohnraum (für Wohnungssuchende) wird verbunden mit der Schaffung von Alltagshilfe (für Menschen mit entsprechenden Bedarfen) durch die Nutzerinnen des Wohnraums.
Nueva	Das Wissen von Nutzerinnen einer Einrichtung wird genutzt für die Konzipierung und Durchführung der Evaluation. Die Evaluationsergebnisse wiederum werden genutzt, um die Qualität der Einrichtung zu verbessern.
Ammerudhjemmet	Die Einbindung alltagsnaher Dienstleistungen für die umliegende Gemeinde in das Setting des Pflegeheims erweitert die Möglichkeiten der sozialen Teilhabe; das Pflegeheim wird zugleich zum regional bedeutsamen Begegnungszentrum.
ELTERN-AG	Persönliche Erfahrung wird hier als Ressource in gegenseitiger Beratung und Hilfe genutzt.
Irre menschlich Hamburg e.V.	Persönliche Erfahrungen mit Psychiatrie, mit der Bewältigung des Alltags und im Umgang mit Behörden werden zur Orientierung von Fachkräften im Umgang mit Personen mit psychischen Erkrankungen genutzt.
Môm'Artre	Kunstfertigkeit wird genutzt, um Nachmittagsbetreuung von Kindern zu schaffen. Die Betreuung ermöglicht den Künstlerinnen und Künstlern wiederum, Einkommen zu erzielen.
Place De Bleu	Handwerkliche und kunsthandwerkliche Fertigkeiten der Nutzerinnen werden genutzt, um innovative Designlösungen zu erzielen. Die Gewinne wiederum werden in Ausbildungsplätze reinvestiert.
GPE Mainz	Die in integrativen Betrieben erstellten Produkte werden im weiteren Dienstleistungsnetzwerk als Produktionsfaktoren genutzt (z. B. Bäckerei, Wäscherei, Gastronomie).

5.4 Risikomanagement in Innovationsprozessen

Mit neuem oder verändertem Dienstleistungshandeln gehen Fragen des Risikomanagements einher. Das ist insbesondere bei der Personalisierung der Fall, wenn Risiken auf die Nutzerinnen und Nutzer übertragen werden. Auch bei anderen organisationalen und institutionellen Entwicklungen können sich Risiken neu verteilen. Die Kapazität, Verantwortung und Risiken übernehmen zu können, ist

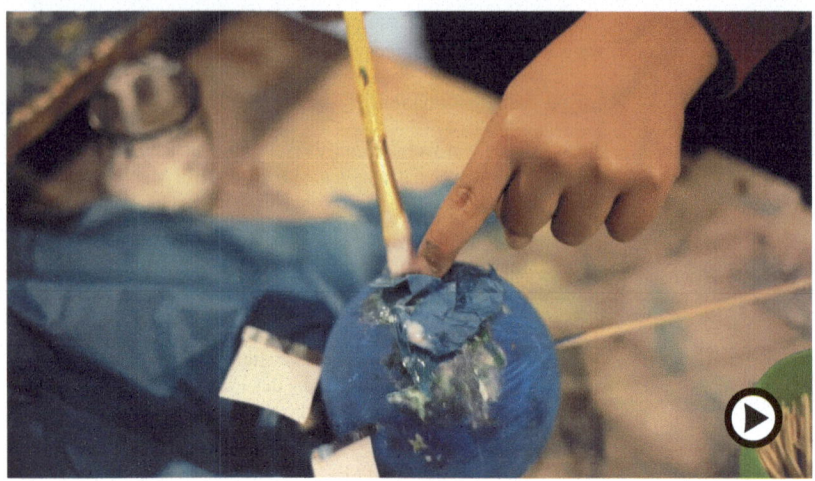

Abb. 5.5   LINK: Das Sozialunternehmen *Môm'Artre* © Langer/Eurich/Güntner 2018
(https://doi.org/10.1007/000-0ne)

oftmals Voraussetzung für die Generierung von Innovation, kann aber gleichzeitig
bei den beteiligten Akteuren und Beteiligten Bedenken auslösen.

Vor allem mit Blick auf Fragen der Sicherheit der Nutzerinnen und Nutzer,
z. B. im Zusammenhang mit neuen Technologien und dem Recht auf informatio-
nelle Selbstbestimmung, ist Zurückhaltung naheliegend. Aus diesem Grund wird
sozialen Dienstleistern oft nachgesagt, risikoavers und konservativ zu agieren.
Während dieses Verhalten respektiert und sogar durch institutionalisierte Standards
und Regelungen garantiert werden muss, sind auch Verfahren und Räume nötig, in
denen Organisationen mit den entsprechenden Risiken umgehen und die Entwicklung von Innovation unterstützen können.

Ein interessanter Ansatz zum Risikomanagement findet sich in der Fallstudie
„Abitare Solidale": „Abitare Solidale" bietet nachhaltige Wohnlösungen, in denen
ältere Menschen, die Hilfe bei der Haushaltsführung benötigen (aber finanziell
abgesichert sind) mit Menschen in wirtschaftlich schwierigen Situationen oder
sogar finanziellen Notlagen auf der Suche nach bezahlbarem und angemessenem Wohnraum zusammengebracht werden (siehe Abb. 5.3). Die Projektpartner,
bestehend aus öffentlichen Behörden, privaten Akteuren, Vereinen und Angestellten, legen den Rahmen für das Wohnmodell fest und kümmern sich um Finanzierung und Monitoring des Projekts. Die Bedingungen des Zusammenlebens im
Einzelfall werden jedoch von den Nutzern selbst festgelegt. Dabei werden sie von

Fachleuten unterschiedlicher Qualifikation unterstützt, wie z. B. Sozialarbeitern, Psychologen, Anwälten und Koordinatoren. Bevor es zu einer festen vertraglichen Einigung kommt, sind einige Phasen und Vorstufen der gegenseitigen Annäherung und der Prüfung eingebaut, durch die die Passung der Unterstützungsparteien hergestellt und gesichert wird. Ebenso gibt es Mechanismen der Trennung, sollte die Passung sich dennoch als ungeeignet erweisen.

Ein zweites Beispiel ist die *„GPE Mainz"* (Abb. 5.1). Die innovative Idee der Arbeitsmarktintegration von Menschen mit Behinderung wirft einige Fragen zu Personenrechten, Risikoweitergabe und dem Risikomanagement durch den Dienstleister auf. Die Beschäftigungsverhältnisse werden an die Wünsche und Fähigkeiten der Nutzenden angepasst, sie reichen von „geschütztem Arbeitsverhältnis" (institutionell verstanden als Werkstatt für Behinderung), hochgradig begleitetem und unterstütztem Beschäftigungsverhältnis bis zu barrierefrei gestaltetem tariflichen Arbeitsverhältnis. Begleitend wird ein breites Spektrum an Unterstützungs-, Begleitungs- und Therapieangeboten zur Verfügung gestellt, um den Fähigkeiten entsprechende Arbeitsplätze zu ermöglichen. Wesentlich sind hier v. a. Partizipationsmöglichkeiten und die Realisierung von Exit-Optionen.

Innovation, Qualität und Evaluation

6

Veränderungen und Neuerungen werden als Innovationen bewertet, wenn sie mit Verbesserungen einhergehen (vgl. Kap. 2, siehe auch Howaldt und Schwarz 2010, S. 20; Phills et al. 2008, S. 10). Jedoch wird eine Neuerung, die gegenüber bisherigen Verfahrensweisen effektiver und effizienter erscheint, aber z. B. die Risiken für Nutzerinnen und Nutzern unverhältnismäßig erhöht, von diesen trotz der Kostenersparnisse als Rückschritt betrachtet. Daher stellt sich die Frage, von wem, mit welchen Methoden und Instrumenten und mit welchen Kriterien und Kategorien diese Bewertung vorgenommen wird. Hier zeigen sich ähnliche Herausforderungen wie in der Definition und Messung von Qualität. In der Tat werden oftmals dieselben Instrumente eingesetzt. Das ist auch insofern naheliegend, als Innovationsprozesse oft explizit auf Qualitätssteigerungen abzielen. Problematisch ist allerdings der ebenfalls oft zu beobachtende Import von Methoden der Innovations- und Qualitätsmessung und -entwicklung aus anderen Dienstleistungsbereichen, wenn die Sensibilität für die Spezifika im sozialen Bereich fehlt. Gerade deshalb ist die inzwischen etablierte Debatte über Qualität sozialer Dienstleistungen eine wesentliche Orientierung auch für die Bewertung von Innovationsprozessen.

Elektronisches Zusatzmaterial
Die Online-Version für das Kapitel (https://doi.org/10.1007/978-3-658-05122-8_6) enthält Zusatzmaterial, das berechtigten Benutzern zur Verfügung steht. Oder laden Sie sich zum Streamen der Videos die „Springer Nature More Media App" aus dem iOS- oder Android-App-Store und scannen Sie die Abbildung, die den „Play Button" enthält.

6.1   Dienstleistungsqualität als Orientierung bei der Bewertung von Innovationsprozessen

Dienstleistungsqualität ist schwer zu definieren. So kann es z. B. im Bereich der Pflege als Qualitätssteigerung empfunden werden, wenn ältere Menschen zuhause betreut und versorgt werden und nicht in einem Pflegeheim. Jedoch ist damit noch kaum etwas über die tatsächliche Qualität der Pflegeleistung im Einzelfall gesagt. Diese kann eigentlich nur mit Kenntnis der individuellen Wünsche der Nutzenden und ihrer jeweiligen Situation sowie des Pflegehandelns der zuständigen Fachkräfte bzw. der Angehörigen bestimmt werden. Auch Wahlfreiheit gilt oft als Qualitätsmerkmal, kann allerdings auch unerwünschte Nebeneffekte zur Folge haben. Beispielsweise kann die Wahl zwischen mehreren Dienstleistungsanbietern, z. B. für ältere Menschen oder für Menschen mit Sprachschwierigkeiten, verwirrend sein, wenn die Informationen über die Anbieter und die angebotenen Leistungen nicht verständlich, lückenhaft oder nicht aussagekräftig sind.

Vor diesem Hintergrund sind die zahlreichen Bemühungen um Qualitätsstandards für soziale Dienstleistungen zu würdigen – so etwa der freiwillige Qualitätsrahmen für soziale Dienstleistungen, der 2010 vom EU Sozialausschuss verabschiedet wurde (Ausschuss für Sozialschutz 2010). Der Rahmen identifiziert neben allgemeinen Qualitätskriterien auch spezielle Prinzipien für die Gestaltung der Beziehung zwischen Dienstleistenden und Nutzenden, die Zusammenarbeit zwischen Dienstleistern, staatlichen Einrichtungen und anderen Akteuren, sowie die Ausstattung der Dienstleister (Humankapital und physische Infrastruktur).

Auf nationaler Ebene ist die europäische Diskussion allerdings in vielen Staaten kaum relevant, da schon weitaus konkretere Vereinbarungen vorliegen. Dies gilt auch für einzelne Branchen. Auf bundesdeutscher Ebene tritt die Qualitätsdiskussion inzwischen in die dritte Phase ein. Um die Jahrtausendwende hatte sie mit der Anwendung und Anpassung übergreifender Qualitätssysteme auf den sozialen Dienstleistungsbereich begonnen, wie etwa TQM, EFQM oder auch DIN ISO (vgl. Merchel 2003). Darauf folgte eine Phase der Entwicklung und Anerkennung spezifizierter Qualitätsentwicklungs-, -management und -sicherungssysteme für einzelne Dienstleistungsbereiche. Böhm und Wöhrle (2009) weisen in ihrem Studienbrief allein die wichtigsten siebzehn sozialwirtschaftlichen Qualitätsmanagementsysteme nach, in der Praxis sind weitaus mehr zu finden. Eine dritte Phase deutet sich in jüngster Zeit mit zwei Phänomenen an: Einerseits werden durch die Prozesse der Nutzerorientierung und Personenzentrierung etablierte und standardisierte Qualitätssysteme infrage gestellt. Andererseits setzt mit dem Bedeutungsgewinn von Betroffenenorganisationen auch eine kritiale Wende ein. Qualität scheint nur noch durch die Betroffenen selbst definierbar zu sein (vgl. Böhm und Wöhrle 2009). Die zunehmend zentrale Rolle von Nutzerinnen und Nutzern in der Bestimmung und Bewertung von Qualität schlägt sich auch in Innovationsprozessen nieder, da z. B. Instrumente gefunden werden müssen, mit denen diese Bewertung vorgenommen und so kommuniziert werden kann, dass sie über den Einzelfall hinaus wirkt und zu Anpassungen und Änderungen im Dienstleistungshandeln führt. Unter den im Projekt INNOSERV ausgewerteten Fallstudien finden sich zahlreiche Maßnahmen, die Konzepte der Qualitätsbestimmung und -entwicklung mit einer begleitenden Evaluation unter Einbindung der Nutzerinnen und Nutzer verbinden (u. a. *„ELTERN-AG"* (Abb. 7.1), *„Nueva"* (Abb. 6.3), *„Place de Bleu"* Abb. 7.2).

6.2 Lässt sich Innovation messen?

Die Evaluation von sozialen Dienstleistungen bezieht sich üblicherweise auf deren Qualität. Die Kontroversen um diesen schildernden Begriff wurden oben angedeutet. Neben der Schwierigkeit, Qualität überhaupt zu fassen, tritt das Problem kausale Zusammenhänge zu benennen, die ein Dienstleistungsergebnis bewirken. Um solche komplexen Zusammenhänge zu rekonstruieren, behilft sich die Branche zunehmend mit Programmtheorien, Wirkungsketten und verschiedenen qualitativen Ansätzen. Inzwischen ist weithin erkannt, dass auch der lange Zeit als „Goldstandard" der Evaluation geltende Kontrollgruppenvergleich die „Black Box" des Dienstleistungshandelns nicht öffnen kann und somit keine Erklärungen für bestimmte Ergebnisse liefert (Preskill et al. 2014).

Neben methodologischen Problemen stellt sich auch die Frage der Einbettung von Wirkungsmessung und Qualitätskontrolle in eine Organisation und ihres Stellenwerts in der Angebotsentwicklung und verbundenen Innovationsprozessen. So ist es umstritten, ob die Finanzierung von Leistungen an Wirkungs- bzw. Qualitätsnachweise geknüpft werden soll. Viele Anbieter sozialer Dienstleistungen wehren sich gegen die wachsenden Anforderungen im Zusammenhang mit Programm- und Projektevaluationen. Sie sind oft zeitaufwendig und beanspruchen Ressourcen, die dann nicht mehr für die eigentliche Leistungserbringung zur Verfügung stehen. Und nicht immer einsichtig ist die Relevanz des Erhobenen für die Bewertung von Leistungen. Die unterschiedlichen Herangehensweisen an das Messproblem zeigen exemplarisch zwei Fallstudien.

In dem Projekt *„Stroke Care/Early Supported Discharge after Stroke"* – patientengesteuerte Pflege von Schlaganfallpatienten in deren Zuhause – in Bournemouth und Christchurch in Groß-Britannien, wurde explizit eine Doppelstrategie der

Abb. 6.1 LINK: Projekt *Stroke Care/Early Supported Discharge*, Unterstützung von Schlaganfallpatienten © Langer/Eurich/Güntner 2018 (https://doi.org/10.1007/000-0ng)

Zielverfolgung angelegt – Erhöhung des Nutzens für die Patienten und Steigerung der Effizienz des Systems (Abb. 6.1). Die Dienstleistung richtet sich an Menschen mit leichten bis mittleren Schlaganfällen (und an deren Pflegekräfte), für die eine Entlassung aus dem Krankenhaus infrage kommt. Wenn die Patienten medizinisch stabil sind und aktive Rehabilitationsziele verfolgen können und dazu noch die Pflegekräfte sich den Anforderungen gewachsen fühlen, kann eine Gesundheitsversorgung sehr schnell in das Zuhause verlegt werden. Die Behandlung erfolgt entsprechend ambulant und nicht stationär, wobei die Qualität der Therapie durch das auf Schlaganfälle spezialisierte Team auf gleichem Niveau wie im Krankenhaus erbracht werden kann. Ziel ist es, neben den erwarteten positiven Ergebnissen für die Patienten, vor allem eine effizientere (da geringere) Belegung der Betten in den Krankenhäusern und damit eine Kostensenkung herbeizuführen. Die Gesamtkosten wurden gemessen und mit vergleichbaren Therapieprozessen verglichen. Es wurde eine deutliche monetäre Wirkung (Kostenersparnis) festgestellt.

In den meisten Fallstudien findet sich ein Ansatz der Wirkungsmessung, der die Kostenersparnis weniger zentral stellt als im Projekt *„Stroke Care/Early Supported Discharge after Stroke"*. Exemplarisch sei *„Humanitas Thuisadministratie"* genannt (Abb. 6.2). Das Programm zielt darauf, Menschen zu unterstützen, die Probleme damit haben, ihre persönliche finanzielle Lage zu überblicken und eigenständig mit den Behörden zusammenzuarbeiten. Durch das

Abb. 6.2   LINK: Das Programm *Humanitas Thuisadministratie* zur Unterstützung und Beratung bei Finanz- und Haushaltsangelegenheiten © Langer/Eurich/Güntner 2018 (https://doi.org/10.1007/000-0nf)

Programm werden gezielt Kenntnisse und Kompetenzen vermittelt, sodass die Nutzer ihre behördlichen Angelegenheiten (wieder) selbstständig bewältigen können und existenzbedrohenden Lebenslagen, wie etwa hohen Schulden oder sogar Privatinsolvenz frühzeitig vorgebeugt wird. Die Dienstleistung ist vorbeugend konzipiert und greift nicht erst dann, wenn klassische Entschuldungsmechanismen ansetzen. Zudem wird die Hilfe individuell zugeschnittenen und bei den Teilnehmern des Programms zuhause durch qualifizierte Freiwillige umgesetzt. Um die Effektivität der Dienstleistung zu gewährleisten und deren Einfluss auf das Leben der Nutzer zu bestimmen, wurde die Tilburg Universität mit der Evaluierung des Programms beauftragt. Die Evaluation setzte auf mehreren Ebenen der Wirkungsmessung und gleichzeitig Begleitung des Projektes an. Insbesondere wurde der Effekt auf die Selbstwirksamkeit der NutzerInnen in Abhängigkeit zur Unterstützung durch Ehrenamtliche gesetzt. Es ging also darum, ob und mit welchem Erfolg die Teilnehmenden relevante Fähigkeiten zur Verbesserung ihrer Lebenssituation erworben haben. Auf diese Weise konnten evidenzbasierte Informationen generiert werden, die zu einer stetigen Verbesserung der Ressourcenallokation sowie der Weiterentwicklung und Implementierung des Programms genutzt werden.

In der bundesdeutschen Diskussion um soziale Dienstleistungen werden Wirkungsfragen etwa seit den 1990er Jahren behandelt. Dabei geht es u. a. um ein Verständnis des Dienstleistungshandelns in der Sozialen Arbeit in ökonomischen Begrifflichkeiten, um die Abgrenzung und Konzeption des „Sektors" Sozialwirtschaft, um die betriebswirtschaftliche Analyse sozialer Unternehmen und um spezifische Managementkonzepte für Sozialunternehmen. Als ökonomisch relevante und unterscheidbare Elemente der Dienstleistungserstellung gelten Input- oder Strukturfaktoren, Prozessfaktoren, direkt sichtbare Ergebnisse und weiterreichende Wirkungen. Lange Zeit konzentrierte sich die Debatte auf den Versuch nachzuweisen, dass eine Dienstleistung einen nachweislichen Einfluss auf die Veränderung der Problemlagen der NutzerInnen hat.

So zeigte etwa ein Bundesmodellprogramm zur „Qualifizierung der Hilfen zur Erziehung durch wirkungsorientierte Ausgestaltung der Leistungs-, Entgelt- und Qualitätsentwicklungsvereinbarungen nach §§ 78a ff SGB VIII" (2006–2009) einen direkten und zwei indirekte Wirkfaktoren, die den Erfolg einer Hilfe zur Erziehung bei Kindern und Jugendlichen maßgeblich beeinflussen (vgl. Albus et al. 2010, S. 154). Am wichtigsten, so der Befund, sei die sog. professionelle Interaktionskompetenz, bei der es darum geht, die Partizipation der Nutzerinnen zu gewährleisten und eine adäquate Arbeitsbeziehung im Sinne eines „koproduktiven Dienstleistungsprozesses" herzustellen (Albus et al. 2010, S. 157). Als indirekte Wirkfaktoren gelten die professionelle Einstellung bzw. Haltung der Fachkräfte und organisatorische Rahmenbedingungen. Um derartige Faktoren zu identifizieren, bedarf es Zugänglichkeit und Sichtbarkeit des Dienstleistungshandelns bzw. einer aussagekräftige Dokumentation und erheblicher Interpretationsleistungen seitens der evaluierenden Akteure (siehe auch Langer 2013b). Jüngere Ansätze zur Wirkungsmessung interessieren sich für den sozialen Wert und die gesamtgesellschaftliche Bedeutung bzw. Wirkung von sozialen Dienstleistungen und modellieren diesen als „Social Return on Investment" oder „Social Impact" (vgl. dazu auch Kehl et al. 2012; Then et al. 2014; BAG WfbM/ xit - Bundesarbeitsgemeinschaft Werkstätten für Menschen mit Behinderung e.V. und xit GmbH 2014).

Diese Zugänge zur Wirkungsmessung beziehen sich nicht explizit auf Innovationsprozesse, sondern allgemein auf Dienstleistungshandeln. Sie lassen sich zwar auf Innovationsprozesse übertragen, werden aber dieses nur ausschnitthaft erfassen können. Und was für die Qualität sozialer Dienstleistungen gilt, trifft auch und insbesondere auf Innovationen zu: Um ihren Nutzen zu identifizieren und zu bewerten, reicht es nicht aus, strikte wirtschaftliche Kriterien und Indikatoren anzuwenden. Diese können die kognitiven und beziehungsrelevanten Beiträge der erzeugten Entwicklungen und Ergebnisse kaum wiedergeben (Bouchard 2006, S. 11; Crepaldi et al. 2012, S. 20). Vielmehr sind Aspekte wie Lebensqualität und Autonomie, soziales Umfeld, Zugang zu wirtschaftlichen und sozialen Chancen, Arbeitszufriedenheit und Wahlfreiheit relevant (Hawker und Frankland 2012, S. 15). Zudem sind die Qualität von Beziehungen und auch Vertrauen innerhalb der Arbeitsbeziehung wichtige Aspekte, die jedoch schwierig zu erfassen bzw. mit Indikatoren abzubilden sind (u. a. Halfar 2009; Langer 2006; Albus et al. 2010). Mehrdimensionale Indikatorensets sind daher nötig, wie sie auch seit einigen Jahren in der Debatte zur Wohlstandsmessung angeregt werden (Stiglitz et al. 2009; Porter et al. 2013). Diese sollten umweltpolitische Ressourcen, politische Partizipation sowie Sozialkapital (Beziehung und Vertrauen zwischen Menschen) beinhalten und sich für Themen wie Nachhaltigkeit, die Einhaltung der Menschenrechte, die Entwicklung von sozialen Dienstleistungen und von Sozialpolitik öffnen. Diese Aspekte finden z. B. im OECD Better Life Index Berücksichtigung, im European System of Social Indicators (GESIS), Civil Society Index (CIVCUS) und auch im sog. National Footprint (Global Footprint Network). Die o.g. Instrumente wurden im Rahmen des TEPSI Forschungsprojekts für einen Entwurf für Messgrößen sozialer Innovationen herangezogen (Schmitz et al. 2013, S. 12; Bund et al. 2013). Sie wurden mit Beispielen anerkannter Mess-Systeme kombiniert, die im engen Zusammenhang mit der Messbarkeit von Innovationen im privaten oder öffentlichen Sektor stehender Organisationen zu sehen sind. Beispiele sind die Innovation Union Scoreboard (EU), der Global Index (INSEAD), Innovation in Public Sector Organizations (NESTA), Measure Public Innovation in the Nordic Countries (MEPIN) und The Global Competitiveness Index (WEF).

Aufgrund der Komplexität von Innovationsprozessen ist es geboten, unterschiedliche Messmethoden miteinander zu kombinieren. Um das innovative Potenzial zu messen, müssen (betriebliche) Effizienz, (soziale) Effektivität und Akzeptanz in Verbindung miteinander gesetzt werden und auch die sozioökonomischen, rechtlichen und organisationalen Rahmenbedingungen berücksichtigt werden. Problematisch in der Messung ist nicht zuletzt der Faktor Zeit. Innovationen entfalten ihre Wirkungen oft erst über Jahre hinweg, können aber kaum über einen so langen Zeitraum beobachtet werden. Es mutet geradezu absurd an, dass Evaluationen typischerweise an Modellprojekte und ihre Laufzeit gebunden sind und sich die beauftragenden Stellen im schnelllebigen Politikgeschäft schon wenige Jahre später nicht mehr für die Wirkungen vergangener Vorhaben interessieren.

6.3   Innovation durch partizipative Evaluation

Aus der Dienstleistungsdiskussion ist seit längerem bekannt, dass die Mitwirkung, die Ko-Produktion bis hin zur Eigenproduktion der Nutzenden einen kritischen Faktor für den Erfolg und für die nachhaltige Wirkung einer Dienstleistung darstellt. Dies lässt sich erweitern auf alle relevanten Stakeholder (Sullivan und Skelcher

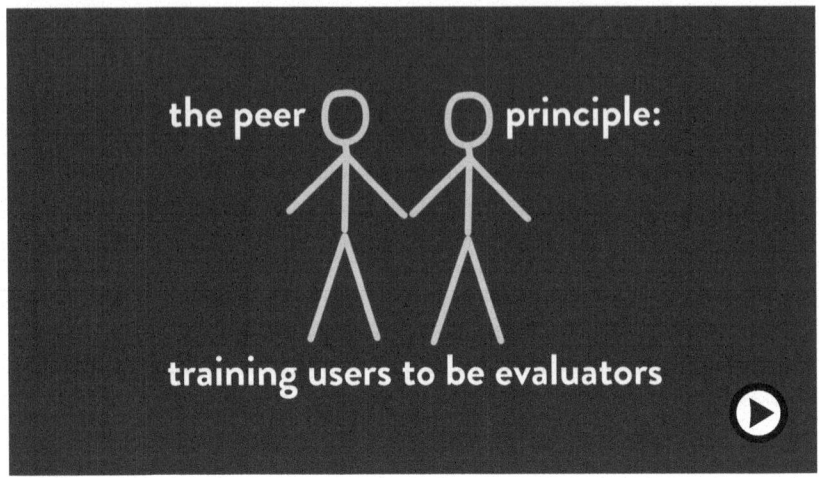

Abb. 6.3   LINK: Das Unternehmen *Nueva* © Langer/Eurich/Güntner 2018
(https://doi.org/10.1007/000-0nh)

2002, S. 96). Mit Thomas und Palfrey (1996) können wir dabei drei relevante Sta-
keholdergruppen unterscheiden: den Kostenträger (Staat, Versicherungen etc.), die
Leistungsempfangenden bzw. -nutzenden und die Dienstleistungsanbieter (Fachkräfte und Managementebene); weitere Differenzierungen sind selbstverständlich
möglich. Die Stakeholder können durchaus konträre Auffassungen von Qualität und
Wirksamkeit haben, die in einer Evaluation zu verhandeln sind. Auf diese Weise
kann Evaluation auch Innovationsprozesse anstoßen (vgl. Preskill et al. 2014).

Am Fallbeispiel „*Nueva*" lässt sich zeigen, wie Qualitätsdefinition, Evaluation
und Wirkungserfassung in einem partizipativen Ansatz zusammengeführt werden
können. Das in Graz in Österreich ansässige Unternehmen Nueva (kurz für „Nutzerinnen und Nutzer evaluieren") bildet Menschen mit Behinderung dazu aus,
andere behinderte Menschen zu befragen, wie sie die Qualität ihrer Pflege- und
Arbeitsumgebung bewerten würden. Die Evaluationen werden auf der Grundlage
von Peer-to-Peer-Interviews durchgeführt, auch die Evaluationskriterien werden
partizipativ festgelegt und angepasst. Die Evaluation ist folglich sehr inklusiv ausgerichtet und stellt die Nutzerinnen und Nutzer in den Mittelpunkt. Das vorder-
gründige Merkmal des Projekts ist in den Effekten der Peer-Evaluation zu sehen:
die Dienstleistungsangebote werden näher an die Bedarfe angepasst. Das zweite
Ziel des Projekts ist in „*Nueva*" selbst angelegt, indem bedarfsgerechte Arbeitsplätze für Menschen mit Behinderung geschaffen werden.

Innovation und Nutzerorientierung

7

Eine soziale Dienstleistung an den Bedarfen und Bedürfnissen ihrer Nutzerinnen bzw. Nutzer zu orientieren scheint so selbstverständlich, dass es kaum einer Erwähnung verdient. Doch diese Selbstverständlichkeit löst sich sehr schnell auf, wenn man die Erbringungsbedingungen sozialer Dienstleistungen ins Auge fasst. Es müssen Strukturen aufgebaut werden, um Dienstleistungen verlässlich anzubieten, die Dienstleistungen müssen nicht nur von den NutzerInnen, sondern auch von der Gesellschaft und der Politik akzeptiert und legitimiert sein, Bedarfe müssen unter fachlichen Kriterien in refinanzierbare Angebote überführt werden, die jeweiligen Traditionen, Qualifikationen, Infrastrukturelemente müssen passen. Was selbstverständlich erscheint, ist in der Realität die Ausnahme oder zentrale Herausforderung – insbesondere auch, da Nutzergruppen und ihre Bedarfe nicht statisch sind, sondern sich dynamisch entwickeln und verändern.

Nutzerorientierung, so zeigt die Analyse der INNOSERV Fallstudien (Langer et al. 2013, S. 39), wird oft von subversiven Praxis-Allianzen (siehe Abschn. 4.2.2) aus Fachkräften und Nutzenden vorangetrieben. Dabei greifen sie auch auf wissenschaftliche Expertise und Forschungsergebnisse zurück. Die Akteure reagierten damit auf die Erfahrung, dass traditionelle und standardisierte, nicht am individuellen Bedarf ausgerichteten Formen der Leistungserbringung Ergebnisse hervorbrachten, die sowohl aus professioneller Sicht wie auch für die Betroffenen nicht zufriedenstellend waren. Während Fachkräfte und Nutzende mit ihrer Bedarfsanalyse den Innovationsprozess oftmals initiieren, müssen Management und weitere Stellen der Kontrolle und Finanzierung in der Implementierung überzeugt und einbezogen werden.

Elektronisches Zusatzmaterial
Die Online-Version für das Kapitel (https://doi.org/10.1007/978-3-658-05122-8_7) enthält Zusatzmaterial, das berechtigten Benutzern zur Verfügung steht. Oder laden Sie sich zum Streamen der Videos die „Springer Nature More Media App" aus dem iOS- oder Android-App-Store und scannen Sie die Abbildung, die den „Play Button" enthält.

Die Forderung nach Nutzerorientierung fand auch auf gesellschaftlicher Ebene statt und wurde von verschiedenen sozialen Bewegungen vorgebracht, prononciert vor allem von der Behindertenbewegung und von Patienteninitiativen. Es ging jeweils darum, die Rechte der jeweiligen Nutzergruppe zu stärken, sie in Entscheidungsprozesse einzubeziehen und aus einem passiven Empfängerstatus zu befreien (Hawker und Frankland 2012, S. 209).

Interessanterweise verbinden sich die nutzergetragenen Initiativen für eine Personalisierung auch mit Reform-Ansätzen der Markt- und Wettbewerbsorientierung. New-Public-Management und neue Steuerungsmodelle betrachteten NutzerInnen öffentlicher Dienstleistungen als KundInnen und betonten ihre Verbraucherrolle. Insbesondere die Wahlfreiheit soll durch marktorientierte Prinzipien gefördert werden. Dabei werden Phänomene der Vermarktlichung und Privatisierung hervorgerufen, die paradoxerweise den Interessen von NutzerInnen wie Fachkräften entgegenstehen können – wenn sich z. B. der wettbewerbsinduzierte Preisdruck negativ auf die Qualität und Arbeitsbedingungen auswirkt (allgemein und umfassend zur Nutzerorientierung siehe Mairhofer 2014).

7.1   Ziele, Versprechen und Ambivalenzen der Nutzerorientierung

Nutzerorientierung verspricht passgenauere und effizientere Dienstleistungen und ist somit für NutzerInnen, Träger und Politik gleichsam attraktiv und gesellschaftlich anerkannt. Das Kriterium der Effektivität und der Effizienz erweitert die Erwartungen an die Nutzerzentrierung vor allem in politischen Steuerungskontexten um den Aspekt der möglichen Kostenersparnis, dies zeigt das Beispiel des Persönlichen Budgets in Deutschland sehr deutlich (vgl. Langer 2013a). Vor allem die erhofften Einsparungen legitimeren in der politischen Rahmensetzung gravierende Eingriffe in tradierte Dienstleistungsstrukturen, die mit der Nutzerorientierung einhergehen.

Vor diesem Hintergrund erscheint Nutzerorientierung als eine Innovation mit weitreichenden Auswirkungen auf Struktur und Abläufe von sozialen Dienstleistungen. Eng damit verbunden ist die steigende Bedeutung der Interaktion, Kommunikation und Kooperation zwischen Professionellen, Nutzenden, Freiwilligen und Angehörigen, sowie die Personalisierung von sozialen Dienstleistungen und die sektor- und disziplinübergreifende Zusammenarbeit (vgl. Eurich 2017). Die Nutzerorientierung impliziert eine fast paradigmatische Verlagerung in allen Phasen einer Dienstleistung von der (Problem-)Definition, Konzeption und Planung bis hin zur Umsetzung und Bewertung. Die Nutzerorientierung kann dabei viele Formen annehmen, zum Beispiel die Partizipation bei der (Neu-)Gestaltung von Prozessen oder die Veränderung der Rollen und Funktionen von Akteuren in der Leistungser-bringung. Sie kann auch mit anderen Produkt-, Prozess- oder Rahmeninnovationen einhergehen bzw. muss ggf. mit diesen kompatibel sein.

Nutzerorientierung bedeutet für alle Beteiligten eine neue Rollenkonfigura-tion. Die neuen Interaktionsformen können Konflikte mit sich bringen, da sie bisherige Rollenverständnisse (z. B. an die eigene Professionalität), Abläufe, Erwartungen und Ansprüche infrage stellen. Diese Spannungen werden eher selten thematisiert und die Gelingensbedingungen für nutzerorientierte Leistungen sind oft unklar. Die Nutzenden müssen fähig sein und die Kapa-zitäten haben, Aufträge präzise zu erteilen, die Fachkräfte müssen mit dem Verlust an Autonomie umgehen, ihr Handeln erläutern und begründen können. Für alle Parteien wird Kooperationsfähigkeit im Koproduktionsprozess zur Schlüsselkompetenz.

Um nachhaltig wirksam zu sein, müssen nutzerorientierte Innovationsprozesse daher an den Bedürfnissen aller beteiligten Akteure ansetzen und ihre Erwartun-gen entsprechend zunächst einmal zu erfassen. Bedacht, kalkuliert und transparent gemacht werden müssen zudem die Kosten sowie, dass das Versprechen einer Qua-litätssteigerung durch die zunehmende Einbeziehung der Nutzerinnen und Nutzer zwar auf der einen Seite ihre Selbstbestimmung steigern kann, auf der anderen Seite jedoch auch die Gefahr besteht, dass Risiken auf die Individuen verschoben werden. Außerdem muss berücksichtigt werden, dass sich auch neue Technologien auf die Beziehung und Rollen zwischen Professionellen und Nutzerinnen auswir-ken und diese verändern können.

Dementsprechend sind mit Konzepten wie „user involvement", „user participa-tion", „user-initiated innovation" oder „user-led innovation" gravierende Unsicher-heiten und Unschärfen verbunden. Nutzerorientierung ist mehr als nur die Gewähr-leistung von Rechten und die Integration von Wunsch- und Wahlrechten in das System sozialer Dienstleistungen, es wirft auch zahlreiche Fragen im Zusammen-hang mit der Nutzbarkeit und der Mitgestaltung durch die Nutzenden auf. Nutzer-orientierung wird vor diesem Hintergrund zu einer komplexen Herausforderung, vor allem in Kontexten, die durch steigende Anforderungen der Steuerung und Planung gekennzeichnet sind; wenn es also um integrierte Leistungen, interdiszi-plinäre Zusammenarbeit geht oder um die Umsetzung neuer Rahmenbedingungen. Diese Herausforderungen betreffen organisationsinterne und feldbezogene Aufga-ben der Steuerung und der Planung und erfordern oftmals neue Formen der Verant-wortungsverteilung zwischen Staat, Unternehmen, Zivilgesellschaft, Familie und Individuum. Auch wenn sich politische Entscheidungsträger darüber bewusst sind, dass soziale Dienstleistungen neu gestaltet werden müssen, sind sie konfrontiert mit weitgehend offenen Fragen bezüglich der Prozesse und der Instrumente, die für diesen Wandel nötig sind, der Auswirkungen dieses Wandels für die verschiedenen beteiligten Akteure und auch der Frage, wie die hierfür notwendigen Fähigkeiten erlernt und weitergegeben werden können.

Trotz der weitreichenden Implikationen, wird die Ausrichtung von Dienstleistungen an den Nutzenden bislang kaum aus Perspektive der Innovationsforschung betrachtet, sodass gerade die Prozesse der Durchsetzung unterbelichtet bleiben. Als Beispiel lässt sich hier die Forschung zur Behindertenpolitik anführen. Denn obwohl die Behindertenbewegung selbst (z. B. Independent Living, Krüppelbewegung) einen kulturellen Wandel und eine intensive gesellschaftspolitische Diskussion bis hin zu völkerrechtlichen Vereinbarungen vorangetrieben hat und dadurch als Innovationsmotor für neuartige sozialen Dienstleistungen auftrat (Schalock 2004), wird dieser Aspekt nur selten betont und so auch kaum in Zusammenhang mit den veränderten Formen der Erbringung gebracht. Die Forschung zur Einbeziehung beschäftigt sich zwar durchaus mit unterschiedlichen Rollen von Nutzenden in der Erbringung, blendet die politischen Kämpfe zur Durchsetzung aber aus (Kristensen und Voxsted 2009). Somit ist zwar bekannt, dass sich die Nutzerinnen und Nutzer mehr und mehr selbst organisieren (Vanhove 2012), jedoch weiß man nur wenig über ihren Einfluss auf die Neugestaltungsprozesse in den sozialen Dienstleistungen selbst.

Bindet man die Nutzerorientierung in ihren verschiedenen Varianten an die Interessen der Akteure, die sie im Innovationsprozess (gegen andere) durchsetzen konnten und blickt auf die oben genannten Konflikte in der Umsetzung, so zeigen sich Schattenseiten und ungleich verteilte Verbesserungen. Augenscheinlich ist dies bei staatlichen Wohlfahrtsdiensten, die geprägt sind von einer wachsenden Spannung zwischen Emanzipation und Kontrolle sowie zwischen Individualisierung und Kollektivierung. Ko-Produktion, Empowerment, die Aktivierung der Adressatinnen und Adressaten sowie Hilfe zur Selbsthilfe stellen Konzepte dar, die eine wachsende Autonomie der Nutzer betonen und sie gleichzeitig zu mehr Selbstverantwortung verpflichten (Heinze 2009; Hartmann 2011; Dahl 2012a). Der Wohlfahrtsstaat nutzt somit die Fähigkeit und auch den Anspruch des Einzelnen, sein Leben selbst zu regeln. Insbesondere in der Beschäftigungspolitik hat sich der Fokus verschoben. Statt die Bürger vor den der Marktwirtschaft inhärenten Risiken zu schützen, schafft er Bedingungen und versucht die Einstellungen von Menschen so zu verändern, dass sich diese an die stetig verändernden Anforderungen anpassen können (vgl. Dahme und Wohlfahrt 2007). Diese Entwicklung kann auch im Gesundheits- und Pflegesektor beobachtet werden, in dem präventive Methoden immer weiterverbreitet

werden und die Einzelnen mehr Verantwortung für ihre eigene Gesundheit übernehmen. In der Forschung zu Gesundheitsdienstleistungen wird zudem recht
deutlich darauf hingewiesen, dass der Einfluss der Nutzerbeteiligung in zweier-
lei Hinsicht evaluiert werden muss – nämlich hinsichtlich der Umsetzung der
Gesundheitsdienstleistung wie auch mit Blick auf die gesundheitlichen Folgen
(Tritter und McCallum 2006). Es scheint viele Ansätze zu geben, nach denen
Dienstleistungen im Hinblick auf eine verstärkte Beteiligung der Nutzer neu
gestaltet werden sollten, allerdings sind diese – und auch ihre Folgen – bisher
noch nicht strukturiert erfasst.

Personalisierung und Nutzerorientierung sind Leitmotive in den meisten hier
betrachteten Fallstudien. Aus der Vielfalt der Beispiele lassen sich fünf Formen der
Nutzerorientierung ableiten: Ko-Produktion, Ambulantisierung, Personalisierung,
Peer-Konzepte und Ko-Kreation. Sie unterscheiden sich hinsichtlich der Reichweite der Veränderung, die sich aus der jeweiligen Verteilung von Rollen, Rechten
und Risiken in der Dienstleistungserbringung ergibt.

7.2 Varianten der Nutzerorientierung

Ko-Produktion

Als Ko-Produktion bezeichnen wir die unmittelbare Beteiligung einer Nutzerin
bzw. eines Nutzers an der Bereitstellung der Dienstleistung. Dieses Merkmal
gehört zu den Grundkennzeichen der sozialen Dienstleistungen; die Ko-Produktion
verbirgt sich im sog. „uno-actu"-Prinzip. Ko-Produktion im Sinne der Nutzer-/
Nutzerinnenorientierung meint allerdings, den Nutzer nicht mehr als externen
Faktor zu betrachten, sondern vielmehr als wesentlichen Produktionsfaktor einer
Dienstleistung.

Als ein Beispiel kann die Initiative *„ELTERN-AG"* gelten (Abb. 7.1). Hier
handelt es sich nicht um eine gewöhnliche Einrichtung zur Kinderbetreuung,
sondern vielmehr um eine Art Ausbildungszentrum, das den Eltern ermöglichen
soll, ihre eigenen pädagogischen und erzieherischen Fähigkeiten zu entdecken und
zu entfalten. Die Hilfestellung der Eltern wird dabei explizit von anderen Eltern
gegeben, nicht von Fachkräften. Es ist beabsichtigt, jegliche Form der Bevormun-
dung in der Frühförderung zu vermeiden. Dieser Peer-Ansatz bedeutet, dass im
besten Fall die Nutzerinnen und Nutzer sowohl als Produzierende wie auch als
Nutzende der Dienstleistung auftreten.

Erwähnenswert ist auch *„Place de Bleu"* (Abb. 7.2) aus Kopenhagen, ein Beispiel aus dem Bereich der Beschäftigungsförderung (Abb. 7.2). Das soziale Unternehmen bietet zugewanderten Frauen Arbeits- und Ausbildungsmöglichkeiten,

Abb. 7.1   LINK: Initiative *ELTERN-AG* © Langer/Eurich/Güntner 2018
(https://doi.org/10.1007/000-0nn)

die an ihren individuellen Kompetenzen ansetzen. Das Unternehmen produziert
Möbel und Designstücke, in deren Gestaltung und Fertigung die Frauen sich auf
unterschiedliche Weise einbringen. Die Frauen werden ausgehend von ihrer individuellen Situation ausgebildet und haben die Aussicht auf einen dauerhaften
Arbeitsplatz. Die Arbeitsplatzgestaltung ist ebenfalls individuell und nimmt z. B.
auf familiäre Einbindungen Rücksicht. Bei Bedarf bietet das Unternehmen auch
Begleitung im Alltag, z. B. bei Behördengängen an.

Ambulantisierung
Ambulantisierung meint im Unterschied zur Ko-Produktion einen Prozess, bei dem
vor allem der Ort der Dienstleistungserbringung radikal verändert wird, nämlich
von Sonder- und Zweckinstitutionen bzw. -Einrichtungen hin zur Lebenswelt der
NutzerInnen. Durch diese örtliche Veränderung wandelt sich zwar auch der Charakter der Dienstleistungen; Entscheidungsmacht und Steuerung hingegen werden
nicht zwangsläufig beeinflusst.

Ein Beispiel für die folgenreiche Neuverhandlung von Rollen und Risiken
durch nutzerorientierte Ambulantisierung in der Krankenpflege ist die Fallstudie „*Stroke Care/Early Supported Discharge after Stroke*" aus Großbritannien
(Abb. 6.1). Dort werden Schlaganfallpatienten ambulant in ihrem eigenen Haushalt betreut. Die Konstellation – also der Fachkräftemix – der betreuenden und
unterstützenden Personen und Fachkräfte unterscheidet sich nicht wesentlich

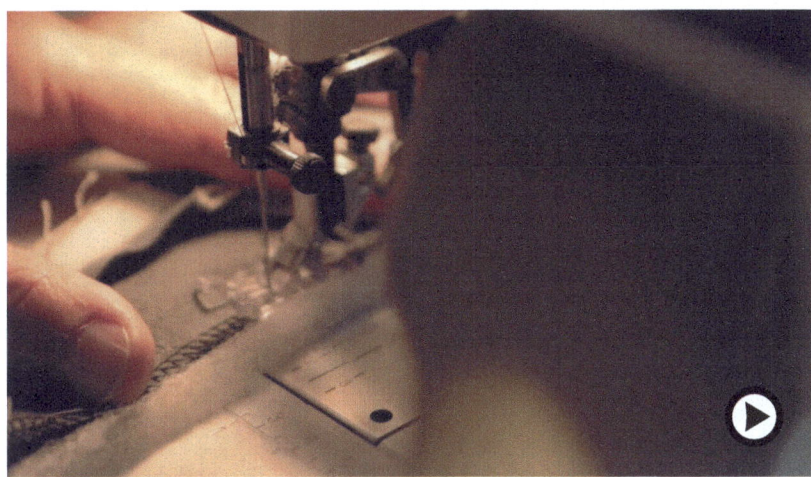

Abb. 7.2 LINK: Die Nähwerkstatt *Place de Bleu* © Langer/Eurich/Güntner 2018
(https://doi.org/10.1007/000-0nk)

von der Zusammensetzung im stationären Setting. Deutlich ist jedoch, dass die Gewichtungen anders gelegt werden, die Angehörigen müssen selbstverständlich mehr Anteile der Pflege und Betreuung übernehmen. Es ist aber ein innovativer Kern des Projektes, dass das multidisziplinäre Behandlungsteam auch im heimischen Setting beibehalten wird, die Qualität also nicht beschnitten wird. Die Patienten stehen vielmehr im Mittelpunkt, weil sie selbst die Unterstützungsleistungen koordinieren und sich die Dienstleistung damit an ihren individuellen Bedürfnissen ausrichtet.

Ebenso unter das Prinzip der Ambulantisierung fällt das Projekt *„Vitality"* (Abb. 7.3). Das Kernelement der Dienstleistung besteht in der Erbringung einer Pflegeleistung, die die älteren Menschen miteinbezieht und sie nicht zu passiven Empfängern der Leistung macht, sondern sie aktiviert und ihnen hilft, sich selbst zu helfen. Auf diese Weise werden ihre Fähigkeiten aufrechterhalten und trainiert. Die Hilfe zur Selbsthilfe fokussiert auf das „Wie" der Erbringung, die Leistungen bleiben die gleichen. Indem die Pflegekräfte die Pflegebedürftigen dazu befähigen, selbst Aufgaben zu übernehmen, werden Unabhängigkeit und Lebensqualität gefördert und der Bedarf an Pflegedienstleistungen auf kurze und lange Sicht reduziert. Um dieses Ziel zu erreichen werden sogenannte „Botschafter" eingesetzt, sie sollen das Prinzip der Hilfe-zur-Selbsthilfe unter den Pflegekräften verbreiten.

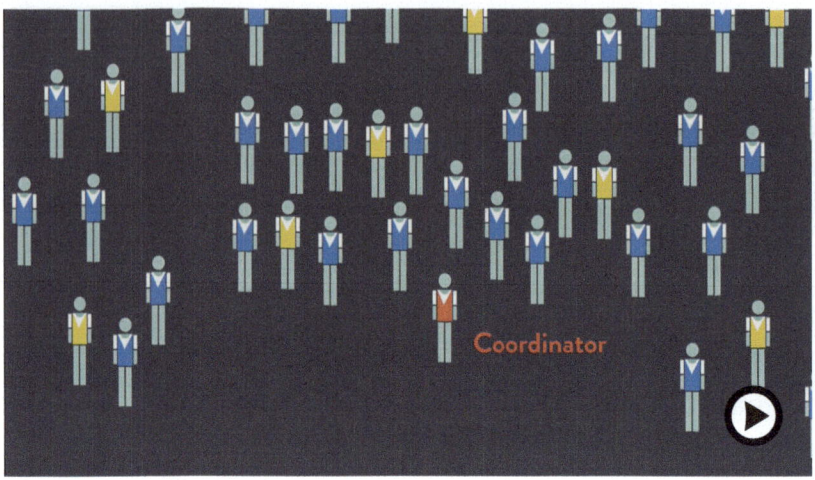

Abb. 7.3 LINK: Das Projekt *Vitality* © Langer/Eurich/Güntner 2018
(https://doi.org/10.1007/000-0nm)

Personalisierung

Das Konzept der Personalisierung zielt allgemein darauf ab, durch Veränderungen in Abläufen, durch Öffnung, Deregulierung, Liberalisierung und Flexibilisierung eine Dienstleistung an den Bedarfen auszurichten, die durch eine Person definiert werden und nicht durch eine Einrichtung oder institutionelle Rahmenbedingungen vorgegeben werden. In der deutschsprachigen Literatur begegnet man dieser Strategie im Gegensatzpaar „institutionalisiert" versus „personalisiert" (vgl. z. B. Franz 2014). Um den Bedarf einer Person zu decken, können also Leistungselemente aus dem stationären, teilstationären, ambulanten oder mobilen Bereich, professionelle und nichtprofessionelle Pflege, Beratungs- und Unterstützungsleistungen, Assistenzleistungen, familiäre und nachbarschaftliche Hilfe bis hin zu haushaltsnahen Dienstleistungen kombiniert werden.

Als Beispiel kann hier die radikale Organisationsentwicklung der Werkstätten für Behinderung mit der *„Blue Assist"* Technologie angeführt werden (Abb. 8.1). Obwohl sich hier die Innovation vordergründig auf den Einsatz technischer Hilfsmittel bezieht, ist der Auslöser der technischen Unterstützung die Personalisierung der Komplexleistung „geschützte Werkstätte" für Menschen mit Behinderung: Die zusammengefassten Bedarfe im Sinne des Sachleistungsprinzips in der geschützten Arbeitssituation waren zuvor soziale Integration durch Freizeitgestaltung, Gemeinschaftsbildung, Beschäftigung, Rehabilitation und Tagesstruktur. Wird diese organisationale Strukturierung der Bedarfe aufgelöst und durch Coaching, Beratung und Unterstützung personalisiert, werden vollkommen andere Bedarfe sichtbar, die aus den je individuellen Lebenswünschen, Zielen und Vorstellungen der Menschen mit Behinderung entstehen. Dieses Fallbeispiel deutet nur an, wie unterschiedlich die personalisierten Bedarfe aussehen können, die vorher in der Komplexleistung „geschützte Werkstätte" verborgen waren. Für den einen ist es der Wunsch der Beschäftigung im ersten Arbeitsmarkt (im Film dargestelltes Beispiel: Angestellter einer Zoohandlung), für die andere die Teilhabe an einem gesellschaftlichen Bildungsangebot (im Film dargestellt: Malkurs in der VHS), und für die Dritte ist die selbstständige Verwaltung finanzieller Ressourcen bedeutend (im Film: Finanztransaktion bei einer Bank).

Große Hoffnungen, Strategien der Personalisierung in Deutschland zu realisieren, wurden vor allem in die Umsetzung des persönlichen Budgets gesetzt, welches vordergründig lediglich eine alternative Organisationsform für Komplexleistungen darstellt. Das Persönliche Budget ist in Deutschland zwar im Sozialgesetzbuch IX verankert und ohne den Gesetzgebungsprozess in Deutschland nicht zu denken (vgl. Eurich 2008, S. 421 ff.). Allerdings waren die treibenden Kräfte, Bewegungen und Prozesse, die als Ursache dafür identifiziert wurden, dass das Persönliche Budget als Paradeinstrument der Prinzipien Selbstbestimmung und Inklusion verankert wurden, nicht etwa die etablierten Träger (z. B. die Wohlfahrtsverbände) der Behindertenpolitik. Vielmehr muss hier der Kampf um die Selbstbestimmung der Menschen mit Behinderung als treibende Innovationskraft betont werden, der mehrere „Change Agents" immer wieder neue Impulse gaben und den Prozess vorangetrieben haben. Besonders zu erwähnen ist hier die „Independent Living"-Bewegung sowie die Entwicklung und Etablierung des „Disability"-Ansatzes (z. B. „disability research") auf EU Ebene, über die die bundesdeutschen Selbstvertretungs- und Interessensverbände ihren Einfluss geltend machen konnten, nachdem sie in den festgefahrenen Strukturen des bundesdeutschen Korporatismus der 1970-1980er Jahre keine Veränderung herbeiführen konnten (dazu Langer 2012). Das zentrale Instrument auf globaler wie europäischer Ebene war die Erstellung und Ratifizierung der UN-Behindertenrechtskonvention. Über die UN-BRK konnten insbesondere die Selbstvertretungs- und Interessensverbände auf einem indirekten Wege nationale Politik beeinflussen oder zu orientieren versuchen (siehe hierzu auch die Fallstudie „*CIL Serbien*" Abb. 7.5). Das Persönliche Budget kann vor diesem Hintergrund als das praktisch gelebte Modell eines Kulturwandels in einem etablierten System sozialer Dienstleistungen gesehen werden. Dass dieser Innovationsprozess nach nun fast 10 Jahren der Ratifizierung der UN-BRK in Deutschland jedoch nur zögerlich in der gelebten Praxis und Umsetzungspolitik der Träger angekommen ist, zeigen die geringen Zahlen der Nutzung (vgl. Prognos AG 2011). Als eine systemkonformere Variante der Personalisierung rücken derzeit Assistenzmodelle in den Fokus (vgl. Eurich 2016), die jedoch anders als das Persönliche Budget keinen fundamentalen Organisations- und Systemveränderungsprozess benötigen.

Vor allem im sog. „Arbeitgebermodell" (vgl. Kastl und Metzler 2005), in dem die Nutzer gegenüber dem Erbringer die Rolle des Auftrag- und Arbeitgebers einnehmen, wird ein Höchstmaß an Nutzerorientierung durch Personalisierung möglich. Anstatt im Sachleistungsprinzip eine (Komplex-)Leistung vor dem Hintergrund von Rahmenverträgen zwischen Kostenträgern und Leistungserbringern zu erhalten, bekommen die NutzerInnen einen adäquaten Geldbetrag, mit dem sie dann die Leistungen einkaufen können. Ein finanzieller Vorteil für sie ist, dass das Leistungsvorhalten von Elementen in Komplexleistungen nicht mehr mitfinanziert werden muss, wenn diese Elemente nicht in Anspruch genommen werden. Der große Nachteil ist, dass von den BudgetnehmerInnen hohe Kompetenzen der Eigenverantwortung und Selbstorganisation vorausgesetzt werden, die nicht zwangsläufig erwartet werden können. Überforderung und Fehlentscheidungen können die Folge sein.

Peer-Konzepte zur Dienstleistungsgestaltung

In vielen Beispielen der Nutzerorientierung findet sich die Einbeziehung und Nutzung von Menschen in ähnlichen Lebenslagen („Peers"). Aufgrund ähnlicher Erfahrungen wird ihnen die Kompetenz zugesprochen, die Dienstleistung positiv beeinflussen zu können.

Gut illustrieren lässt sich dieser Ansatz mit der Methode „Trialog" des Vereins *„Irre menschlich Hamburg e.V."*, welcher auf die Entstigmatisierung psychosozialer Erkrankungen zielt (Abb. 7.4). Die Methode „Trialog" nahm ihren Anfang darin, dass Psychiatrie-Erfahrene in sog. Psychose-Seminaren und in der Psychologie-Ausbildung neben den Ärzten auftraten und ihre Erfahrungen mitteilten und so die Rolle der Professionellen ergänzten bzw. ggf. auch kontrastierten. Aus diesem Ansatz heraus entwickelte sich die besondere Form des Trialogs, der psychisch Erkrankte, Angehörige, Therapeuten, Ärzte und Bürger in die Definition des Problems und die Behandlung miteinbezieht; es wird eine gleichberechtigte Begegnung aller Beteiligter gewährleistet: Betroffene als Experten der eigenen Krisenerfahrung, Angehörige als Experten des Miterlebens und Professionelle (Therapeuten, Ärzte) als berufliche Experten entwickeln gemeinsam ein Verständnis von seelischen Krisen und von seelischer Gesundheit. Das Konzept wird nun so angewendet, dass Psychiatrie-Erfahrene ausgebildet werden, um Betroffene zu begleiten.

„Peers" werden dabei nicht als Ersatz für professionelle Soziale Arbeit, Psychologen oder andere soziale Berufe angesehen. Ihr Erfahrungswissen unterscheidet sich vielfach von professionellem Wissen. So ist es beispielsweise in der Regel

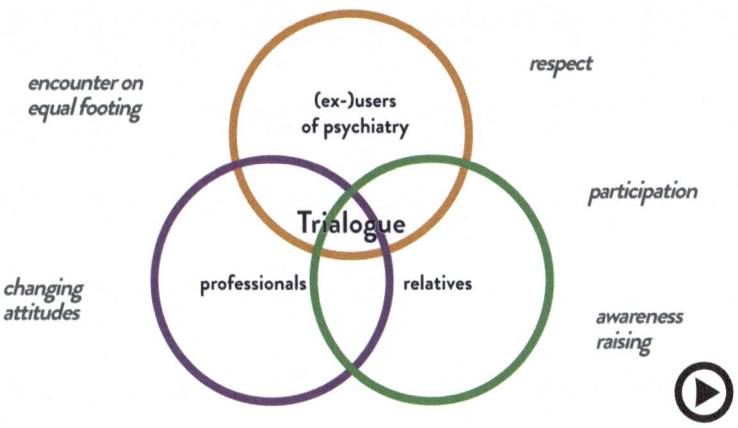

Abb. 7.4 LINK: Der Verein *Irre menschlich Hamburg e.V.* © Langer/Eurich/Güntner 2018 (https://doi.org/10.1007/000-0nj)

kontextgebunden und begrenzt auf das subjektiv Erlebte. Diese Erfahrungen können sicherlich oftmals weit aussagekräftiger und lehrreicher sein als Lehrbücher oder das Wissen von SozialpädagogInnen und Sozialarbeitern, Pflegekräften oder BetreuerInnen bzw. Betreuern, die selbst die betreffende Situation noch nicht erlebt haben. Allerdings verfügen entsprechend ausgebildete Fachkräfte über wichtiges Faktenwissen und konzeptionelle Zugänge, die das Erfahrungswissen der Peers ergänzen können – und dass die Grenzen zwischen Erfahrungswissen und professionellem Wissen fließend sind, liegt auf der Hand.

Auch in Strategien zur Armutsbewältigung finden sich Peer- und Selbsthilfe-Ansätze in vielfältiger Form. Ein bekanntes Beispiel sind Arbeitsloseninitiativen, die u. a. selbstorganisierte Beratung anbieten, oft auch Begleitung bei Ämterangelegenheiten, Training und weitere Unterstützungsangebote (z. B. Sozialkaufhäuser, Gartenprojekte, Volksküchen).

Die Fallstudie *„Nueva"* zeigt, wie der Peer-Ansatz in Form von Evaluation gezielt für die Qualitätsentwicklung eingesetzt werden kann, die Nutzerorientierung wird auf zwei Ebenen durchgesetzt, was bereits durch den Namen der Initiative deutlich wird („Nueva" steht für „Nutzerinnen und Nutzer evaluieren") (Abb. 6.3). Menschen mit Behinderung befragen andere behinderte Menschen, um Evaluationsdaten zu erheben. Aufgrund der geteilten Erfahrungen ist eine ehrlichere und direktere Evaluierung möglich, was sich positiv auf die Qualitätsentwicklung der Dienstleistung auswirkt.

Co-Kreation

Als Co-Kreation wird die gemeinsame Gestaltung der Dienstleistung durch NutzerInnen oder Bedarfsgruppen und Anbieter (bzw. die dort angestellten Fachkräfte) bezeichnet. Dies kann sich erstrecken von der gemeinsamen Planung der Dienstleistung mit organisationsinternen oder -externen Bedarfsgruppen bis hin zur tiefgreifenden Umsteuerung, die zu einer gänzlich neuen sozialen Dienstleistung führt (vgl. Grönroos und Voima 2013). Co-Kreation lässt sich zwischen einer professionellen sozialen Dienstleistung und der familialen solidarischen Unterstützung verorten. In einen solchen „Graubereich" sozialer Dienstleistungen fallen Maßnahmen und Leistungen, die wesentlich durch Akteure gestaltet werden, die nicht professionell sind und nicht einer Dienstleistungs-Organisation angehören, aber dennoch einen sozialen Bedarf bearbeiten. Als beispielhaft gilt die Gestaltung von Angeboten der Kinderbetreuung durch Zusammenschlüsse von Eltern (Pestoff 1998), die nicht notwendigerweise selbst die Betreuung übernehmen, sondern diese beauftragen. Als Beispiel sei hier das Projekt *„Môm'Artre"* (Abb. 5.5) genannt. Neben dem Ziel, alleinerziehende Eltern zu entlasten und während der Arbeitszeiten der Eltern die Betreuung der Kinder zu gewährleisten, legt das Projekt besonderen Wert auf die Beteiligung der Eltern und auch auf das Einbeziehen der Nachbarschaft.

Ein Konzept der Co-Kreation kommt auch in der Fallstudie *„Center for Independent Living (CIL)"* zum Tragen (Abb. 7.5). Das *„Center for Independent Living"* in Serbien setzt nicht auf Dienstleistungsorganisationen, die Unterstützungsmaßnahmen für Menschen mit Behinderungen anbieten, sondern bildet Bürger oder Angestellte anderer Dienstleistungsanbieter aus dem öffentlichen, privaten oder Non-profit-Bereich zur persönlichen Assistenz aus. Diese persönlichen Assistenzen werden dann von dem Menschen mit Behinderung je nach Bedarf genutzt. Eingebettet in die internationale IL-Bewegung hat CIL Serbien bisher bereits einen nutzergesteuerten Wandel eingeleitet, der rechtliche, politische, normative und soziale Aspekte umfasst und in einer innovativen und inzwischen akkreditierten Ausbildung für persönliche Assistenz resultierte. Diese Innovation beruht auf der aktiven und formalisierten Rolle der DienstleistungsnutzerInnen, die als behinderte Menschen die Dienstleistung einführten und implementierten und heute deren Qualität und Integrität überwachen. Co-Kreation bedeutet hier einen Wandel des Dienstleistungs-Paradigmas. Die Beteiligung der Nutzerinnen und Nutzer an der Entwicklung, Umsetzung und Überwachung der Dienstleistung stellt sich als Kern dar, durch den ein Qualitätsstandard für PA-Dienstleistungen gesetzt und Versorgungslücken des serbischen Systems geschlossen werden konnten.

Abb. 7.5 LINK: Selbstbestimmung im Projekt *Center for Independent Living* (CIL) © Langer/Eurich/Güntner 2018 (https://doi.org/10.1007/000-0np)

7.3 Ambivalenzen der Nutzerorientierung

Die Neuverteilung von Rollen kann, je nachdem wie weitreichend die Nutzerorientierung angelegt ist, auch eine neue Verteilung von Risiken im Zusammenhang mit der Dienstleistung bedingen und bedarf daher einer Neuverhandlung und Klärung insbesondere der Personenrechte. Augenscheinlich bietet sich die Nutzerzentrierung an, für eine Übertragung der Risiken vom Dienstleister auf die Nutzenden selbst. Soll dies nicht individualisiert geschehen, müssen sich diese als Gruppe organisieren, zum Beispiel als Interessenvertretung oder auch als Verein. So kann zwar ein Risikopuffer geschaffen werden, jedoch können die Einzelnen vor einem erhöhten Risiko nicht vollständig geschützt werden.

Die verbesserte Qualität durch nutzerzentrierte Ansätze wird vor allem erzielt durch die Ermächtigung der Nutzerinnen und Nutzer, die nun selbst ihre Bedürfnisse identifizieren, die Dienstleistung mitgestalten, umsetzen, steuern und überwachen. Voraussetzung ist dabei immer die Fähigkeit, Entscheidungen bezüglich Dienstleistungen zu treffen, die sie selbst in Anspruch nehmen. Denn umso stärker man die medizinische Behandlung, die Ausgaben des persönlichen Budgets oder die Qualität der Dienstleistung durch direkte Beteiligung (oder

Ablehnung der Beteiligung) mitbestimmen kann, desto mehr ist man auch für die Ergebnisse verantwortlich.

Diese Aspekte können abermals gut anhand der Einführung des Persönlichen Budgets in Deutschland gezeigt werden. Der Kern der Implementierung besteht darin, dass den NutzerInnen der Dienstleistung Entscheidungshoheit über die Umsetzung der Dienstleistungen, aber auch bezüglich der Art der Dienstleistungen gegeben wird. Gleichzeitig werden die damit verbundenen Risiken an die Nutzer-Innen weitergegeben. Die Tatsache, dass eine Begleitung und Unterstützung dieser Risikoübernahme in großen Teilen weder finanziell noch organisatorisch vorgesehen wurde, begründet massive Hinderungsgründe (Eurich 2008, S. 429 ff.). Der administrative Aufwand ist hoch und der Umgang mit dem Budget voraussetzungsvoll, auch sind viele Fragen der Umsetzung mangels Erfahrung und Standards unklar (vgl. ausführlich Langer 2013a).

Dieser Befund lässt sich dahingehend verallgemeinern, dass zwischen den Zielen der Nutzerorientierung, den rechtlichen und institutionellen Rahmenbedingungen und der Umsetzung große Gestaltungsspielräume bestehen. Daraus ergeben sich mindestens zwei Konsequenzen: Erstens bleibt die Umsetzung oft weiterhin eng an bereits bestehende Strukturen der Dienstleistungserbringung gekoppelt (Pfadabhängigkeit sowie Lobbymacht bestimmter Interessengruppen). Und zweitens entstehen Konflikte durch Widersprüche zwischen den Zielen und Ankündigungen einerseits, und den Möglichkeiten, die die Regelungsstrukturen zulassen, andererseits. Deutlich sind die Spannungen beispielsweise zwischen regulativen Rahmenbedingungen wie der UN Konvention über die Rechte von Menschen mit Behinderung und den Prozessen, die bei der Implementierung im Feld vor sich gehen. Noch kaum wird jedoch diskutiert, welche Orientierungsmaßstäbe zur Verfügung stehen und wie man mit diesen Spannungen konstruktiv umgehen kann. Vorgaben durch Gerechtigkeitstheorien oder völkerrechtlich codierte Menschenrechte bleiben zu allgemein um konkrete, verbindliche Orientierung im Einzelfall zu geben. Und sie treffen auf oft beharrliche Systemrationalitäten, die anderen, konkurrierenden (und für sie verbindlichen) Orientierungen folgen.

Drei Ansätze können in diesem Spannungsfeld Orientierung geben. Sie bewegen sich jedoch auf unterschiedlichen Ebenen. Erstens liegen nach einem jahrelangen Diskussionsprozess zahlreicher Akteure im Bereich der Regulierung und Umsetzung sozialer Dienstleistung in der EU seit 2010 übergreifende Qualitätskriterien für Soziale Dienstleistungen vor, die einen recht präzisen Orientierungsmaßstab vorgeben (Ausschuss für Sozialschutz 2010). Zweitens ist unter dem nutzerorientierten Blickwinkel die sozialphilosophische Diskussion um ethische Kriterien zwischen Gutem Leben und Gerechtigkeit weit vorangeschritten (vgl. Kittay 2013;

Langer 2013a). Und drittens zeigt die Managementforschung zu sozialen Dienstleistungen erste Ergebnisse, wie dieses Abwägungshandeln in organisationale Lernprozesse transformiert werden kann (Langer 2013b).

Ein gutes Beispiel bietet hier das *„European Care Certificate (ECC)"*, mit dem eine einheitliche und europaweit anerkannte Qualifikation im Bereich Pflege und soziale Betreuung angestrebt wird (Abb. 7.6). Das EEC ist zu verstehen als Antwort und Reaktion auf die zunehmende Deinstitutionalisierung der Pflege, die vor allem die Integration von behinderten und älteren Menschen in die Gesellschaft zum Ziel hat. Nutzende von Pflege- und Betreuungsdienstleistungen greifen als „Arbeitgeber" verstärkt direkt auf Fachkräfte oder Assistenzkräfte zurück, ohne sich auf die Qualitätsgarantien anerkannter Dienstleistungs-Institutionen zu verlassen. Diese De-Institutionalisierung führt zur Einstellung von Pflegekräften im häuslichen Bereich. Mittels des ECC soll nun auch deren Qualifikation von Arbeitgebern wie Familien einfacher überprüft werden können. Das ECC ist als Hilfestellung zu verstehen, die Herauslösung der Dienstleistungen aus dem absichernden Arrangement zwischen öffentlicher Finanzierung und den gesetzlichen Rahmenbedingungen, den Qualitätsversprechen der freien Dienstleistungserbringer und den kostspieligen Qualifikationen abzusichern. Den Pflegekräften wird innerhalb des ECC ein Zertifikat über die Qualifikation in Bezug auf ein gemeinsames Basiswissen verliehen, auf welches sich die Mitgliedsstaaten der EU im Pflegebereich verständigt haben. Das dem ECC zugrundeliegende Bewertungssystem BESCLO (Basic European Social Care Learning Outcomes) deckt acht Bereiche der Sozialbetreuung ab. Diese sind:

• Die Grundwerte in der Sozialbetreuung
• Die Lebensqualität der Klienten fördern
• Umgang mit Risiko
• Die eigene Rolle als BetreuerIn verstehen
• Sicherheit am Arbeitsplatz
• Positiv und erfolgreich kommunizieren
• Missbrauch und Vernachlässigung erkennen und darauf reagieren
• Sich als Mitarbeiter weiterentwickeln (vgl. http://www.eccertificate.eu/ germany/menu-left/besclo.html).

Eine unübersehbare Ambivalenz der Nutzerorientierung besteht nun darin, dass über das EEC einerseits die Autonomie der Nutzer/Nutzerinnen gestärkt wird, jedoch andererseits die Gefahr besteht, dass regulierte Qualitäts- und Qualifikationsstandards umgangen werden und ein Graubereich ungeregelter Arbeitsverhältnisse in der häuslichen Pflege weiterbesteht.

Abb. 7.6 LINK: *Das ECC-Zertifikat (European Care Certificate)* © Langer/Eurich/ Güntner 2018 (https://doi.org/10.1007/000-0nq)

Als weiteres Beispiel kann die Einrichtung „*Vitality*" in der dänischen Gemeinde Hoie-Tastrup angesehen werden (Abb. 7.3). Dort werden ältere und pflegebedürftige Menschen zuhause von bezahlten Pflegekräften gepflegt. Dabei gilt jedoch das Prinzip der „Hilfe zur Selbsthilfe". Da die Einhaltung des Prinzips im Alltag und unter Zeitdruck nicht immer ganz einfach ist, sind sogenannte „Botschafter" involviert, die die Umsetzung beratend überwachen und gewährleisten. Die Botschafter sollen an einem nachhaltigen Veränderungsprozess mitwirken, der zum Ziel hat, Pflegekräfte für die Strategie der Selbsthilfe aufseiten der Nutzer/Nutzerinnen zu gewinnen. Die Ambivalenz der Nutzerorientierung besteht hier darin, dass „Hilfe-zur-Selbsthilfe" ein weitgehend deutungsoffenes Konstrukt darstellt, welches durch die Botschafter interpretiert werden muss. Es stellt sich die ethische Frage, wer das Ausmaß der Selbstbestimmung zwischen Sicherheit/Schutz und Autonomie beurteilen darf oder kann.

7.4 Neukonfiguration von Rollen, Kompetenzen und Problemdeutungen in der Nutzerorientierung

Mit der Nutzerorientierung gehen neue Interaktionsformen und damit eine Neuverteilung von Rollen unter den beteiligten Parteien einher. Diese neuen Rollen zeichnen sich nicht durch eine generelle De-Professionalisierung aus, sondern vielmehr durch eine Integration des „Arbeitswissens" der Nutzenden und ihrer Netzwerke. Für die professionellen Fachkräfte der Betreuung und Pflege ergeben sich neue, eher koordinierende Aufgaben und damit neue Formen der Professionalisierung (Loidl und Laskowski 2012). Diese Trends hängen zusammen mit weitreichenderen Reformprozessen in Sozialpolitik und sozialen Dienstleistungen, so etwa dem Sozialunternehmertum. Schon in der frühen Forschung zum Sozialunternehmertum wurden zwei konstituierende Variablen dieses Sektors ausgemacht, nämlich die Wissensbasis und das Dienstleistungsideal (Toren 1975, S. 328). Beide Variablen werden in der Nutzerorientierung berührt und verändert.

Die neuen Akteurskonstellationen und Interaktionsformen führen auch zu Fragen, die mit Machtbeziehungen in Zusammenhang stehen. Macht, Konflikt und Exklusion werden bislang im Kontext von Innovation nur unzureichend beachtet. Einige der Expertinnen und Experten, die in den Diskussionsprozess der INNOSERV Plattform einbezogen waren, vertraten die Meinung, dass Konzepte wie „Nutzerorientierung" und „Inklusive Gesellschaft" etablierte Machtverhältnisse, Traditionen und Praktiken nur verschleiern und keinen fundamentalen Wandel darstellen.

Unstrittig ist indes, dass nutzerorientierte Innovationen einen Platz in der Ausbildung professioneller Pflegekräfte und Sozialarbeitenden haben sollten, damit diese den neuen Rollen auch gerecht werden können (Pesce und Ispano 2013, S. 11). Das benötigte Wissen kann auf unterschiedlichen Wegen erworben werden und muss nicht immer auf eine formalisierte Ausbildung zurückgehen. Nutzerorientierung erfordert zuvorderst die Kompetenz, aufmerksam zu sein im Hinblick auf die Unterschiedlichkeit der Nutzenden und der vielen verschiedenen Formen von Diskriminierung, die Professionelle wie Laien oft unbewusst ausüben, z. B. gegenüber Frauen mit Behinderung oder mit Migrationshintergrund (Crepaldi et al. 2012, S. 60). In der Literatur wird dieses Thema zwar bereits aufgegriffen, z. B. im Konzept der Intersektionalität (vgl. Winkler und Degele 2009), konkrete Antworten und Empfehlungen im Hinblick auf die Art der Kompetenzen, die hier gebraucht werden, stehen jedoch noch aus.

Ein einschlägiges Praxisbeispiel kommt aus dem Bereich der Sozialpsychiatrie. Der in Hamburg ansässige Verein „Irre menschlich Hamburg e.V." ist entstanden aus einer Betroffeneninitiative, die es sich zur Aufgabe gemacht hat, Öffentlichkeitsarbeit zu allen Aspekten der seelischen Gesundheit zu leisten (Abb. 7.4). Durch den sog. „Trialog", der psychisch erkrankte Menschen, deren Angehörige, Therapeuten, Ärzte und Bürger miteinbezieht, wird eine gleichberechtigte Begegnung aller Beteiligten gewährleistet. Über Informations-, Begegnungs-, Präventions- und Fortbildungsprojekte werden zudem Toleranz und der Abbau von Vorurteilen gegenüber psychisch erkrankten Menschen gefördert. Was bis hier relativ überschaubar klingt, beinhaltet jedoch eine radikale Rollenverschiebung innerhalb der trialogischen Kommunikation und Problemdefinition: Die professionellen Fachkräfte, insbesondere Ärzte,

geben ihre alleinige Deutungshoheit und Machtposition bezüglich der Problemdefinition und Lösungssuche auf. Die wesentlichen Parteien im Behandlungsprozess
finden sich auf Augenhöhe wieder, es wird eine Gleichberechtigung hergestellt zwischen Betroffenen, professionellen Fachkräften und Angehörigen. Dadurch wird der
soziale Prozess von Krankheit und Behandlung radikal in den Mittelpunkt gestellt.

Aus den tiefgreifenden durch Nutzerorientierung hervorgerufenen Veränderungen in Dienstleistungsarrangements ergibt sich die Notwendigkeit, diese durch eine
Kultur der Akzeptanz, der Entstigmatisierung und der Unterstützung zu begleiten.
D. h. relevante Öffentlichkeiten müssen sensibilisiert, begleitet und „gebildet"
werden, um Nutzerorientierung nachhaltig umzusetzen. Zudem kann die Umsetzung der Nutzerorientierung auch neue begleitende Dienstleistungen bedingen,
zum Beispiel zur Unterstützung der Entscheidungsfindung („supported decision-
making"). Dieses Konzept entstammt der UN-BRK und wurde als Empfehlung zur
Flankierung des Betreuungswesens in Deutschland vorgeschlagen. Zielrichtung
eben dieser (neuen) Unterstützungsleistungen ist es, die NutzerInnen nicht (mehr)
in Entscheidungssituationen zu bringen, deren Konsequenzen sie kaum absehen
können. Oder anders gesagt: NutzerInnen wird zwar grundlegend die Fähigkeit und Funktion zugesprochen, ihre Entscheidungen selbstbestimmt treffen zu
können. Ist diese Fähigkeit eingeschränkt, sollen sie jedoch so unterstützt werden,
dass sie zur Selbstbestimmung befähigt werden. Mit Nutzerorientierung sind also
weitreichende Bildungsprozesse für alle Beteiligten verbunden, die in den Dienstleistungsarrangements abgebildet werden müssen. Tab. 7.1 skizziert dabei ineinan-
der verschränkte Handlungskontexte der unterstützten Entscheidungsfindung und
Implementierungsbegleitung nutzerorientierter Dienstleistungen.

Tab. 7.1 Unterstützungsbedarfe in der Nutzerorientierung. (Quelle: eigene
Zusammenstellung © Langer/Eurich/Güntner 2018)

Unterstützungsbedarfe in der Nutzerorientierung	Aufgaben, Handlungsschritte	Expertise und Kompetenz
Lebensführungsberatung und Entscheidungs-unterstützung	Information, Initiative, individuelle Bedarfsermittlung	Lebensführungshermeneutik, advokatorische Bewertung
Vertretung und Durchsetzung im Anspruchsverfahren	Verhandlung und Interessenvertretung (gegen Abwehrverhalten beim Kostenträger)	Kalkulation, Verfahrensführung, Intervention, Sozialrechtssicherheit
Umsetzung und Qualitätssicherung	Dienstleisterbeauftragung, Qualitätsmanagement, Budget-Bewirtschaftung	Bewirtschaftung der lokalen Dienstleisterstruktur, Kontraktmanagement

Diese neu erforderlichen Formen der Unterstützung und Beratung schließen an die ethische Diskussion der Implementierungsproblematik an. Vor allem wenn es darum geht, Entscheidungen bezüglich nutzerorientierter Bedarfe sicherzustellen, muss auch über neue Lebensentwürfe gesprochen werden, in denen die nutzerorientierten Dienstleistungen eine zentrale Rolle spielen. Es wird verstärkt Aufgabe sein, Formen der „Lebensführungshermeneutik" (Volz 1993) mit den betroffenen Menschen gemeinsam zu erarbeiten, auszuprobieren und zu entwickeln. Es geht um die Frage, welches Leben Menschen im Kontext sozialer Dienstleistungen führen wollen und können und welche Dienstleistungen als Unterstützungsleistungen dazu notwendig sind. Nutzerorientierung stellt also ganz neu die Frage nach der (sozial-) anwaltschaftlichen Vertretung gegenüber öffentlichen und freien Trägern. Die Träger sind dabei gefragt, unabhängig von Kostenfragen nicht als Hinderer, sondern als Förderer innovativer Nutzerorientierung zu agieren. Es ist bereits zu beobachten, dass sich der Dienstleistungsmarkt im Rahmen der Nutzerorientierung grundlegend wandelt, gerade die sog. Arbeitgebermodelle lösen z. B. grundlegend neue Umsetzungsmöglichkeiten sozialer Dienstleistungen zwischen familiärer Hilfe und fachlicher Expertise aus. Das Spektrum an Personen, die an Produktentwicklung und Qualitätssicherung beteiligt sind, wird sich erweitern und flexibilisieren.

Vor diesem Hintergrund muss auch über den Begriff der professionellen Expertise nachgedacht werden. Es gilt Expertise, Kooperation und Koordination in neuen Formen der Arbeitsteilung herzustellen, zu sichern und zu entwickeln. Neu zu denken ist die Verwirklichung einer Expertise als gemeinsam geteiltes Wissen, gemeinsam geteilte Methoden, Konzepte, Arbeitsformen und Techniken und eine gemeinsam geteilte Haltung zwischen sehr unterschiedlichen Akteuren (den Professionellen, den NutzerInnen, ihren Netzwerken, den VertreterInnen sozialer Dienstleistungsorganisationen bis hin zu feld- und arbeitserfahrenen Laien). Das Organisieren von Nutzerorientierung erfordert somit das Schaffen einer neuen (An)Ordnung von Aufgaben, Funktionen und Expertise. Organisieren ist dabei erstens als *Strukturtechnik* zu verstehen, also als die Herstellung einer Struktur durch Aufgabenbildung, Aufgabenteilung und Koordination. Zweitens ist es eine *Managementaufgabe* – als Gestaltung, Lenkung und Entwicklung sozialer Systeme (vgl. auch Bea und Göbel 2010). Die Herstellung von Struktur im Zuge der Nutzerorientierung kann eine Zwischenstation auf dem Weg der dauerhaften Neukonfiguration eines Dienstleistungsarrangements darstellen. Sie kann aber auch eine generelle Strukturoffenheit bedingen und den Wandel auf Dauer stellen. Diese zweite Variante würde den Aspekt der temporären Organisation als Strukturtechnik verstetigen und zum Kompetenzaspekt heben. Es geht dann um die Herstellung bzw. das „Erhandeln" von Handlungsfähigkeit bei Unsicherheit in temporären Settings, in „Ermangelung von Routinen und sicherem Wissen" (Pfadenhauer 2008, S. 24).

Das niederländische „*Humanitas Thuis Administratie*" Programm kann diese Herausforderungen gut illustrieren (Abb. 6.2). Die hier angebotene Finanz- und Haushaltsführungsberatung mündet ein in einen stark durch Nutzerinnen und Nutzer gesteuerten Prozess. Im Sinne einer präventiven Schuldnerberatung kommen nicht in erster Linie die Gläubiger und deren (finanzielle) Befriedung in den Blick, sondern die nachhaltige Befähigung der Nutzerinnen und Nutzer: Durch das Programm werden gezielt Kenntnisse und Kompetenzen vermittelt, sodass die Betroffenen ihre behördlichen Angelegenheiten (wieder) selbstständig bewältigen können und existenzbedrohenden Risiken, wie etwa hohen Schulden oder sogar Privatinsolvenz, frühzeitig vorgebeugt wird. Durch die Verlagerung der Beratung in das private Zuhause der Menschen, durch den präventiven Charakter und durch das Ziel der „Befähigung" der Risikogruppen wird ein stark individualisierter Prozess angestoßen. Im Mittelpunkt stehen die Stärkung des Selbstvertrauens, Solidarität und Autonomie; die Beratungsstrukturen werden im Prozess zwischen den ehrenamtlichen Kräften und den Teilnehmenden individuell verhandelt.

Neue Technologien und Technisierung als Innovation in sozialen Dienstleistungen

Dieses Kapitel fokussiert Innovation sozialer Dienstleistungen als oder in Verbindung mit neuen Technologien und hier vor allem Informations- und Assistenztechnologien. Während z. B. der Einsatz von technischen Geräten im Gesundheitssektor, vor allem in der Diagnose und Behandlung von Erkrankungen, immer schon eine große Bedeutung hatte, ist ihre Nutzung in der Sozialen Arbeit und in der Pflege ein eher neues Phänomen (Leys 2009; Harlow und Webb 2003; Perron et al. 2010). Dies ist auf die Grundbeschaffenheit sozialer Dienstleistungen zurückzuführen. Diese Dienstleistungen sind auf die Interaktion von NutzerInnen und Fachkräften angewiesen, sind nur bis zu einem gewissen Punkt rationalisierbar und beruhen letztlich auch auf Vertrauen in zwischenmenschlichen Beziehungen (Langer 2004, 2006, 2009; Bäcker et al. 2010, S. 509). Dennoch geben z. B. die Herausforderungen einer alternden Gesellschaft, die Qualitätssicherung und die Ressourcenknappheit im öffentlichen und sozialen Sektor genug Anlass dazu, sich über alternative Lösungsansätze für bedarfsgerechte, nachhaltige und finanzierbare Dienstleistungen Gedanken zu machen – wozu auch der Einsatz von Technik gehört (Hawker und Frankland 2012, S. 17; Verleye und Gemmel 2009).

Insofern ist der Einsatz von neuen Technologien und Techniken voraussetzungs- und spannungsvoll. Technologien und Techniken werden hier als nichtmenschliche Entitäten in Form materieller und immaterieller Artefakte verstanden. In der Tradition der Technografie wird zwischen einem „Tat-Aspekt" (Technisierung der Handlung) und einem „Sach-Aspekt" (Materialität der Trägermedien) von

---

Elektronisches Zusatzmaterial
Die Online-Version für das Kapitel (https://doi.org/10.1007/978-3-658-05122-8_8) enthält Zusatzmaterial, das berechtigten Benutzern zur Verfügung steht. Oder laden Sie sich zum Streamen der Videos die „Springer Nature More Media App" aus dem iOS- oder Android-App-Store und scannen Sie die Abbildung, die den „Play Button" enthält.

Technik (Rammert 2008, S. 350 f.) unterschieden. Technikbezogenes Tun umfasst dabei das „Machen von Technik (…), das Machen *mit* Technik (…) sowie das Mit*machen* der Technik" (Rammert 2008, S. 344, H.i.O.). In der Analyse von Innovationsprozessen sind insbesondere zwei Aspekte der Technisierung von sozialen Dienstleistungen von Interesse: die Einführung neuer Technologien an sich, sowie die Konsequenzen der Technisierung auf das Dienstleistungshandeln.

Technologische Innovation in sozialen Dienstleistungen und die mit ihr verbunden Ambivalenzen zeigen sich besonders prononciert in sog. Assistenz-Technologien (Augusto et al. 2012). An ihnen lässt sich entsprechend gut zeigen, wie technische Unterstützung eine Dienstleistung verändert und in welchem Zusammenhang Technik, Dienstleistungshandeln und Dienstleistungsprodukt stehen.

Ein Beispiel hierfür ist *„Blue Assist/Cloudina"* (Abb. 8.1). Auf den ersten Blick wird eine Smartphone-Anwendung („*Blue Assist"* ist die Technologie, „*Cloudina"* der Name der App) mit einem Coaching-Konzept der Personalisierung sozialer Dienstleistungen kombiniert. Die Technologie ersetzt zum Teil oder ganz eine ständige Begleitung der NutzerInnen durch Assistenzkräfte und unterstützt damit Selbstbestimmung. Auf den zweiten Blick verschmilzt aber das vermeintlich technische Hilfsmittel mit der Personalisierung von begleitenden sozialen Dienstleistungen für Menschen mit kognitiver Einschränkung zu einem gänzlich neuen Dienstleistungsprodukt. Die Art und Weise der Inklusion der Menschen mit Behinderung steht in direkter Verbindung mit der technischen Anwendung. Ohne die Technik wäre diese Art der Selbstbestimmung und Autonomie nicht denkbar. Zugleich entsteht aber in dieser hybriden Konstellation auch eine Abhängigkeit von der Technik. Fällt die instrumentelle Unterstützung aus irgendwelchen Gründen aus, entfällt gleichzeitig ein Sicherungsnetz, welches durch interaktionsgestützte Assistenz als selbstverständlich mit der Dienstleistung mitgeliefert wird. Nun ist mit *„Blue Assist"* bzw. *„Cloudina"* ein sehr spezieller und weitreichender Anwendungsfall des Einsatzes einer neuen Technologie gegeben. An den genannten Problemen zeigt sich dennoch die gesamte Spannbreite der Kritik an Assistenzsystemen: Abhängigkeit von technischen Artefakten und Systemen, Verlust von professionellen Unterstützungsnetzwerken, Vereinsamung, Verlust der Interaktionswirkungen. Gleichzeitig werden die neuen Einsatzmöglichkeiten und Gewinne für die Ziele vieler Menschen mit Behinderung deutlich: Autonomiegewinn, Selbstbestimmung, Inklusion, Leistungserweiterung durch Effektivität- und Effizienzsteigerungen.

Die Nutzung neuer Technologien kann somit einen signifikanten Einfluss sowohl auf tägliche Routinen und das Interaktionsgefüge zwischen Fachkräften und Patienten oder Klienten als auch auf die Organisation und Verwaltung von Dienstleistungen haben. Während solche Veränderungen zu Effektivitätssteigerungen führen,

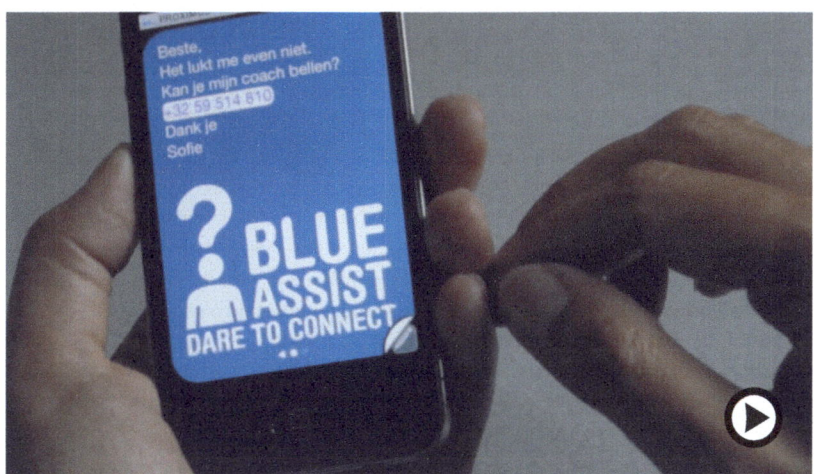

Abb. 8.1   LINK: Die Smartphone Anwendung *Blue Assist* in Verbindung mit der App
Cloudina © Langer/Eurich/Güntner 2018 (https://doi.org/10.1007/000-0nr)

Abläufe optimieren und Kommunikation verbessern können (Crepaldi et al. 2012,
S. 68), sträuben sich Personal und Nutzende oft gegen die Einführung von Technologien, die ihr Selbstverständnis infrage stellen (wenn etwa Fachkräfte zu Anwendern
von Technik werden, und ihre Expertise durch die technische Konkurrenz entwertet
sehen, vgl. Borins 2001; sowie Laino und Sütó 2013, S. 8). In der empirischen
Pflegeforschung ist derweil umstritten, ob und inwiefern der Einsatz von Informati-
ons- und Kommunikationstechnologien (IKT) tatsächlich die Qualität und Produk-
tivität der Dienstleistungserbringung erhöht (While und Dewsbury 2011). Um die
versprochenen Verbesserungspotenziale entfalten zu können, müssen die Technologien in ein hybrides Erbringungsmodell der Dienstleistung eingebettet werden,
welches den sachgemäßen und kompetenten Einsatz sicherstellt. Stattdessen wird
Technik bislang vor allem als Substitut für Pflegekräfte gesehen, während es Ver-
tretern der Technikbranche oft schwer fällt, den Wohlfahrts- und Pflegemarkt richtig
zu verstehen (Leys 2009). Zugleich stellt sich die Frage, inwiefern Technisierung
Vertrauen, Empathie und weitere emotionale Aspekte sozialer Dienstleistungen
generieren kann, die ja das situative Dienstleistungshandeln erst ermöglichen. Ein
weiterer kritischer Faktor ist auch unter ethischen Gesichtspunkten die Intimsphäre
der Anwenderinnen und Anwender. Gerade bei den in telemedizinischen Lösungen
verwendeten Überwachungs- und Sensortechnologien stellen sich diesbezügliche
Fragen (vgl. Bolling und Nikolin 2013).

Der Einsatzbereich von neuen Technologien im sozialen Dienstleistungssektor ist unterschiedlich weit entwickelt und sehr heterogen. Wird etwa im Gesundheits- und Pflegesektor über den Ersatz von Dienstleistungsbestandteilen durch technische Hilfsmittel und Verfahren diskutiert und geforscht, so geht es bei den Wohlfahrtsdienstleistungen eher um Assistenzmodelle und Zugangshilfen. Wir reduzieren im Folgenden die Komplexität der Vielzahl der Ausprägungen und Anwendungen von neuen Technologien in Sozialen Dienstleistungen auf drei Zugänge, erstens die technischen Unterstützungs- und Assistenzsysteme, zweitens die technischen Systeme der Zugänglichkeit sozialer Dienstleistungen und drittens die Technisierung und Digitalisierung von Management und Verwaltung.

8.1   Technische Unterstützungs- und Assistenzsysteme

Unter die Kategorie der technischen Unterstützungs- und Assistenzsysteme fallen solche Anwendungen, die die soziale Dienstleistung in Teilen ersetzen, ergänzen oder erweitern. Das können Mobilitäts- und Kommunikationshilfen sein (z. B. AAC – engl. *augmentative and alternative communication*), Therapiehilfen bis hin zur Robotik (z. B. AAL – engl. *ambient assisted living*) (vgl. Hilbert und Paulus 2011; Gaden 2011; Karbach und Driller 2011). Ein immer bedeutenderer Aspekt ist hier auch die Haus- und Wohnungstechnik – also übergreifend die Gebäudeautomation – das klassische Beispiel ist der Hausnotruf. Im Gesundheitssektor wird dies mit den Termini *E-Health* oder *E-Care* beschrieben. Diese beziehen sich auf die Nutzung moderner Informations- und Kommunikationstechnologien im Hinblick auf gesundheitsbezogene Datenverarbeitung, werden aber auch bei indirekter Behandlung/Beratung von Patienten eingesetzt.

Technische Unterstützungs- und Assistenzsysteme müssen in den weiteren Kontext gesellschaftlicher und demografischer Entwicklung eingeordnet werden (vgl. Dahl et al. 2014). In vielen europäischen Ländern und Dienstleistungsbereichen gab es ein Umdenken von der passiven Patientin oder Klientin hin zur aktiven, ermächtigten Kundin und Ko-Produzentin (Windrum und Garcia-Goni 2008). Technologie kann zu Personalisierung und Verbesserung der Dienstleistungsqualität beitragen. Assistenzsysteme in der Pflege setzen vor allem auf Rehabilitation und Selbstbestimmung. Im Bildungssektor werden sie beispielsweise zur Inklusion von Schülerinnen und Schülern mit einer Behinderung eingesetzt. Dieser Statuswandel der Nutzerinnen und Nutzer einer Dienstleistung soll sowohl zu Effektivitätssteigerungen wie auch zu Kosteneinsparungen führen (Hawker und Frankland 2012). Die Nutzung solcher Technologien individualisiert dabei den Wohlfahrtssektor, da die speziellen Technologien auf individuelle Bedarfe reagieren und die Dienstleistungen entsprechend ausgerichtet werden. Angesichts des demografischen und sozialen Wandels können Assistenzsysteme als Lösungsansatz für mehr Qualität in Pflegedienstleistungen gesehen werden, die zudem in der Umsetzung auf weniger Arbeitskräfte angewiesen sind. Sie werden von Menschen mit Behinderungen für bestimmte Aufgaben genutzt, die sie ohne die Technologie nicht bewältigen könnten. Dies umfasst eine Vielzahl von Produkten und Dienstleistungen, wie etwa Rollstühle, Robotertechnologien, niedrigschwellige Software (e-Inklusion), unterstützte Kommunikation (AAC – engl. *augmentative and alternative communication*) sowie telemedizinische und telebetreuerische Dienstleistungen. Unterstützte Kommunikationssysteme (AAC) erleichtern Menschen mit sprachlichen Einschränkungen die Kommunikation (Mirenda 2003). In Folge der technologischen Entwicklung wird die verfügbare Produktpalette in diesem Bereich kontinuierlich erweitert. Das Beispiel *„Blue Assist/Cloudina"* illustriert eindrücklich, wie Menschen mit kognitiven Einschränkungen bei der Kommunikation mit anderen Menschen unterstützt werden können, wenn sie bei der Bewältigung alltäglicher Aufgaben außerhalb ihres Zuhauses und gewohnten Pflegeumgebung auf Hilfe angewiesen sind. Auch telemedizinische und telebetreuerische Lösungen werden dazu verwendet, die Selbstverantwortung der Nutzer zu verbessern.

8.2 Technische Systeme zur besseren Erreichbarkeit und Zugänglichkeit sozialer Dienstleistungen

Ein wichtiger Aspekt sozialer Teilhabe besteht in der Zugänglichkeit von wesentlichen gesellschaftlichen Bereichen (Crepaldi et al. 2012, S. 34). Neben traditionellen Maßnahmen der Teilhabeermöglichung, wie etwa der Förderung von Barrierefreiheit im öffentlichen und privaten Raum, können web-basierte Technologien zur Verbesserung des Zugangs zu Informationen, zu neuen Kommunikationsmöglichkeiten und verbesserter Koordination von Leistungen führen. Als technische Systeme zur Verbesserung der Erreichbarkeit und Zugänglichkeit bezeichnen wir solche Anwendungen, die die Dienstleistung selbst nicht wesentlich verändern, aber den Zugang zu dieser (u. a. in physischer, virtueller und zeitlicher Hinsicht). Bekannte Beispiele sind Hilfen, um Computer und Internet barrierefrei zu gestalten, E-Government-Lösungen und allgemein die „Universal Design" Prinzipien (vgl. The Center for Universal Design 1997). Auch diese Lösungen sind voraussetzungsvoll und können ebenfalls (ggf. unintendiert) einzelnen Menschen die Zugänglichkeit eher erschweren, z. B. wenn kein Computer oder keine Computerkenntnisse vorhanden sind („digital divide").

Ein Beispiel aus dem Gesundheitsbereich ist die sogenannte Telemedizin. Sie dient vor allem dazu, Behandlungen über große Distanzen hinweg zu ermöglichen. Und in Gegenden, in denen die medizinische Versorgung gewährleistet ist, kann Telemedizin zu Qualitätsverbesserungen führen, da zweite Meinungen eingeholt werden können. Auch zu Ausbildungs- und Trainingszwecken kann Telemedizin eingesetzt werden (zahlreiche Beispiele finden sich in Duesberg 2010). Durch Telemedizin kann zwar medizinische Beratung erfolgen, eine direkte Interaktion zwischen Arzt und Patienten vor Ort ist jedoch nicht möglich.

Telemedizin und E-Health haben in der Vergangenheit bereits die Erbringung von Dienstleistungen, insbesondere in ländlichen und abgelegenen Gegenden, erheblich vereinfachen können (z. B. Mitton et al. 2011). Telebetreuung wird von vielen europäischen Regierungen großes Potenzial für die Verbesserung der Pflege durch Befähigung zum Selbstmanagement zugeschrieben (Pols und Willems 2011), was dazu führt, dass die Nutzerinnen und Nutzer länger in ihrem Zuhause leben und aktiv an der Gemeinschaft teilhaben können (Bayer et al. 2007). Insbesondere im Hinblick auf physische Barrieren beim Zugang zu Gesundheitsleistungen hat in den vergangenen Jahren ein großer Fortschritt stattgefunden.

Über das Internet bieten sich auch unzählige Möglichkeiten, den Zugang zu Informationen über Behandlungen und Dienstleistungen zu verbessern und es ist mittlerweile für viele die erste Informationsquelle bei Gesundheitsfragen. Informations- und Kommunikationstechnologien befähigen die Nutzer zur Selbstdiagnose und eigenständigen Behandlung, sie können in Online-Communities Erfahrungen austauschen und sich gegenseitig Ratschläge geben (Hawker und Frankland 2012, S. 23). Auf diese Weise lernen sie mehr über ihren Gesundheitszustand und können aktiv an der eigenen Behandlung mitwirken (Crepaldi et al. 2012, S. 68). Über den Informations- und Ratgeberaspekt hinaus fördern solche Plattformen die Entstehung von Patientengemeinschaften (Coye et al. 2009, S. 129; Kuenne et al. 2011). Die wachsende Beliebtheit von Smartphones und App-basierten Produkten geben den Nutzerinnen und Nutzern außerdem die Möglichkeit, von nahezu überall auf relevante Informationen zuzugreifen.

Am Beispiel *„Know Your Own Health/Somerset Community Pain Management Service"* lässt sich diese Entwicklung veranschaulichen (Abb. 5.4). An anderer Stelle (Abschn. 5.2) wurde bereits der organisationale Aspekt dieses Ansatzes besprochen. Hier soll nochmals explizit auf den Aspekt der Telemedizin und digitalen Kommunikation verwiesen werden. Die innovative Idee besteht darin, chronisch kranken Menschen den Zugang zum Selbstmanagement zu ermöglichen und gleichzeitig Betroffene zu vernetzen. Das Instrument dazu ist die Übertragung der Behandlungssteuerung durch internetbasierte Kommunikation und Unterstützung. Das Selbstmanagement wird durch die Kommunikation mit einem Gesundheits-Mentor unterstützt, der flexibler zu erreichen ist, als dies im face-to-face-Kontakt realisiert werden könnte. Selbstmanagement wird außerdem durch unterschiedliche Informationen unterstützt – durch Informationen, die aus einer Datenbank abrufbar sind, und durch Informationen von anderen Betroffenen, die durch Vernetzung hergestellt werden. Außerdem wird zur Inklusion in das Hilfesystem beigetragen, wenn lokale Akteure weitere Unterstützung kommunizieren, durch Datenbanken oder die Hinweise von Betroffenen oder Experten. Diese Art von „sozialer" Telemedizin bereitet also seit langem bekannte und etablierte Funktionen internetbasierter Kommunikation und Informationsverbreitung für einen spezifischen Bedarf auf: Internetrecherche und Suchmaschinen, Vernetzung durch soziale Medien, Chat und Blogs und Beratungsleistungen durch Experten.

Das Beispiel zeigt auch, ähnlich wie schon „*Blue Assist/Cloudina*", die kontroversen Aspekte dieser Entwicklung. Das Internet eröffnet zwar Wege für mehr Selbstbestimmung und -verantwortung. Man bekommt Zugang zu medizinischen Informationen, ohne dabei einen Arzt oder eine medizinische Fachkraft konsultieren zu müssen. Kritisch zu sehen ist jedoch, dass die verfügbaren Informationen nicht immer präzise und genau, und vor allem nur schwer verifizierbar sind. Dies kann schlimmstenfalls zu falschen Behandlungen führen (West und Miller 2006). Zugang zu medizinischen Informationen kann auch das Arzt-Patienten-Verhältnis verändern. Der Patient bzw. die Patientin kann nun andere Behandlungsmethoden vorschlagen – oder zumindest in die Diskussion bringen – und es wird wahrscheinlicher, dass medizinische Entscheidungen angezweifelt werden. Obwohl also die Position der Person in (ärztlicher) Behandlung gestärkt wird, kann diese Entwicklung auch negative Folgen wie etwa Vertrauensverlust nach sich ziehen. Ähnliches gilt auch für den Bereich der Pflege. Informations- und Kommunikationstechnologien verändern auch Beziehungen zwischen den einzelnen professionellen Akteuren. Diese Entwicklung betrifft auch die bestehenden Machthierarchien, da bestimmten Berufsgruppen wie z. B. dem Pflegepersonal mehr Verantwortung übertragen wird.

8.3   Technisierung und Digitalisierung von Management und Verwaltungsabläufen in sozialen Dienstleistungen

Neben verschiedenen Formen der Technisierung der Dienstleistung in der Interaktion mit den Nutzerinnen und Nutzern finden sich auch technische Anwendungen, die unterstützenden Charakter in Management-Aufgaben haben, sich also auf die Prozesse und das „back-office" einer Dienstleistungsorganisation beziehen. Gemeint sind hier IT-basierte Planungs-, Dokumentations- und Controlling-Instrumente, die sich auf die Dienstleistungserbringung beziehen, auch als Sozialinformatik bezeichnet werden (Kreidenweis 2012). Diese Technikanwendungen können weitreichende Auswirkungen auf das Dienstleistungshandeln haben, wie z. B. die Diskussion um Fallmanagement-Software in der Kinder- und Jugendhilfe zeigt (vgl. Huuskonen und Vakkari 2015; sowie White et al. 2009; Ley 2008). Hier ist auch das Aufschreiben bzw. Registrieren von Fällen in Datenbanken anzusprechen (O'Rourke 2008). Aus administrativer Sicht spielen IT-basierte Lösungen vor allem im Hinblick auf Datenmanagement eine bedeutende Rolle. Der E-Health gestützte Übergang zu elektronischen Patientenakten beispielsweise (mit Diagnose, Behandlung, Medikation) und die Nutzung von IKT ermöglichen einen schnellen, allerdings in der Handhabung oft anspruchsvollen Austausch von Informationen und damit auch Kosteneinsparungen (Crepaldi et al. 2012, S. 68; 61). IKTs können weitreichende Effekte auf die Arbeitsabläufe haben (Ley und Seelmeyer 2008; Kutscher et al. 2011). Bezeichnend ist der Kommentar einer Sozialarbeiterin in einer Studie von Liz O'Rourke zur Dokumentation in der Sozialen Arbeit: „If everything is tick list, then why do you need qualified people doing it?" (O'Rourke 2008, S. 145). Um die hier angedeuteten Konsequenzen zu untersuchen, wären sog. „workplace studies" (Luff et al. 2000; Heath et al. 2000) sinnvoll, die jedoch im Bereich der sozialen Dienstleistungen bislang kaum zu finden sind.

8.4   Fluch und Segen? Die Kernthemen der kritischen Diskussion um die neuen Technologien

Die Prozesse zur Entwicklung neuer Technologien, ihrer Erprobung, Einführung und Durchsetzung sind mit hohem Ressourceneinsatz verbunden und werden überwiegend von privat-öffentlichen Allianzen getragen. Hier spielen öffentliche Programme zur Innovationsförderung eine zentrale Rolle, die über Ausschreibungsmodalitäten und Schwerpunktsetzungen das Feld strukturieren. Gerade die EU hat in jüngerer Zeit viele Initiativen aufgelegt, die auch auf soziale Dienstleistungen anwendbar sind. Insofern ist der Eindruck einer „Top-Down" Steuerung nicht von der Hand zu weisen. Zwar kommt die Erprobung nicht ohne Nutzerbeteiligung aus, diese wird jedoch von den Rahmensetzungen der Organisationen und Verwaltungen beeinflusst und in gewissem Maße auch vorentschieden.

Schlussendlich ist die Durchsetzung neuer Lösungen vor allem dann ambivalent oder auch problematisch, wenn den Nutzerinnen und Nutzern keine Alternativen bleiben und sie im Zusammenhang mit der Technisierung Benachteiligung oder eine Verschlechterung der Dienstleistungsqualität sehen. Das ist vor allem in solchen Dienstleistungsbereichen relevant, die durch Nachfragemonopole öffentlicher Träger gekennzeichnet sind, wie zum Beispiel die Kinder- und Jugendhilfe und hier speziell die Hilfen zur Erziehung (Krone et al. 2009). Auch bei solchen Dienstleistungsbereichen, in denen angesichts geringer Auswahl an Anbietern eine hohe öffentliche Regulierung der (Quasi-)Märkte besteht oder bestehen muss oder wo öffentlich dominierte Innovationsallianzen die Einführung von Technik erst möglich machen, sind diese Nebeneffekte nach wie vor wahrscheinlich (wie dies z. B. im Bereich der Dienstleistungen für Menschen mit Behinderung der Fall sein dürfte). Besonders im Bereich der Pflege scheint übergreifend eine erhöhte Kundensouveränität realisiert zu sein, was die Exit-Optionen und das Wunsch- und Wahlrecht für die DienstleistungsnutzerInnen auf den ersten Blick deutlich zu erhöhen scheint. Technikanwendungen sind hier vor allem in der Pflege mit demenziell erkranken Personen wohl bereits am weitesten verbreitet. Diese scheinbare Kundensouveränität wird jedoch über die lokalen Dienstleistungsmärkte wieder eingeschränkt: Um einen Pflegeplatz zu realisieren, der das Intakthalten sozialer Netzwerke zumindest in einem Mindestmaß erlaubt, muss ein Anbieter aus einem engen geografischen Umfeld gewählt werden. Durch diese Bedingungen entstehen vor allem im ländlichen Bereich wieder anbieterdominierte Marktmonopole, die kaum noch die Realisierung des Wunsch- und Wahlrechts zulassen. Vor diesem Hintergrund ist es sehr wahrscheinlich, dass bei der Technikanwendung in sozialen Dienstleistungen oftmals finanzielle und qualitätsbezogene Innovationsziele gegeneinanderstehen und in Innovationsprozessen die zu erwartenden Vor- und Nachteile ausbalancieren werden müssen.

Die hier angesprochenen Ambivalenzen beziehen sich im Wesentlichen auf zwei Aspekte der technologiebasierten Innovation, die im Folgenden diskutiert werden: den Prozess der Einführung und Durchsetzung dieser Lösungen sowie die Nebeneffekte der technisierten Dienstleistungserbringung.

8.4.1 Ambivalenzen in der Einführung und Verbreitung neuer Technologien

Während Technologien zwar größere Effektivität und Qualitätsverbesserungen versprechen, ist die Einführung dieser Technologien oft beschwerlich. Ein verbreitetes Phänomen ist, dass neue Lösungen in Pilotprogrammen entwickelt und getestet werden, diese Phase aber nicht „überleben" (Heinze und Ley 2009, S. 76; Burchert 2009, S. 18; Clark und Goodwin 2010, S. 14). Das liegt in erster Linie an Kosten und Geschäftsmodellen: Die Anbieter müssen beträchtliche Investitionen für den Erwerb der neuen Technologien tätigen, die außerhalb öffentlicher

Förderprogramme oft nicht vorliegen und nicht über den Preis auf die Nutzerinnen und Nutzer oder die finanzierende Stelle umgelegt werden können. Eine schleppende Verbreitung kann auch der mangelhaften Infrastruktur in einer Region geschuldet sein. Auch sind Rahmenbedingungen und Infrastruktur von Bedeutung, die eigentlich mit sozialen Dienstleistungen wenig zu tun haben: Für telebetreuerische und telemedizinische Anwendungen ist ein schneller Internetzugang essentiell, um den Anbieter mit dem Nutzer zu verbinden. Solche Infrastrukturen sind jedoch, insbesondere in ländlichen Gegenden, nicht immer oder nur unzureichend vorhanden. Tatsächlich ist der Unterschied in der Infrastrukturausstattung zwischen ländlichen und urbanen Gegenden in vielen europäischen Ländern sehr ausgeprägt, und auch innerhalb von Städten sind die Wohngegenden oft sehr unterschiedlich zum Beispiel mit Glasfasernetzen ausgestattet.

Auch ein Mangel an Kompatibilität kann die Verbreitung von Technologien einschränken. Mangelnde Kompatibilität kann Probleme zwischen unterschiedlichen telemedizinischen Lösungen aufwerfen. Zudem kommen Staaten, Gemeinden und sogar Dienstleistungsanbieter zu einer unterschiedlichen Bewertung im Hinblick auf den Nutzen der jeweiligen Technologie. Während z. B. der Einsatz von Robotik im Pflegebereich in manchen Ländern auf positive Resonanz stoßen kann, muss dies andernorts (aus kulturellen, politischen oder anderen Gründen) noch lange nicht der Fall sein. Ein wichtiger Punkt sind zudem Fähigkeiten, Kenntnisse und das Selbstverständnis der Fachkräfte, die sich an die veränderte Situation anpassen müssen und für die ein kontinuierlicher Weiterbildungsbedarf entsteht (Laino und Sütó 2013, S. 8). Und schließlich können auch Nutzer ablehnend auf neue Technologien reagieren, insbesondere wenn sie mit bisherigen Angeboten zufrieden waren und keine Verbesserung durch die Veränderungen sehen (Pesce und Ispano 2013, S. 17).

8.4.2 Ambivalente Nebeneffekte der Technisierung

Nebeneffekte der Technisierung ergeben sich vor allem im Zusammenhang mit dem veränderten Zugang, mit Fragen der Sicherheit und Risiken durch Technikversagen, sowie mit Blick auf die sich verändernde Beziehung zwischen Fachkräften und NutzerInnen.

Gerade die rasante Entwicklung von E-Government und E-Health-Dienstleistungen wirft zwangsläufig Fragen nach gleichberechtigtem Zugang auf (West und Miller 2006). Die Nutzung von webbasierten Dienstleistungen könnte zur Ausgrenzung einiger Gruppen führen, vor allem derjenigen Bevölkerungsgruppen, die Gesundheits- und Wohlfahrtsdienstleistungen am dringendsten benötigen und typischerweise nur beschränkten Zugang zu Informations- und Kommunikations-technologien haben (vgl. Preiß 2011). Ältere Menschen etwa haben (zumindest bislang) weniger Erfahrung mit Computertechnologien und besitzen oft keinen Internetanschluss, sodass sie nur schwer E-Dienstleistungen in Anspruch nehmen können. Gleiches gilt oft für Menschen mit Behinderung, etwa bei Blindheit, aber auch andere Gruppen haben aufgrund sprachlicher Barrieren oder Armut keinen oder nur erschwert Zugang zu solch neuen Dienstleistungen. Diese Entwicklung im Bereich von Informations- und Kommunikationstechnologie wird als „digital divide" bezeichnet und findet zunehmend auch Beachtung in der internationalen Sozialarbeitswissenschaft (Steyaert und Gould 2009; Chi Yee et al. 2009; West und Miller 2006).

Während IKTs und andere Technologien die Teilhabe und die Transparenz erhöhen und die Nutzer auf vielfältige Weise stärken und befähigen, wirft die Nutzung von IKTs auch Sicherheitsfragen auf. So führte etwa die Einführung der elektronischen Gesundheitskarte in Deutschland zu einer Debatte über die Frage, wer Zugang zu den Patientendaten hat und wie diese geschützt werden können (Sunyaev et al. 2010). Ein hoher Grad an Datensensibilität ist charakteristisch für soziale Dienstleistungen und der Schutz und die Verwendung der Daten daher von großer Bedeutung. In diesem Zusammenhang ist auch das Risiko von Technikver-sagen zu nennen. Alternative Lösungen müssen vorhanden und verfügbar sein, falls Technologien nicht oder nur mangelhaft funktionieren (Pesce und Ispano 2013, S. 17–18). So gut und hilfreich der Einsatz von Technik auch sein mag, bedarf die Umstellung auf Technikunterstützung für diese Fälle auch der Aufrechterhaltung bereits existierender oder anderer nicht technisierter Dienstleistungslösungen. Das kann allerdings die Kosten erhöhen und Einsparungseffekte mindern. Anderer-seits können neue Technologien die Zusammenarbeit zwischen unterschiedlichen Dienstleistungsfeldern vereinfachen und so Synergien erschließen. Professionelle Pflegekräfte können neue telemedizinische und telebetreuerische Anwendungen zum Austausch von Patienteninformationen nutzen (Crepaldi et al. 2012, S. 68). Beispiele für integrative Pflegepraktiken in Europa sind „MedCom" in Dänemark oder das „Wiesbadener Netzwerk für geriatrische Rehabilitation GeReNet.Wi" in Deutschland. Beide verwenden standardisierte Kommunikationsprotokolle und Formatvorlagen (Crepaldi et al. 2012, S. 83). Durch den Einsatz von Technologien können back-office Prozesse neu organisiert oder rationalisiert werden. Obwohl durch Informations- und Kommunikationstechnologien die Kommunikation ver-einfacht und beschleunigt werden kann, werden innerhalb der Forschung auch Stimmen laut, die den Mangel an personalisierter und gezielter Pflege, auch im Hinblick auf Genderfragen, anprangern (Schmidt und Petersen 2003). Auch die zunehmende Bürokratisierung, die aus der Einführung neuer Informations- und

Kommunikationstechnologien und dem Zwang zur Datenspeicherung resultieren kann (Hamran 1996), wird kritisiert, da die Zeit, die nun im Büro vor dem Computer verbracht wird, nicht für die Pflege und Betreuung der Nutzer verfügbar ist. In diesem Kontext ist auch zu nennen, dass technisierte Lösungen die soziale Isolation der Nutzer verschärfen können (Mollenkopf 2011).

Aus diesen Ambivalenzen ergibt sich die Notwendigkeit, an einer der Technisierung angemessenen Regulierung und entsprechenden Rahmenbedingungen zu arbeiten – nicht zuletzt, weil es um Menschen geht, die zu den verwundbarsten der Gesellschaft gehören und deren Einfluss auf die für sie oft lebensbestimmende Dienstleistungsgestaltung eher gering ist. Weitere Forschung ist zudem nötig, um zu erörtern, wie man freiwillig von neuen Technologien profitieren kann, während im Versagensfall (und ohne zusätzliche Kosten für die Nutzenden) eine traditionelle Option beibehalten wird, sodass die Nutzer gewissermaßen zwischen zwei Systemen wählen können. Es geht also um Möglichkeiten von „Voice" und „Exit", insbesondere weil Technologien tief in das Leben der Menschen eingreifen können.

Zusammenfassend lässt sich festhalten, dass Innovation durch Technisierung durchaus enorme Potenziale für die Entwicklung sozialer Dienstleistungen birgt. Fallbeispiele wie *„Blue Assist/Cloudina"* (Abb. 8.1) oder *„Know Your Own Health/ Somerset Community Pain Management Service"* (Abb. 5.4) zeigen wie technische Lösungen soziale Dienstleistungen radikal verändern, aber auch einen Beitrag zur Verwirklichung von Wertvorstellungen leisten können, wie z. B. Selbstbestimmung, Transparenz, aber auch Effizienz. Die europaweite Diskussion mit relevanten Stakeholdern, Nutzern und Betroffenen hat jedoch auch eine ganze Reihe an Ambivalenzen aufgezeigt und die Notwendigkeit von klaren Standards und Prinzipien unterstrichen, an deren Formulierung auch die Nutzerseite zu beteiligen ist.

Innovationskontexte und Kontextinnovationen

Soziale Dienstleistungen sind kontextgebunden. Sie sind angewiesen auf externe Ressourcen sowie auf Regulierung und sind eingebettet in oftmals komplexe Dienstleistungsnetzwerke. Für Dienstleister oder NutzerInnen unbefriedigende Rahmenbedingungen sind auch oft Auslöser und Bezugspunkt von Innovationsprozessen. Diese Bedingungen wurden lange Zeit von nationalen Institutionen strukturiert, die weitgehend von nationalen Wohlfahrtsregimen geprägt waren. Allerdings können selbst in stark zentralisierten Staaten auch lokale und regionale Wohlfahrtskulturen zu signifikanten Variationen in der Dienstleistungserbringung führen (Kazepov 2010; siehe auch Beiträge in Kutsar und Kuronen 2015). Aktivitäten und Strategien zur Beeinflussung der Rahmenbedingungen spielen sich oft auf mehreren Ebenen ab und sind durch Innovationsallianzen verbunden. Zur Illustration seien hier die Bemühungen um die Durchsetzung des „Housing First"-Ansatzes in der Wohnungsnotfallhilfe genannt. In vielen Regionen Europas wird von zahlreichen kleinen und großen, konfessionellen und freien, staatlichen und privaten Dienstleistern seit geraumer Zeit mit diesem konzeptionellen US-Import experimentiert, angetrieben von Effektivitätsversprechen und der Unzufriedenheit mit bevormundenden Strukturen. Finanziert werden zahlreiche dieser lokalen Experimente mit Fördermitteln der EU, begleitet von regem akademischem Austausch im European Observatory on Homelessness, das vom europäischen Zusammenschluss von Dienstleistern in diesem Feld (FEANTSA) (mit EU Mitteln unterstützt) koordiniert wird. FEANTSA setzt diese Experimente und Debatten in seinen Positionspapieren und Lobby-Aktivitäten in Brüssel ein. Die EU Institutionen haben einige Anregungen von FEANTSA aufgegriffen und im Politikprozess (zum

Elektronisches Zusatzmaterial
Die Online-Version für das Kapitel (https://doi.org/10.1007/978-3-658-05122-8_9) enthält Zusatzmaterial, das berechtigten Benutzern zur Verfügung steht. Oder laden Sie sich zum Streamen der Videos die „Springer Nature More Media App" aus dem iOS- oder Android-App-Store und scannen Sie die Abbildung, die den „Play Button" enthält.

Beispiel in der Ausgestaltung von Förderrichtlinien) berücksichtigt – hier schließt sich dann der Kreis. Die Veränderung von Rahmenbedingungen (z. B. Fördermittel, rechtliche Vorgaben oder auch wirkmächtige Leitbilder), die dann wiederum innovatives Dienstleistungshandeln ermöglichen, verstehen wir als Kontextinnovation.

9.1   Sozialstaatlicher Wandel als Innovationskontext

Da soziale Dienstleistungen in die Logik und Strukturen von Wohlfahrtsstaaten eingebettet sind, spielen staatliche Organe (sei es auf nationaler, regionaler oder lokaler Ebene, sei es als staatliche Administration, als quasistaatliche Organisation oder als teilautonome Körperschaft und deren Einheiten) als Innovationskontext z. B. bei Finanzierung, Preissetzung, Qualitätskontrolle und Regulierung eine wesentliche Rolle. Der Wandel von Sozialstaatlichkeit findet daher auch eine Entsprechung in der Form der Dienstleistungserbringung. Für die zurückliegenden Jahrzehnte seit dem 2. Weltkrieg lässt sich mit Blick auf (West-)Deutschland beispielsweise ein Wandel in der Dienstleistungsgestaltung vom Korporatismus (in der Tab. 9.1. mit „korporative Sozialplanung" benannt) über das New-Public-Management (NPM – hier in der Tabelle als NPM-orientiertes Sozialmanagement) zu neueren Formen festmachen (siehe Tab. 9.1), die die organisationale Umwelt (bzw. Nutzerinnen und die Gesellschaft allgemein) stärker einbeziehen (Netzwerke und Partizipation in der Sozialraumorientierung und in der Personalisierung).

Tab. 9.1 Wandel der Organisation sozialer Dienstleistungen in (West-)Deutschland. (Quelle: eigene Darstellung © Langer/Eurich/Güntner 2018)

			Organisationale Öffnung der Dienstleistungserbringung	
	Korporative Sozialplanung	NPM-orientiertes Sozialmanagement	Personalisierung	Sozialraumorientierung
Trägerstrukturen/ Netzwerk	Subsidiarität: Arbeitsteilung aus Interessens-übereinstimmung	Auftraggeber – Auftragnehmer – Beziehung; Kontraktmanagement	Entkoppelung der Trägerkooperation, Aufgabenbeschränkung des Staates, Deregulierung der Erbringungskontexte	Schaffung lokal geschützter Verbundsysteme, Stärkung zentraler Regeleinrichtungen

Tab. 9.1 (Fortsetzung)

	Korporative Sozialplanung	NPM-orientiertes Sozialmanagement	Organisationale Öffnung der Dienstleistungserbringung	
			Personalisierung	Sozialraum-orientierung
Bedarfs-feststellung	Planung und Interessen-ausgleich	Sozialbericht-erstattung und Be-reitstellung durch Dienstleistungs-märkte	Trennung zwi-schen Planung und Erbringung	Verhandlung und Partizipa-tion als lokales Steuerungs-medium
Rahmen-finanzie-rung	Kosten-erstattung, Refinanzier-ung	Aktivierung, Rahmen- und Leistungsverträge, Finanzierungsmix	Autonomisie-rung, Entstan-dardisierung, zivilrechtl. Ver-träge im Arbeit-gebermodell	Pauschalisierte Leistungs-vergütungen in budgetähnli-chen Rahmen
Leistungs-prozesse und Quali-täts-siche-rung	Korporatisti-sche Teil-autonomie und Vertrauen	Standardisierung von Prozess-Strukturen, DL in Verfahren, Quali-tätssicherungs-systeme	Modularisierung der Leistungen, Risikoübertra-gung an Leis-tungsnehmer	Integration durch Team-strukturen, enge Koppe-lung in trägerüber-greifendem Case-Manage-ment
Ressourcen-verwen-dung	Komplex-einrichtun-gen, Institu-tionenbezug	Auslastungs-politik, Quersub-vention	Pluralisierung, Niedriglohnsek-tor, Weitergabe von Kontrolle und Qualitäts-entwicklung	Ausführung vorstrukturier-ter Produktein-heiten, Risiko-selektion
Leistungs-pluralität	Politische und lobby-bedingte Leistungs-definition	marktgängige An-gebots-Nachfrage Steuerung	Selbstbestim-mung der Nut-zerinnen	Partizipative Netzwerk-Steuerung
NutzerIn-nen	Klienten, Institut, Einpassung	„gute" und „schlechte" Kun-den	Interessenver-treter und Auf-traggeber	Ressourcen-geber und solidarische Lebensraum-gestalter

Während Sozialplanung im Rahmen korporatistischer Trägerbeziehungen eine Dominanz sozialstaatlicher Träger unterstellte, wurde später die umfassende Planung im Rahmen sozialstaatlicher Modernisierung (Neue Steuerung, NPM, Kontraktmanagement) in Systeme des Sozialmanagements überführt. Die neueren Ansätze veränderter sozialstaatlicher Steuerung sozialer Dienstleistungen entsprangen dann der Feststellung, dass durch den Governance-Modus „Sozialmanagement" wesentliche Ziele nicht erreicht werden konnten, wie z. B. verbesserte Kostenkontrolle, Effizienz, Qualitäts- und Effektivitätsgewinne oder Stärkung der Nutzerinnensouveränität. Vor diesem Hintergrund – und als Reaktion auf die Problematiken der Versäulung/Fragmentierung des Systems und anhaltender Kostensteigerungen – reagierten politische Gestaltungsakteure zunehmend mit einer stärkeren Sensibilität für das Umfeld des Dienstleisters, insbesondere für die Nutzer (Personalisierung) und andere Einrichtungen und Ressourcen im Sozialraum. Diese Kontextsensibilität wirkt sich auch auf Innovationsprozesse aus, die zunehmend nicht innerhalb einer Organisation ablaufen (können), sondern in – organisationale Grenzen überschreitenden – Allianzen (siehe Kap. 4), und dabei auch auf gesellschaftliche Akzeptanz und Unterstützung angewiesen sind.

Ein Beispiel, das diese Entwicklung gut illustriert, ist das Projekt *„Mobiler Gesundheitsdienst"*, welches vom Dänischen Zentrum gegen Menschenhandel (dem Ministerium für Chancengleichheit untergeordnet) initiiert wurde. Es zielt darauf ab, betroffene Personen zu identifizieren und ihre grundlegende medizinische

Abb. 9.1   LINK: *Mobile Sundhetstilbud* (mobiler Gesundheitsdienst) © Langer/Eurich/ Güntner 2018 (https://doi.org/10.1007/000-0nt)

Versorgung sicherzustellen. Der Weg zur Lösung des Problems wurde durch eine Gesetzesänderung in Dänemark geebnet. Es handelt sich also um eine staatliche Initiative, die als Teil eines weitreichenden Aktionsplans Menschenhandel und dessen Folgen bekämpfen soll. Durch den mobilen Gesundheitsdienst werden die betroffenen Personen (überwiegend Frauen) zuerst identifiziert und dann über die ihnen zustehenden Angebote und Möglichkeiten im Hinblick auf Gesundheitsdienstleistungen informiert; zudem kann durch den persönlichen Kontakt mit den Sozialarbeiterinnen, die die Gesundheitsdienstleistung begleiten, ein Vertrauensverhältnis aufgebaut werden. Durch die Mobilität der Dienstleistung – die Betroffenen werden an ihren Arbeitsplätzen aufgesucht – wird sichergestellt, dass möglichst viele Personen erreicht werden.

9.2 Kontextinnovation durch Sozial- und Dienstleistungspolitik

Eine enge Verbindung von innovativem Dienstleistungshandeln mit Kampagnen und Strategien zur Veränderung der Rahmenbedingungen ist für soziale Dienstleistungen prägend (Güntner und Langer 2013). Besonders nuanciert zeigen sich derartige Aktivitäten in Dienstleistungen von und für Menschen mit Behinderung. Am Beispiel des „Center for Independent Living" in Serbien lässt sich dies gut illustrieren. Durch CIL wurde in Serbien ein System der Qualifikation und Bedarfsdeckung an Assistenzkräften für Menschen mit Behinderung erstellt. Die Beratung durch CIL mündete aber nicht nur in der Gestaltung von Dienstleistungszentren, sondern reicht bis in die Gesetzgebung auf nationaler Ebene und die Gestaltung rechtlicher und administrativer Rahmenbedingungen auf kommunaler/lokaler Ebene. Grundvoraussetzung für diese politische Strategie war jedoch die Not- und Mangelsituation in Serbien, dass nämlich, im Gegensatz zu vielen anderen europäischen Staaten, noch keine Regelungen für die Unterstützung von Menschen mit Behinderungen institutionalisiert waren.

Das Beispiel „CIL Serbien" zeigt auch, wie verschiedene Steuerungsebenen ineinandergreifen und wie Partizipation und Beteiligung durch die Selbstorganisation immer wieder neu realisiert wird (Abb. 7.5). Es wird außerdem deutlich, dass ein solcher Prozess wohl nur in einem Wohlfahrtsstaat denkbar ist, der sich stark im Wandel befindet und in dem es große ungenutzte Gestaltungsspielräume gibt. Die in diesem Fall umgesetzten Prinzipien von Selbstbestimmung, Assistenz und Personalisierung sind in der UN Behindertenrechtskonvention (UN-BRK) verankert, an deren Entstehung und Formulierung Vertreter der Behindertenbewegung beteiligt waren und deren Umsetzung im Detail von den jeweiligen wohlfahrtsstaatlichen Strukturen eines Landes bestimmt wird (vgl. Arnadóttir und Quinn 2009). Geht es darum, neue Formen der Dienstleistungen zu etablieren, spielen auf mehreren Ebenen die öffentliche Meinung, die Kultur bezüglich spezifischer Bedarfe, aber auch die gesellschaftliche Konstruktion von sozialen Problemen, eine entscheidende Rolle.

Der Aspekt der Beeinflussung öffentlicher Meinung und Rahmenbedingungen lässt sich gut an der Versorgung von Roma-Familien in Ungarn zeigen. Das Projekt „Real Pearl" wurde im Jahr 2000 gegründet und bietet Kindern aus Roma-Familien ein besonderes Bildungsangebot. Dieses beinhaltet vor allem Kunsterziehung in den Bereichen bildender und angewandter Kunst, Tanz, Design und Kunsthandwerk. Der zugrunde liegende Bildungsansatz ist integrativ und kinderzentriert, sodass die individuellen Talente der Schülerinnen und Schüler entdeckt werden können und ein besonderer Fokus auf die Persönlichkeitsentwicklung gelegt werden kann. Diese Leistung ist jedoch nur ein Aspekt des Projekts. Eine zweite, eher schwer zu erkennende Facette ist die Bearbeitung einer konflikthaften und mit Vorurteilen besetzten Beziehung zwischen kommunaler Verwaltung und der Roma-Minderheit. Dazu kommen extrem erschwerende Rahmenbedingungen besonders in ländlichen Gegenden Ungarns, wo aufgrund der dramatischen wirtschaftlichen Situation und Armut ethnische und soziale Konflikte dauerhaft schwelen und sich nicht selten in Form von Kriminalität und Gewalt entladen. Die Zusammenarbeit innerhalb des Projekts fördert zudem den Zusammenhalt in der Gemeinde. „Real

Abb. 9.2   LINK: Das Projekt *Real Pearl* © Langer/Eurich/Güntner 2018 (https://doi.org/10.1007/000-0ns)

Pearl" setzt somit da an, wo die Zusammenarbeit zwischen Kommunalverwaltung und der Roma-Bevölkerung bisher meistens gescheitert war.

Am Beispiel des Bedarfs älterer Menschen kann die Verbindung aus Öffentlichkeitsarbeit, De-Stigmatisierung, Akzeptanzbildung und Kontextinnovation gut gezeigt werden. Hier lässt sich einerseits das Projekt *„La Santé Communitaire Seclin"* nennen und andererseits soziale Dienstleistungen für von Demenz betroffenen Personen und deren Angehörigen.

Als erstes sollen diese Elemente näher am Beispiel *„La Santé Communitaire Seclin"* (Abb. 9.3) illustriert werden. Dieses Innovationsbeispiel ist ein gemeinschaftsgetragenes Projekt der Gesundheitsförderung, das durch Theaterspielen auf Probleme und Lösungsansätze im Bereich Gesundheit aufmerksam macht. Obwohl das Hauptziel in der Verbesserung der Gesundheit der Teilnehmenden besteht, sowie die Stärkung ihres Selbstvertrauens und Selbstwertgefühls, zielt das Projekt ebenso auf die Verbesserung gesundheitsbezogenen Wissens der weiteren lokalen Öffentlichkeit. Erreicht werden soll dies einerseits durch Theaterspielen unter der Leitung einer Schauspielerin, die in gewaltfreier Kommunikation ausgebildet ist. Andererseits ist die Community-Health-Maßnahme Teil einer kommunalen Initiative zur Steigerung des Wohlergehens der Bevölkerung, die sowohl Angestellte der Kommune, ExpertInnen aus dem Gesundheitswesen und dem Bereich sozialer Dienstleistungen sowie die Bewohnerschaft einer Gemeinde oder eines Quartiers

Abb. 9.3 LINK: Kontextinnovation in der Fallstudie *La Santé Communitaire Seclin*
© Langer/Eurich/Güntner 2018 (https://doi.org/10.1007/000-0nv)

einbindet. Der Aspekt der Kontextinnovation wird durch öffentlichkeitswirksame Elemente gestärkt und realisiert, da die in den Workshops erarbeiteten Theaterstücke zum Thema Gesundheit und Selbstwertgefühl an öffentlichen Plätzen vorgestellt werden. Auf diese Weise wird z. B. die Aufmerksamkeit von Politikern gezielt auf bestimmte bisher unbefriedigte Bedarfe und Probleme gelenkt, die sonst unbemerkt geblieben wären. Dazu trägt auch die netzwerkartige Organisationsform bei.

Insbesondere der Aspekt der De-Stigmatisierung, Akzeptanzbildung in Bezug auf Kontextinnovation lässt sich am Beispiel von Demenz betroffenen Personen und deren Angehörigen zeigen. Wie Frewer-Graumann (2014) nachweist, fokussieren die öffentliche Wahrnehmung wie auch der Fachdiskurs auf stigmatisierende Weise auf Probleme und Defizite der betroffenen Menschen – mit der Folge, dass Zugänge zu Unterstützung- und Hilfeleistungen erschwert werden und aus Gründen der Tabuisierung Menschen verschärfte Exklusionserfahrungen machen müssen. Um Unterstützungsarrangements tragfähig zu machen und Hauptbezugspersonen von demenziell erkrankten Personen mehr Handlungsspielräume zu eröffnen, sind daher diese Diskurse zu adressieren, sodass die dominante Deutung als „Problem" durch eine Anerkennung als „Phänomen" rekontextualisiert wird (Frewer-Graumann 2014, S. 188). Dazu müssen biomedizinische Erkenntnisse um sozialpsychologische und sozialpädagogische Beiträge ergänzt werden. So könnte eine Sensibilität für veränderte Rahmenbedingungen entstehen, die auf die Bedürfnisse der Hauptbezugspersonen eingeht, bspw. durch die Anerkennung der Pflegeleistungen (der Angehörigen) und durch eine bessere Balance zwischen „Fremdfürsorge" und „Selbstfürsorge" (vgl. Frewer-Graumann 2014, S. 187 ff.). Auch Maaßen plädiert für eine „Sensibilisierung der Öffentlichkeit für die Lage der Angehörigen", um diese wieder „'in die Mitte der Gesellschaft zu holen'" (Maaßen 2014, S. 74). Denn Vorurteile gegenüber erkrankten Personen und ihren Familienangehörigen führen zu zusätzliche Belastungen für die Betroffenen (vgl. u. a. Jansen 2010, S. 13). Schaaf und Namslau führen aus: „Außerdem ist es vielen Angehörigen peinlich, wenn sich die Menschen mit Demenz in der Öffentlichkeit unangemessen verhalten" (Schaaf und Namslau 2014, S. 64). Die Betonung der (Un-)Angemessenheit weist darauf hin, dass die Angehörigen Stigmatisierung wahrnehmen. Die öffentliche Sensibilisierung für demenzielle Erkrankungen und einhergehende Verhaltensweisen u. a. durch breitgefächerte Informationsangebote, könnte die empfundene Akzeptanz der Betroffenen erhöhen und damit die subjektive Belastung, bspw. aufgrund von Schamgefühlen, reduzieren.

Ein auf Kontextinnovation zielender Ansatz im Umgang mit Demenz ist die Initiative „Demenzfreundliche Kommune", die von der Aktion Demenz e.V. und der Robert-Bosch-Stiftung unterstützt wird (Wißmann et al. 2008, S. 146 ff.;

Frewer-Graumann 2014, S. 22). Im Mittelpunkt stehen nicht normative Vorschläge, sondern vielmehr die Auseinandersetzungsprozesse aller Akteure, Bürgerinnen und Bürger sowie der Betroffenen vor Ort – letztlich geht es um die Umgestaltung des Gemeinwesens, um ein „demenzfreundliches Umfeld" zu schaffen, in dem Teilhabe ermöglicht wird. Die Auseinandersetzung mit dem Thema Demenz soll zu Offenheit, Toleranz und Unterstützung beitragen.

Die Initiative greift auf eine Definition von Teilhabe als das Gemeinwesen verpflichtendes Menschenrecht zurück, wie sie in der UN-Behindertenrechtskonvention formuliert ist und wendet diese analog auf Demenz an: „Behindert sein" wird nicht als Eigenschaft eines Menschen, sondern als ein Phänomen gesehen, das sich aus der Wechselwirkung zwischen individueller Funktionseinschränkung sowie einstellungs- und umweltbedingten Barrieren ergibt (vgl. Eurich 2008, S. 223). „Behindert" sind Betroffene erst, wenn sie auf Barrieren stoßen, die sie an der gleichberechtigten Teilhabe am gesellschaftlichen Leben behindern. Daher, so die Leitidee der Initiative, wird eine Kultur des Helfens, eine „Barrierefreiheit in den Köpfen" benötigt. Betont wird entsprechend auch die soziale und gesellschaftliche Konstruktion von Demenz, weshalb der Abbau von Stigmatisierung und die Sensibilisierung für das Thema und die Lebenswelt der Betroffenen relevante Voraussetzung für die Gestaltung einer demenzfreundlichen Kommune darstellen.

Neben der medizinischen und pflegerischen Unterstützung der Menschen mit Demenz und ihrer Angehörigen wird die Begegnung in Form einer „beiläufigen gegenseitigen Unterstützung" und Sorge des (indirekten) sozialen Umfeldes, „nicht in Form paternalistischer Fürsorge, aber in der eines sich selbstverständlichen Kümmerns" (vgl. Aktion Demenz e.V. o.J.) in den Vordergrund gestellt. Denn eine Möglichkeit, dem defizitären Bild von demenziell veränderten Menschen als Objekte von Versorgungshandlungen ein anderes, umfassenderes Bild vom Menschen mit Demenz entgegenzusetzen, stellt die persönliche Begegnung dar (Wißmann 2010, S. 345).

Ein Beispiel für eine Kontextinnovation aus dem Bereich der Altenpflege ist auch das Projekt „*Ammerudhjemmet*" (Abb. 5.2). In diesem Fall hat sich ein Pflegeheim so geöffnet, dass aus dem Ort der Pflege ein Ort für gemeinschaftliche Aktivitäten wurde. Dabei ging es neben der Nutzerorientierung um die Beeinflussung der lokalen öffentlichen Meinung, um so einerseits das „Person-Sein" der demenziell erkrankten Menschen zu erhalten bzw. zu fördern und soziale Teilhabe der Betroffenen zu ermöglichen.

An dieser Stelle kann zur Verdeutlichung der Kontextinnovation nochmals auf einen Aspekt des Projektes „*Irre menschlich Hamburg e.V.*" verwiesen werden (Abb. 7.4). Der Verein Irre menschlich e.V. hat es sich zur Aufgabe gemacht, Öffentlichkeitsarbeit zu allen Aspekten der seelischen Gesundheit zu leisten. Das

Ziel ist also die Veränderung der Definition psychischer Erkrankung, ihrer Diagnose und der Behandlungsplanung, die Förderung von Chancengleichheit Empowerment, Entstigmatisierung und Nichtdiskriminierung. Durch die Organisation von Informations-, Begegnungs-, Präventions- und Fortbildungsprojekten wird Toleranz und der Abbau von Vorurteilen gegenüber psychisch Erkrankten gefördert und schlussendlich Inklusion, Respekt und Partizipation vorangetrieben (siehe auch Abschn. 7.4).

9.3   Innovation zwischen Projektifizierung, Standardisierung und Differenzierung

Die sozialstaatliche Einbettung von sozialen Dienstleistungen gleicht einem innovationsförderlichen Paradoxon. Einerseits müssen sich Dienstleistungen an Rahmenbedingungen wie z. B. eine zunehmend wettbewerbsorientierte Politikgestaltung anpassen, auf der anderen Seite erfordern ebendiese Strukturen permanente Neuerungen. Zwei Prinzipien, die dieses Spannungsfeld veranschaulichen, sind De-Institutionalisierung und Sozialraumorientierung. Sie sind inzwischen in nationalen und internationalen Konventionen festgeschrieben und haben als effizienzversprechende Qualitätsmerkmale Einzug in die öffentliche Vergabepraxis gehalten, erfordern aber systematisch auf den Einzelfall (oder Sozialraum) zugeschnittene Lösungen. Auf den ersten Blick verbietet sich dabei zwar eine standardisierte Konfektionierung, jedoch sind auch hier inzwischen Modelle entstanden, die viele Vergabestellen überzeugen und als „Good Practice" das Dienstleistungshandeln europaweit und sogar international orientieren. Auch greifen viele Kommunen und Träger angesichts angespannter Sozialhaushalte auf Sonderförderungen wie z. B. durch den Europäischen Sozialfond zurück. Die so erbrachten Dienstleistungen kommen im Gewand von Projekten mit zumindest potenziell problematischen Nebenwirkungen daher: Einerseits ist über Projekte und die ihnen eigene Außergewöhnlichkeit Innovationshandeln zwar quasi Programm. Andererseits unterminiert die Projektlogik aber Qualitätsprinzipien von Dienstleistungshandeln, insbesondere den Aufbau verlässlicher Beziehungen (vgl. Ausschuss für Sozialschutz 2010, S. 6).

Zusammenfassende Einschätzung und Ausblick 10

Über die EU Forschungsplattform INNOSERV konnten Einblicke in das Innovationshandeln in sozialen Dienstleistungen gewonnen werden, die vor allem die Komplexität dieses Handelns sichtbar machen. Innovation ist in jedem der analysierten Fälle ein von zahlreichen Faktoren geprägter und letztlich sehr individuell verlaufender Prozess. In der Durchsetzung von neuen oder veränderten Elementen mögen zwar in dem einen oder anderen Fall Zufälligkeiten und Überraschungen eine Rolle spielen, aber immer sind sog. „Change Agents" am Werk. Die BefürworterInnen einer neuen Idee finden sich mit anderen zusammen, um absichtsvoll oftmals risikoreiche Veränderungen zu initiieren und durchzusetzen. Zusammensetzung und Zielsetzung dieser Allianzen scheinen einer gewissen Logik zu folgen. Wo NutzerInnen und Fachkräfte die Initiative ergreifen, stehen Fragen der Autonomiegewinnung und Ermächtigung im Mittelpunkt, das gilt im konkreten Fall einer Dienstleistung aber auch auf einer allgemeinen Ebene für soziale Bewegungen; wenn sich die Management- und Regulierungsebene für Veränderung stark macht, stehen hingegen eher Effizienzerwartungen im Mittelpunkt. Wo sich diese auf den ersten Blick divergierenden Interessen treffen, ist Raum für nachhaltige Veränderung und Dienstleistungsentwicklung gegeben. Das wird besonders im schillernden Ansatz der Nutzerorientierung deutlich.

Innovationsförderliche Kontexte sind somit dann gegeben, wenn „Change Agents" Anlässe, Raum und Gelegenheit haben, Allianzen und Risiken einzugehen. Dazu gehört auch eine gewisse Sicherheit. Insofern können Rahmenbedingungen, die Innovation geradezu erzwingen, wie etwa die zunehmende Projektifizierung der Dienstleistungslandschaft, paradoxerweise kontraproduktiv wirken: Innovationshandeln kann sich auch erschöpfen. Denn zur Innovation gehört per Definitionem

auch die Diffusion in dauerhafte Handlungsmuster; wenn diese sich nicht entwickeln und neue Routinen nicht etabliert werden können, laufen Neuerungen ins
Leere und die aufgebrachte Energie verpufft. Das gilt insbesondere auch für soziale
Dienstleistungen, für die ja Verlässlichkeit und Vertrauen wesentliche Gelingensbedingungen darstellen.

Teil II

Fallstudien

Fallstudien und Visual Essays 11

Einleitung

Die hier vorgestellten Fallstudien beruhen auf sog. „Theoretically Informed Case Studies", die über die INNOSERV Plattform erstellt und veröffentlicht wurden (Langer et al. 2013). Neben der Auswertung von Dokumenten wurden die Organisationen und Projekte auch jeweils von einem Team des INNOSERV Konsortiums besucht, die so erhobenen qualitativen Informationen gingen in die Darstellungen ein. Die 2013 zusammengestellten Informationen wurden neu aufbereitet und dabei grundlegend überarbeitet und aktualisiert. Die hier präsentierten Fassungen sind zudem kürzer, prononcierter und beschränken sich auf Informationen, die dem Verständnis der Innovationsprozesse dienen.[1]

Die Fallstudien führen jeweils zunächst in die jeweilige Praxis in ihrem organisationalen und sozialstaatlichen Kontext ein. Der Fokus liegt dann auf dem Dienstleistungshandeln. Herausgestellt wird, wie und mit welchem Ziel dort Neuerungen oder Veränderungen initiiert wurden und wie sich diese Änderungen auf die Dienstleistungsgestaltung auswirken.

Für jeden Fall wurde eine Grafik erstellt, die auf dem in der INNOSERV Plattform entwickelten Innovationsmodell basiert und die entscheidenden Faktoren im Innovationsprozess abbildet (siehe Abb. 11.1).

---

[1] Den sozialstatistischen Angaben in den Fallstudien liegen Daten des statistischen Amts der Europäischen Union (EUROSTAT) zugrunde, insbesondere die Statistik über Einkommen, soziale Eingliederung und Lebensbedingungen, die Sozialschutzstatistik und die Gesundheitsstatistik. Für alle Fallstudien werden Bevölkerung, Armutsgefährdungsquote und der weiter gefasste EU 2020 Indikator zu Menschen, die von Armut und Ausgrenzung bedroht sind, sowie die Sozialschutzquote angegeben. Der thematischen Ausrichtung der jeweiligen Fallstudie entsprechend werden weitere Indikatoren hinzugezogen. Die Quellen der ergänzenden, nicht über EUROSTAT erhobenen Daten, z. B. über nationale Statistikämter, sind jeweils in Fußnoten benannt.

© Springer Fachmedien Wiesbaden GmbH, ein Teil von Springer Nature 2018   101
A. Langer et al., *Innovation Sozialer Dienstleistungen*,
https://doi.org/10.1007/978-3-658-05122-8_11

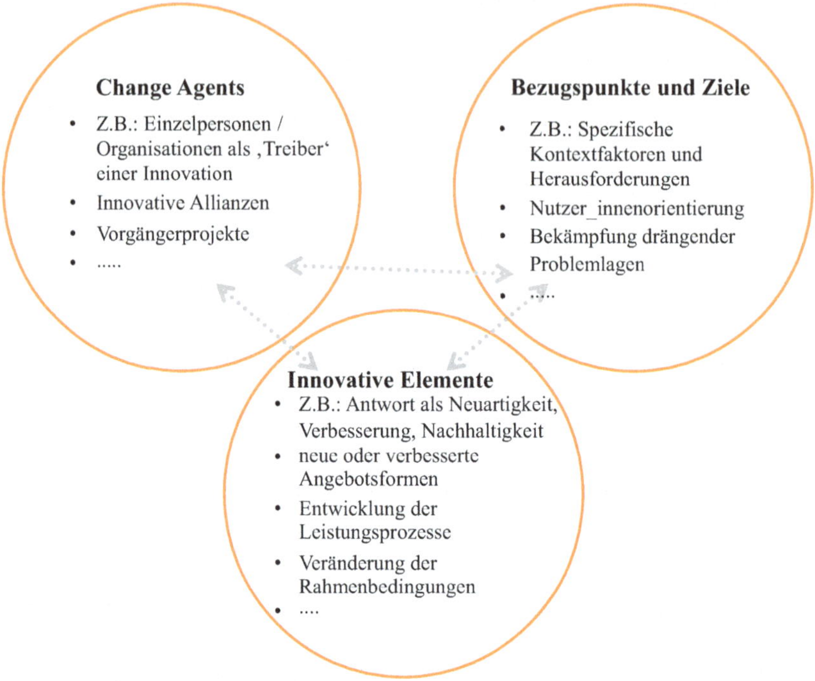

Change Agents

- Z.B.: Einzelpersonen /
  Organisationen als ‚Treiber'
  einer Innovation
- Innovative Allianzen
- Vorgängerprojekte
- .....

Bezugspunkte und Ziele

- Z.B.: Spezifische
  Kontextfaktoren und
  Herausforderungen
- Nutzer_innenorientierung
- Bekämpfung drängender
  Problemlagen
- .....

Innovative Elemente

- Z.B.: Antwort als Neuartigkeit,
  Verbesserung, Nachhaltigkeit
- neue oder verbesserte
  Angebotsformen
- Entwicklung der
  Leistungsprozesse
- Veränderung der
  Rahmenbedingungen
- ....

Abb. 11.1   Grundmodell der Innovationen in sozialen Dienstleitungen © Langer/Eurich/
Güntner 2018

Jede Fallstudie wird zudem um einen „Visual Essay" ergänzt (Szikra und
Kiss 2013). Die Frage nach der innovativen Idee und deren Umsetzung wird in
kurzen Filmen von vier bis sechs Minuten Länge behandelt. Der visuelle Essay
ist eine Form, soziologische Erkenntnisse, die entweder mit traditionellen sozialwissenschaftlichen Methoden oder aber auch durch visuelle Forschung gewonnen
werden konnten, zu präsentieren (Pauwels 1993, 2015). Wurden wissenschaftliche Erkenntnisse bisher hauptsächlich in reiner Textform in Fachjournalen einer
limitierten akademischen Öffentlichkeit vorgestellt, bietet der visuelle Essay die
Möglichkeit, die Verbreitung wissenschaftlich generierter Erkenntnisse zu demo-
kratisieren und sie einer breiten und vor allem auch nicht-akademisch vorgebil-
deten Öffentlichkeit zugängig zu machen. Im Rahmen der INNOSERV Plattform
wurden die Essays u. a. eingesetzt, um in Stakeholder-Gesprächen spezifische
Aspekte des Innovationshandelns zu erörtern. Sie sind auch in anderen Kontexten,

wie etwa Seminaren und Diskussionsveranstaltungen geeignet, um Einblicke in Innovationshandeln zu geben. Wie auch die schriftlichen Fallstudien, zeichnen die Filmsequenzen kein umfassendes Bild einer Dienstleistung, sondern konzentrieren sich jeweils auf deren innovative Elemente. Die „Visual Essays" wurden von Zoe Catsaras und Dirk Gebhardt erstellt.

Um einen möglichen „Quereinstieg" in dieses Buch zu erleichtern, werden alle Fallstudien an dieser Stelle nochmals kurz in tabellarischer Form vorgestellt. Die Fallstudien sind hier alphanummerisch geordnet, die letzte Spalte zeigt jeweils den Hyperlink, über den auf das jeweils dazugehörige *Visual Essay* zugegriffen werden kann. Zudem wird bei jeder Fallstudie ebenso eine Verlinkung zum Film gesetzt. Die Abbildungsnummerierung orientiert sich aufgrund technischer Umsetzungsbedingungen an der Referenz auf Fallstudien im Fließtext, deswegen kann hier keine – an den Kapitelüberschriften orientierte – Nummerierung realisiert werden.

Tab. 11.1 Fallstudien und Visual Essays zur Illustration und Vertiefung sozialer Dienstleistungsinnovation © Langer/Eurich/Güntner 2018. (Quelle: eigene Zusammenstellung © Langer/Eurich/Güntner 2018)

Fallstudie	Kurzbeschreibung	Link
Abitare Solidale	Das Wohnprojekt „Abitare Solidale" verbindet erschwinglichen und zugänglichen Wohnraum mit nachbarschaftlicher Hilfe, indem v. a. ältere Menschen, die Hilfe bei der Haushaltsführung benötigen, aber finanziell abgesichert sind, mit Menschen in wirtschaftlich schwierigen Situationen oder sogar finanziellen Notlagen auf der Suche nach bezahlbarem und angemessenem Wohnraum zusammengebracht werden.	https://doi.org/10.1007/000-0na
Ammerudhjemmet	Als „offenes Pflegeheim" bietet das von der kirchlichen Stadtmission Oslo betriebene Heim Dienstleistungen auch für die umliegende Nachbarschaft und wird so zu einem Treffpunkt für Menschen aus unterschiedlichen Generationen und mit unterschiedlichen Bedarfen.	https://doi.org/10.1007/000-0nb
Blue Assist/Cloudina	Blue Assist ist eine Smartphone Anwendung, die in Verbindung mit der App „Cloudina" Menschen mit kognitiven Einschränkungen ermöglicht, ihre Mitmenschen in schwierigen Alltagssituationen schnell und einfach um Hilfe zu bitten. Damit eröffnen sich neue Formen gesellschaftlicher Teilhabe und unabhängigen Lebens.	https://doi.org/10.1007/000-0nr

Tab. 11.1 (Fortsetzung)

Fallstudie	Kurzbeschreibung	Link
Center for Independent Living (CIL) Serbien	Das *CIL Serbien* organisiert Kampagnen und Öffentlichkeitsarbeit für unabhängiges Leben verbunden mit Kapazitätsentwicklung für persönliche Assistenz (PA) von Menschen mit Behinderung.	https://doi.org/10.1007/000-0np
Dänisches Zentrum gegen Menschenhandel/Mobile Sundhetstilbud	Das *Dänische Zentrum gegen Menschenhandel (Center mod Menneskehandel)* bietet eine mobile Gesundheitsberatung und -versorgung in Verbindung mit aufsuchender Sozialarbeit für Frauen ohne Papiere an, die in der Sexarbeit tätig sind.	https://doi.org/10.1007/000-0nt
ESD – Stroke Care/Early Supported Discharge	Das Projekt *Stroke Care/Early Supported Discharge* ermöglicht eine patientengesteuerte Betreuung und Pflege von Schlaganfallpatienten in deren Zuhause.	https://doi.org/10.1007/000-0ng

Tab. 11.1 (Fortsetzung)

Fallstudie	Kurzbeschreibung	Link
ELTERN-AG	Die *ELTERN-AG* bietet einen Raum für Eltern, die sich in belastenden Lebenslagen befinden und durch konventionelle Hilfsangebote nur schwer oder überhaupt nicht erreicht werden. In einem Peer-to-Peer-Coaching in Erziehungsfragen werden auf die soziale Herkunft zurückzuführende Ungleichbehandlungen frühzeitig bekämpft und so die Chancengleichheit gefördert.	https://doi.org/10.1007/000-0nn
European Care Certificate (ECC)	Das *ECC-Zertifikat (European Care Certificate)* ist eine Qualifizierungsbescheinigung für den pflegenahen Sozialbetreuungsbereich, die in 16 EU-Ländern erworben werden kann. Das Zertifikat umfasst einen Katalog aus Qualifikationen und Kenntnissen, die einen europäischen Standard für die Betreuung darstellen.	https://doi.org/10.1007/000-0nq
GPE Mainz	Die *Gesellschaft für psychosoziale Einrichtungen (GPE)* bietet Menschen mit Behinderungen und psychischen Erkrankungen passgenaue Hilfen zur beruflichen und sozialen Integration in die Gesellschaft. Begleitete Arbeitsplätze werden gemeindenah zur Verfügung gestellt.	https://doi.org/10.1007/000-0nc

Tab. 11.1 (Fortsetzung)

Fallstudie	Kurzbeschreibung	Link
Humanitas Thuis administratie	Das Programm Humanitas „Thuisadministratie" zur Unterstützung und Beratung bei Finanz- und Haushaltsangelegenheiten zielt auf die Vermeidung von Schulden und zur Förderung von sozialer Integration. Vermittelt über die Organisation Humanitas bieten ehrenamtliche Kräfte diese Dienstleistung an und schließen damit eine Lücke im Bereich der professionellen Schuldnerberatung.	https://doi.org/10.1007/000-0nf
Irre menschlich Hamburg e. V.	Der Verein „Irre menschlich Hamburg e. V." führt Kampagnen und Projekte zur interaktiven Wissensvermittlung über psychische Erkrankungen durch. Ein zentrales Konzept ist der „Trialog", in dem sich Betroffene, Angehörige und Fachkräfte austauschen.	https://doi.org/10.1007/000-0nj
Môm'Artre	Das Sozialunternehmen Môm'Artre bietet außerschulische Kinderbetreuung für Eltern mit schwierigen Arbeitszeiten, insbesondere Alleinerziehende, an und schafft damit auch Arbeitsplätze und Einsatzmöglichkeiten für Kunstschaffende.	https://doi.org/10.1007/000-0ne

Tab. 11.1 (Fortsetzung)

Fallstudie	Kurzbeschreibung	Link
Nueva	*Nueva* bildet Menschen mit Behinderung dazu aus, andere behinderte Menschen zu befragen, wie sie die Qualität ihrer Pflege- und Arbeitsumgebung bewerten. Die Evaluationen werden auf der Grundlage von Peer-to-Peer-Interviews durchgeführt. Die Qualität der Evaluation ist folglich hochgradig inklusiv und stellt die Nutzer in den Mittelpunkt.	https://doi.org/10.1007/000-0nh
Place de Bleu	*Place de Bleu* ist eine Nähwerkstatt, die am Arbeitsmarkt marginalisierten Einwandererinnen Ausbildungs- und Arbeitsplätze anbietet. Die interkulturelle Zusammensetzung der Belegschaft findet sich auch im Design wieder. Als Sozialunternehmen werden die mit den Produkten erzielten Gewinne wieder in die Ausbildung investiert.	https://doi.org/10.1007/000-0nk
Real Pearl	Die Stiftung *Real Pearl* zielt auf Armutsbekämpfung durch Kunsterziehung von Kindern in einer peripheren ländlichen Region in Verbindung mit Elternarbeit und deren Einbindung in Produktion und Vertrieb handwerklicher Produkte.	https://doi.org/10.1007/000-0ns

Tab. 11.1 (Fortsetzung)

Fallstudie	Kurzbeschreibung	Link
La Santé Communitaire Seclin	*La Santé Communitaire Seclin* ist ein gemeinschaftsgetragenes Projekt der Gesundheitsförderung, das durch Theaterspielen auf Probleme und Lösungsansätze im Bereich Gesundheit aufmerksam macht.	https://doi.org/10.1007/000-0nv
Somerset Community Pain Management Service/Know Your Own Health	*Der Somerset Community Pain Management Service* bietet in Kooperation mit dem Sozialunternehmen „Know Your Own Health" ein Online-Tool zum Selbstmanagement von SchmerzpatientInnen an, um ihre Unabhängigkeit zu stärken und ihre Lebensqualität und Gesundheit zu verbessern.	https://doi.org/10.1007/000-0nd
Vitality	Das Projekt *Vitality* bietet einen selbsthilfeorientierten Pflegedienst zur Unterstützung der Unabhängigkeit von alten Menschen an. Ein wichtiger Bestandteil sind sog. „Botschafter", die als Pflegefachkräfte den Selbsthilfegedanken an ihre Kolleginnen und Kollegen vermitteln.	https://doi.org/10.1007/000-0nm

11.1   *Abitare Solidale*, Italien: Solidarisches Wohnen

Kurzinformationen: *Abitare Solidale* ist ein Wohnprojekt, welches neben erschwinglichem und zugänglichem Wohnraum zivilgesellschaftliche Hilfe in schwierigen Lebenslagen anbietet. Es bietet nachhaltige Wohnlösungen, in denen ältere Menschen, die Hilfe bei der Haushaltsführung benötigen (aber finanziell abgesichert sind) mit Menschen in wirtschaftlich schwierigen Situationen oder sogar finanziellen Notlagen auf der Suche nach bezahlbarem und angemessenem Wohnraum zusammengebracht werden. Das Projekt richtet sich auch an Frauen, die Opfer häuslicher Gewalt geworden sind und temporär eine sichere Unterkunft benötigen.

Visual Essay zur Fallstudie *Abitare Solidale*: Abb. 5.3 LINK: https://doi.org/ 10.1007/000-0na

Innovative Elemente: *Abitare Solidale* basiert auf dem Prinzip gegenseitiger Hilfe (siehe Abb. 11.2). Die Projektpartner, bestehend aus öffentlichen Behörden,

Abb. 11.2   Modell der Dienstleistungsinnovation *Abitare Solidale*, © Langer/Eurich/ Güntner 2018

privaten Akteuren, Vereinen und bezahltem Personal (z. B. SozialarbeiterInnen), legen den Rahmen für das Wohnmodell fest und kümmern sich um Finanzierung und Monitoring, die Bedingungen des Zusammenlebens im Einzelfall werden jedoch von den Nutzerinnen und Nutzern selbst festgelegt. Alle Parteien profitieren von der Konstellation und ihrer jeweiligen Problemlösung, es wird z. B. gewissermaßen kostenloses Wohnen durch Unterstützungsleistungen bei der Bewältigung des Alltags aufgewogen. Das Projekt bietet somit eine integrative Lösung für verschiedene soziale Probleme und Bedarfe und überwindet dabei die sektoralen Grenzen von sozialen Dienstleistungen.[2]

Zielstellung: Die individuellen Problemsituationen der verschiedenen Nutzergruppen sollen durch die unterstützende (Wohn-)Gemeinschaft ausbalanciert werden, sodass ein auf Solidarität basierender Benefit für alle Nutzergruppen generiert wird.

Nutzergruppen: Ältere Menschen die ohne Hilfe nicht mehr selbstständig ihren Haushalt führen könnten, Menschen in finanziellen Notsituationen auf der Suche nach bezahlbarem und angemessenem Wohnraum (u. a. Studierende, Einwandererfamilien, Arbeitslose, Opfer häuslicher Gewalt).

11.1.1 Sozialer und politischer Kontext

Das italienische Wohlfahrtssystem ist nach wie vor stark an der Institution Familie orientiert (siehe Tab. 11.2). Traditionell übernehmen Familienmitglieder, in erster Linie Frauen, Pflegeaufgaben für hilfsbedürftige Angehörige. Dies wird als moralische Verpflichtung betrachtet. Die steigende Lebenserwartung, sich wandelnde soziale Normen, Bedarfe und Familienstrukturen und die steigende Anzahl von Frauen auf dem Arbeitsmarkt stellen Pflege und Betreuung innerhalb der Familie jedoch zunehmend vor Herausforderungen. Wenn Familien auf Pflegekräfte zurückgreifen wollen, sind sie mit einem geringen Angebot an ambulanten Pflegediensten konfrontiert, sodass auch auf Schwarzarbeit als kostengünstigere Alternative zur Pflege in Altenpflegeeinrichtungen zurückgegriffen wird. Zwei weitere Bereiche des italienischen Sozialstaats die von dem Projekt adressiert werden, sind die in vielen Regionen unzureichende Versorgung mit erschwinglichem Wohnraum sowie die nur rudimentäre Absicherung von arbeitslosen und in Armut lebenden Menschen.

---

[2] Im Jahr 2013 war Abitare Solidale unter den Preisträgern des European Award for Social Innovation in Aging.

Tab. 11.2 Soziale Situation und Wohnverhältnisse in Italien (ausgewählte Sozialdaten).
Quelle: EUROSTAT eigene Zusammenstellung © Langer/Eurich/Güntner 2018

	Italien	EU
Gesamtbevölkerung 2015	60,8 Mio.	508,5 Mio. (v)
Armutsgefährdungsquote (2015)	19,9 %	17,3 %
Personen, die von Armut und sozialer Ausgrenzung bedroht sind (in % der Bevölkerung, 2015)	28,7 %	23,7 %
Anteil der Bevölkerung im Alter von 65 Jahren und darüber (2015)	21,7 %	18,9 % (v)
Überbelegungsquote (2015)*	27,8 %	16,8 % (v)
Überbelegungsquote von Personen mit einem medianen Äquivalenzeinkommen von unter 60 % (Armutsgefährdung) (2015)	30,9 %	17,9 % (v)
Ausgaben für Sozialschutz (in % des BIP, 2014)	30,0 % (v)	28,7 % (v)

* Der Indikator wird als der Prozentsatz der Bevölkerung definiert, die in einem überfüllten Haushalt lebt. Man lebt in einem überfüllten Haushalt, wenn der Haushalt über das folgende Minimum von Räumen nicht verfügt: „ein Raum pro Haushalt, ein Raum pro Paar, das in dem Haushalt lebt; ein Raum für jede einzelne Person im Alter von 18 und mehr, ein Raum für zwei Personen desselben Geschlechts zwischen 12 und 17 Jahren; ein Raum für jede einzelne Person zwischen 12 und 17 Jahren, die nicht der vorherigen Kategorie zuzuordnen ist; ein Raum für zwei Kinder unter 12 Jahren" (http://ec.europa.eu/eurostat/statistics-explained/index.php/Glossary:Overcrowding_rate/de (zuletzt geprüft am 24.01.2017).

Ausgangspunkt des Innovationshandelns: In der Provinz Florenz sind viele alleinlebende ältere Menschen von sozialer Isolation betroffen, da traditionelle familiale Betreuungszusammenhänge immer seltener greifen. Derweilen besteht oft der Wunsch, im eigenen Zuhause alt zu werden und nicht in eine Pflegeeinrichtung umziehen zu müssen. Zugleich sind viele Menschen aus unterschiedlichsten Gründen von Armut, finanziellen Notlagen und Wohnungslosigkeit bedroht und die bestehenden sozialen Sicherungssysteme reichen oft nicht aus, ihre Notlage nachhaltig zu überwinden. Hinzu kommt außerdem oft die Angst vor Stigmatisierung bei Inanspruchnahme staatlicher Hilfeleistungen.

Organisationale Einbettung des Projekts: *Abitare Solidale* wurde 2009 von dem Verein „Auser" in Zusammenarbeit mit der Stadt Florenz, drei kleineren Gemeinden in der Provinz Florenz und dem Verein „Artemisia" initiiert. Um das Projekt in eine dauerhafte Struktur zu überführen, wurde 2014 der eigenständige Verein „Auser Volontariato Abitare Solidale" gegründet. Bisher (Stand 2014) wurden über

120 integrative Wohnmodelle eingeleitet und begleitet. In das Projekt sind zahlreiche Freiwillige, aber auch Festangestellte (SozialarbeiterInnen, Psychologen, Anwälte und KoordinatorInnen) eingebunden. Das Projekt wird durch öffentliche und private Zuwendungen finanziert.[3]

Link zur Homepage:

http://www.abitaresolidaleauser.it/il-progetto-abitare-solidale/

---

[3] An der Recherche und Erstellung dieser Fallstudie waren maßgeblich beteiligt: Elsa Laino und Adeline Otto, Solidar.

11.2 *Ammerudhjemmet*, Norwegen: Gemeinwesenorientiertes Pflegeheim

Kurzinformationen: Die Wohneinrichtung zur Betreuung und Pflege alter Menschen in *Ammerudhjemmet*, welche von der kirchlichen Stadtmission Oslo (Kirkens Bymisjon) betrieben wird, wurde zu einem Treffpunkt für Menschen aus unterschiedlichen Generationen und Kulturen weiterentwickelt, in dem auf ungewöhnliche und innovative Weise kulturelle Angebote, Aktivitäten der Gemeinde und Freiwilligenarbeit miteinander kombiniert werden. Die Idee eines „offenen Heims" wird auf dreifache Weise realisiert: Durch die Einbindung der Gemeinde, z. B. durch spezielle kulturelle Angebote; durch die Integration von Elementen der kommunalen Infrastruktur in den Räumen der Einrichtung, wie z. B. ein Café/Restaurant, Friseur, Einkaufsmöglichkeiten, Schwimmhalle sowie durch die Aktivierung ehrenamtlichen Potenzials, bzw. multifunktionale Nutzung der Einrichtung soll der Isolation der Bewohner des Heims vorgebeugt werden und gleichzeitig das Gemeindeleben gefördert werden (siehe Abb. 11.3).

Change Agents

- Stadtmission

Bezugspunkte und Ziele

- Verbindung von Pflege mit sozialen und kulturellen Aktivitäten

Innovative Elemente

- Öffnung des Heims für externe NutzerInnen
- Multifunktionale Nutzung („kulturelle Wende")
- Einbindung Ehrenamt

Abb. 11.3 Modell der Dienstleistungsinnovation *Ammerudhjemmed*, © Langer/Eurich/Güntner 2018

Visual Essay zur Fallstudie *Ammerudhjemmet*: Abb. 5.2 LINK: https://doi.
org/10.1007/000-0nb

Innovative Elemente: Das Projekt nimmt eine neue Deutung der Pflegedienst-
leistung vor – von einem medizinischen hin zu einem kulturellen Ansatz. Diese
kulturelle Wende beinhaltet auch, dass das bislang für die Öffentlichkeit nicht
zugängliche Heim geöffnet wird und die Gemeinde und Nachbarschaft in die
Alltags- und Angebotsgestaltung einbezogen wird.

Zielstellung: Durch die aktive Netzwerkarbeit und Kulturarbeit sollen nachhaltige soziale Verbindungen zwischen den BewohnerInnen und der Gemeinde
geschaffen werden.

Nutzergruppen: Die Einrichtung wendet sich zuerst an ältere Menschen (Durch-
schnittsalter ca. 67 Jahre), die auf Pflege angewiesen sind. Einige von ihnen haben
gesundheitliche Probleme, etwa 80 % leiden an Demenz. Neben den Heimbewohn-
erInnen wendet sich das Projekt an die weitere lokale Gemeinde, die die Angebote
von *Ammerudhjemmet* nutzen kann.

11.2.1 Sozialer und politischer Kontext

Der norwegische Sozialstaat hat den Anspruch, dass alle BürgerInnen Zugang
zu sozialen und gesundheitsbezogenen Dienstleistungen haben, unabhängig von
ihrem Einkommen, ihrem sozialen Status und ihrem Wohnort (siehe Tab. 11.3).
Die Gemeinden und die regional organisierten Gesundheitsversorgungsstrukturen
sind für die Bereitstellung der Gesundheitsdienstleistungen verantwortlich. Auch
die Bereitstellung der Pflege für Behinderte, psychisch Kranke und Alte obliegt
den Gemeinden (vgl. Angell 2008). Einige Altenpflegeheime und Tagespflegezen-
tren werden von gemeinnützigen Organisationen, darunter Kirchengemeinden oder
andere kirchenbasierten Organisationen, geführt (Angell 2008).

Seit einigen Jahren wird ein wachsender Teil der Gesundheitsdienstleistungen
von gemeinnützigen und kommerziellen Anbietern übernommen. Als unbeabsichtigte Folge des nun zunehmend von Wettbewerb geprägten Regimes werden die
gemeinnützigen Organisationen von privaten Einrichtungen verdrängt. Die Kommunen versuchen daher durch spezielle Vereinbarungen die Position der gemeinnützigen Organisationen wieder zu stärken.

Auch in Norwegen geht man davon aus, dass vor dem Hintergrund des demografischen Wandels die Zahl der pflegebedürftigen Menschen kontinuierlich ansteigen

Tab. 11.3 Soziale Situation und Altenpflege in Norwegen (ausgewählte Sozialdaten).
(Quelle: EUROSTAT 2015, eigene Zusammenstellung © Langer/Eurich/Güntner 2018)

	Norwegen	EU (28)
Gesamtbevölkerung 2015	5,2 Mio.	508,5 Mio (v)
Armutsgefährdungsquote (2015)	11,9 %	17,3 %
Personen, die von Armut und sozialer Ausgrenzung bedroht sind (in % der Bevölkerung, 2015)	15,0 %	23,7 %
Anteil der Bevölkerung im Alter von 65 Jahren und darüber (2015)	16,1 %	18,9 % (v)
Personen mit Alzheimerdiagnose (in % der Bevölkerung, 2012)*	1,56 %	1,55 %
Anteil an Personen über 66 Jahren, die nicht mehr als zwei Freunde haben, an die sie sich in einer Notsituation wenden könnten (2015)**	31 %	k.A.
Laufende Gesundheitsausgaben (in % des BIP, 2012)	9,03 % (v)	k.A.
Ausgaben für Sozialschutz (2014, in % des BIP)	26,0 %	28,7 % (v)

*Quelle: Alzheimer Europe, http://www.alzheimer-europe.org/Policy-in-Practice2/
Country-comparisons/2013-The-prevalence-of-dementia-in-Europe/Norway (zuletzt
geprüft am 24.01.2017).
**Quelle: Statistics Norway: Social relations, survey on living 205, https://www.ssb.no/en/
sosiale-forhold-og-kriminalitet/statistikker/soskon (zuletzt geprüft am 24.01.2017).

und die Bereitstellung (qualitativ hochwertiger) Angebote der Altenpflege den Staat und die Gesellschaft vor zunehmende Herausforderungen stellen wird. Zudem ist bereits heute der Trend erkennbar, dass ältere Menschen in stationären Einrichtungen der Betreuung und Pflege ein hohes Risiko der Vereinsamung und sozialen Ausgrenzung haben; zwar werden in vielen stationären Einrichtungen Freizeitaktivitäten angeboten, diese richten sich jedoch fast ausschließlich an die Nutzerinnen der jeweiligen Senioren- und Pflegeheime, sodass eine Vermischung von Gemeindemitgliedern und z. B. Pflegeheimbewohnern kaum stattfindet. Eine weitere Herausforderung bezieht sich auf die Ausbildung des Personals, das oftmals unzureichend in Gesundheits- und Pflegefragen geschult ist, nur wenige haben im Pflegebereich einen Universitätsabschluss, die Zahl der Krankschreibungen ist hoch.

Ausgangspunkt des Innovationshandelns: Die kirchliche Stadtmission begann die Öffnung des Heims mit der Einrichtung eines Cafés, weitere Schritte folgten. Anstoß war die Einsicht, dass viele soziale und kulturelle Bedürfnisse durch einen konventionellen Heimbetrieb nicht gedeckt werden können.

Organisationale Einbettung des Projekts: *Ammerudhjemmet* wird von der kirchlichen Stadtmission Oslo betrieben und vereint in sich die Merkmale eines Pflegeheims und eines Gemeindezentrums. *Ammerudhjemmet* ist zu einer wichtigen Verbindungsstelle und einem bedeutenden Zugewinn für das kulturelle Leben der Gemeinde geworden und konnte verschiedene Dienstleistungslücken im sozialen und gesellschaftlichen Bereich schließen (u. a. ein Café, ein Friseur und ein Schwimmbad).[4]

Link zur Homepage:

http://www.bymisjon.no/Virksomheter/Ammerudhjemmet-Bo--og-Kultursenter/

---

[4] An der Recherche und Erstellung dieser Fallstudie waren maßgeblich beteiligt: Olav Angell und Hilde Thygesen, Diakonhjemmet Oslo.

11.3   *Blue Assist* und Cloudina, Belgien: Selbstbestimmung durch Coaching und Smartphone

Kurzinformationen: *Blue Assist* ist eine Smartphone-Anwendung, die ein Icon mit einer Nachrichtmöglichkeit kombiniert: Über die App „Cloudina" können Menschen mit kognitiven Einschränkungen ihre Mitmenschen schnell und einfach um Hilfe bitten. Durch den Einsatz der neuen Technologie wird eine Kommunikationssituation hergestellt und für die Angesprochenen (Mitmenschen ohne Behinderung) angenehmer gestaltet. Cloudina (der Name steht für „Cloudbasierte Inklusion und Autonomie") integriert Blue Assist und andere unterstützende Funktionen in einem Device (z. B. eine Kalenderfunktion, vereinfachte Telefonbedienung oder die Fotofunktion) (siehe Abb. 11.4).

Die spezifische Problemlösung von Blue Assist und Cloudina besteht darin, zur Umsetzung der Individualisierung und gewonnenen Freiheit der NutzerInnen

Abb. 11.4   Modell der Dienstleistungsinnovation Blue Assist, © Langer/Eurich/Güntner 2018

personalisierter und deinstitutionalisierter Dienstleistungen beizutragen. Das Smartphone mit seinen Möglichkeiten ersetzt zum Teil oder ganz eine ständige Begleitung der Nutzerinnen durch Assistenzkräfte und unterstützt damit die Selbstbestimmung.

Visual Essay zur Fallstudie *Blue Assist* : Abb. 8.1 LINK: https://doi.org/10.1007/ 000-0nr

Innovative Elemente: *Blue Assist* steht für eine radikale Personalisierung von sozialen Dienstleistungen für Menschen mit Behinderung: Anstatt Menschen mit gleichen oder ähnlichen Bedarfen durch eine stark institutionalisierte Problemlösung gemeinsam zu versorgen, wie dies in diesem Beispiel in einer Werkstatt für behinderte Menschen eine lange Tradition hat, wurde durch individualisierte Begleitung, Beratung, Erstellen von Hilfsplänen und Coaching individualisierte Dienstleistungsangebote erstellt. Die technisierte Form der Dienstleistungserbringung durch die Nutzung von Informations- und Kommunikationstechnologien (IKT) ist im Bereich Behinderung vollkommen neuartig. Durch die geschaffene Materialität werden Selbstbestimmungs- und Interaktionspotenziale eröffnet, die ohne die Technisierung der Dienstleistung nicht vorstellbar wären. Innovativ ist auch die sektorübergreifende Zusammenarbeit: Die Technologie wurde von einem Tagespflegezentrum und einer Universität entwickelt und wird über den öffentlichen Nahverkehr und einen Telekommunikationsanbieter verbreitet.

Zielstellung: Unter dem Stichwort „Interdependenz" wird auf die Steigerung der Partizipation und Autonomie hingearbeitet. Durch die Technisierung der sozialen Dienstleistung wird durch die Smartphone Anwendung die Möglichkeit eröffnet, im Zusammenspiel mit den Mitmenschen die Unabhängigkeit von Menschen mit Behinderung zu stärken.

Nutzergruppen: *Blue Assist* und Cloudina wurden für Menschen mit geistigen Behinderungen entwickelt. Nun sollen auch Menschen mit Verständigungsschwierigkeiten, die z. B. unter einer Autismus-Spektrum-Störungen, beginnender Demenz oder Hirnschädigungen leiden, miteinbezogen werden; auch für Migranten, die die Sprache in ihrer neuen Heimat noch nicht verstehen, eröffnen sich Potenziale.

11.3.1   Sozialer und politischer Kontext

Die Zuständigkeiten für Behindertenhilfe sind im komplexen föderalen System Belgiens auf mehrere Verwaltungsebenen verteilt. Der belgische Staatsaufbau

Tab. 11.4 Soziale Situation und Behinderung in Belgien (ausgewählte Sozialdaten).
(Quelle: eigene Zusammenstellung © Langer/Eurich/Güntner 2018)

	Belgien	EU
Gesamtbevölkerung 2015	11,2 Mio. (v)	508,5 Mio. (v)
Armutsgefährdungsquote (2015)	14,9 %	17,3 %
Personen, die von Armut und sozialer Ausgrenzung bedroht sind (in % der Bevölkerung, 2015)	21,1 %	23,7 %
Personen mit Behinderung im Alter von 15 Jahren und mehr (2012*)	1,55 Mio.	73 Mio.
Personen mit Behinderung, für die Mobilitätshindernisse berichtet sind	720,4 Tausend	38,6 Mio. (v)
Als schlecht und sehr schlecht selbstbeurteilter Gesundheitszustand von Personen mit durch Krankheit oder Behinderung dauerhafter Aktivitätseinschränkung (2014)	35,8 %	32,8 %
Ausgaben für Sozialschutz (2014, in % des BIP)	30,3 %	28,7 % (v)

*Diesen Zahlen liegt die Definition der UN BRK zugrunde: „Zu den Menschen mit Behinderungen zählen Menschen, die langfristige körperliche, seelische, geistige oder Sinnesbeeinträchtigungen haben, welche sie in 0057echselwirkung mit verschiedenen Barrieren an der vollen, wirksamen und gleichberechtigten Teilhabe an der Gesellschaft hindern können", siehe: http://ec.europa.eu/eurostat/de/web/health/disability (zuletzt geprüft am 15.01.2017).

umfasst den Bundesstaat (Belgien) sowie als Gliedstaaten drei Gemeinschaften (französische, flämische und deutschsprachige Gemeinschaft …) und drei Regionen (flämische Region, wallonische Region, Brüssel-Hauptstadt), nachgeordnet zehn Provinzen und 589 Gemeinden. Zur Abstimmung und Koordination der Zuständigkeiten ist eine „Interministerielle(n) Konferenz" eingerichtet (Tab. 11.4).

In den vergangenen Jahren legte die flämische Regierung (Blue Assist wurde in Flandern entwickelt) im Pflege- und Assistenzsektor den Fokus auf den häuslichen Bereich. In der Altenpflege ist diese Entwicklung bereits deutlich spürbar, bei der Hilfe für Menschen mit Behinderung dagegen wurde der Fokus nach wie vor auf die Unterstützung von Pflegeheimen und anderen Pflegeeinrichtungen gelegt. Im Jahr 2013 wurde jedoch eine Reihe neuer Instrumente eingeführt („Zorgvernieuwing"). Schon im Jahr 2000 waren persönliche Assistenzbudgets („Persoonlijke-Assistentiebudget") eingeführt worden. Im Dezember 2014 nahmen dies 2545 Personen in Anspruch (zum Vergleich: 2005 waren es noch 692) (siehe

Tab. 11.5 Ausgaben für Personen mit Behinderung der flämischen Regierung. (Quelle: Vlaams Agentschap voor Personen met een Handicap (2015))

	Ausgaben für Personen mit Behinderung der flämischen Regierung (in Million Euro)**
Ausgaben für neue Leistungen	629
Ausgaben für residentielle Angebote	596
Ausgaben für ambulante Angebote	18
Ausgaben für persönliches Budget	4,9

**Quelle: Vlaams Agentschap voor Personen met een Handicap (2015): Jaarverslag VAPH 2014, http://www.vaph.be/vlafo/view/nl/5327694-Jaarverslagen.html (zuletzt geprüft am 29.12.2016).

Tab. 11.5).[5] Seit 2008 läuft zudem ein auf 200 Personen begrenzter experimenteller Einsatz von personengebundenen Budgets („Persoonsgebonden Budget").

Ausgangspunkt des Innovationshandelns: Die Innovation wurde von der Organisation Ithaka angestoßen, die ein Tagespflegezentrum für Menschen mit Behinderung betreibt. Der Manager der Einrichtung motivierte sein Team, sich auf einen individuellen IKT basierten Ansatz umzustellen und überzeugte auch NutzerInnen und ihre Angehörigen von den Vorteilen der Neuerung. Die Technologie wurde in Zusammenarbeit mit dem Ostend-Bruges University College entwickelt und wird zu 100 % von einem speziellen Förderprogramm der flämischen Regierung finanziert („Flanders Care").

Organisationale Einbettung des Projekts: Nach der Entwicklung durch Ithaka verbreitete sich die Technologie rasch. Heute ist Blue Assist nicht nur in Belgien, sondern auch in den Niederlanden, dem Vereinigten Königreich und den USA verfügbar. Auch die Zielgruppe, an die sich die Innovation richtet, hat sich in den vergangenen beiden Jahren erweitert und umfasst heute neben Menschen mit Behinderungen auch Menschen mit Angststörungen, beginnender Demenz oder auch Sprachlerner.[6]

Link zur Homepage:
www.blueassist.eu

---

[5] Quelle: Vlaams Agentschap voor Personen met een Handicap (2015): Jaarverslag VAPH 2014.

[6] An der Recherche und Erstellung dieser Fallstudie waren maßgeblich beteiligt: Geert Vandewalle, Ann Decorte, Johan Calu und Jean-Marie Vanhove, EASPD.

11.4 Center for Independent Living, Serbien: Sensibilisierung und Kapazitätsentwicklung von und für persönliche Assistenz

Kurzinformationen: Das *Center for Independent Living (CIL)* in Serbien setzt sich für einen grundlegenden Wandel ein, der Menschen mit Behinderung durch persönliche Assistenz (PA) die Möglichkeit zu einem selbstbestimmten Leben eröffnen soll (siehe Abb. 11.5). *CIL* bietet selbst Assistenz- Dienstleistungen an und bildet außerdem Angestellte anderer Dienstleistungsanbieter aus dem öffentlichen, privaten oder Non-Profit Bereich zu persönlichen AssistentInnen aus. CIL hat einen nutzergesteuerten Wandel eingeleitet, der rechtliche, politische, normative und soziale Aspekte umfasst und in einer innovativen und heute akkreditierten Ausbildung für Personal Assistance resultierte. Diese Innovation beruht auf der aktiven und formalisierten Rolle der Dienstleistungsnutzer, die als behinderte Menschen die Dienstleistung einführten und implementierten und heute deren

Abb. 11.5 Modell der Dienstleistungsinnovation *CIL*, © Langer/Eurich/Güntner 2018

Qualität und Integrität überwachen. Die Dienstleistung schließt eine große Lücke zwischen den gesetzlichen Vorgaben und der tatsächlichen Lebenswirklichkeit in serbischen Kommunen.

Durch persönliche Assistenz wird für Menschen mit Behinderung ein Empowerment-Prozess in Gang gebracht, der auch die weitere Ausbildung von AssistentInnen und den Qualitätssicherungsprozess der Dienstleistung betrifft. Sind die Stakeholder einmal mobilisiert, setzen sie sich weiter für *CIL* ein und tragen so zur Schließung von Kapazitätslücken bei. Die Beteiligung der Nutzer an der Entwicklung, Umsetzung und Überwachung der Dienstleistung ist nicht nur möglich, sondern notwendig, um die begrenzten Kapazitäten und bestehenden strukturellen Schwächen der kommunalen Dienstleistungen in Serbien zu überwinden.

Visual Essay zur Fallstudie *CIL*: Abb. 7.5 LINK: https://doi.org/10.1007/000-0np

Innovative Elemente: Die Beteiligung der NutzerInnen an allen Phasen der Dienstleitung stellt im westlichen Balkan bereits eine bahnbrechende Neuerung dar. Sie setzt an der wesentlichen Schwachstelle des Systems an, das sich lange Zeit als für jede Veränderung unempfänglich zeigte und an zentralisierten Strukturen festhielt. Durch Empowerment-Prozesse werden die Kapazitäten von Menschen mit Behinderung und deren Zusammenhalt gestärkt und ein Netzwerk geschaffen, das vom Staat als Partner wahrgenommen wird. Heute existiert mit der akkreditierten CIL-Ausbildung ein Qualitätsstandard für PA-Dienstleistungen, sodass auf strukturelle und institutionelle Schwächen zurückzuführende Lücken im System geschlossen werden.

Zielstellung: Ziel des *CIL* ist die Verbreitung der Philosophie des unabhängigen Lebens von Menschen mit Beeinträchtigungen. Das beinhaltet die Schaffung förderlicher Bedingungen in Serbien.

Nutzergruppen: Menschen mit Behinderung, Organisationen von und für Menschen mit Behinderung, Anbieter von Assistenz-Dienstleistungen aus dem öffentlichen, kommerziellen und gemeinnützigen Bereich.

11.4.1   Sozialer und politischer Kontext

Die traditionelle Infrastruktur des serbischen Wohlfahrtsstaates im Hinblick auf Menschen mit Behinderung basiert auf dem sog. „medizinischen Modell", bei welchem staatliche Wohlfahrteinrichtungen innerhalb des vormals sozialistischen

Tab. 11.6 Soziale Situation und Behinderung in Serbien (ausgewählte Sozialdaten).
(Quellen: EUROSTAT, Dokmanovic 2010, CIL Serbien, eigene Zusammenstellung
© Langer/Eurich/Güntner 2018)

	Serbien	EU
Gesamtbevölkerung 2015	7,1 Mio.	508,5 Mio. (v)
Armutsgefährdungsquote (2015)	25,4 %	17,3 %
Personen, die von Armut und sozialer Ausgrenzung bedroht sind (in % der Bevölkerung, 2015)	41,3 %	23,7 %
Anteil von Personen mit Behinderung an der Bevölkerung (2009) [*]	Ca. 10 %	k.A.
Organisationsgrad (Mitgliedschaft in einer Einrichtung mit dem Ziel der Verbesserung der Situation von Personen mit Behinderung (2009)) [**]	87,4 %	k.A.
Arbeitslosigkeit von Personen mit Behinderung (2009 Schätzung) [***]	22,758 (ca. 80 %)	k.A.
Anzahl von PA-Dienstleistungsnutzern [****]	400+	k.A.
Ausgaben für Sozialschutz (2013, in % des BIP)	23,3 %	28,9 % (v)

[*]Dokmanovic, Mirjana 2010: Serbia – Social Inclusion needs Socially Responsible
Governance, European Social Watch Report 2010
[**]Dokmanovic 2010
[***]Dokmanovic 2010
[****]Angaben: CIL Serbien

Staates als wichtigste Anbieter sozialer Dienstleistungen zu betrachten sind (siehe
Tab. 11.6). Im Laufe der vergangenen Jahre bewegte sich die Gesetzgebung hin
zu einem „sozialen Modell" von Behinderung. Im Gesetz für Sozialschutz werden
verschiedene Unterstützungsformen für unabhängiges Leben anerkannt, u. a. auch
persönliche Assistenzleistungen (Artikel 40) (siehe hierzu Government of the
Republic of Serbia 2012). Leider konnten die Finanzierung und das Management
von sozialen Dienstleistungen, die für die Durchführung eines solchen Modells
grundlegend sind, nicht in der gleichen Geschwindigkeit umgesetzt werden. 2005
zeigte *CIL*, dass die messbaren Gewinne von PA die zur Durchführung notwendigen Kosten bei weitem übersteigen (vgl. Dinkić und Momčilović 2005). Seit
einigen Jahren nimmt die Zahl traditioneller Pflegeeinrichtungen ab, im Zuge der
Dezentralisierungspolitik der Regierung ist die Schließung staatlicher Einrichtungen vorgesehen, wobei jedoch keine ausreichenden Alternativen für Menschen mit
Behinderung geschaffen werden. Der Großteil der Menschen mit Behinderung lebt

zuhause und ist auf die Unterstützung der Familie oder Assistenzleistungen angewiesen. Ohne den Zugang zu PA-Dienstleistungen sind selbst diejenigen, die einer Arbeit nachgehen oder aktiv in die Gesellschaft eingebunden sind, vollständig von ihren Familien abhängig und sind sehr oft von prekären Lebenssituationen betroffen. Die Situation in Serbien ist somit geprägt von einer Diskrepanz zwischen dem gesetzlich bestimmten Recht auf Assistenzdienstleistungen und deren tatsächlicher Verfügbarkeit in den Kommunen. Zudem wurden bisher die Nutzer nur unzureichend in die bestehenden Prozesse und Dienstleistungen eingebunden, hinzu kommt das Nicht-Vorhandensein von Monitoringmaßnahmen, keine bzw. unzureichende Standards bei der Bereitstellung von Dienstleistungen sowie die Tatsache, dass es bislang keine Möglichkeit zur Einleitung eines Beschwerdeverfahrens gab.

Ausgangspunkt des Innovationshandelns: *CIL* Serbien ist gewissermaßen ein Import aus Irland. In den frühen 1990er Jahren hat eine der Initiatorinnen des Centers, Gordana Rajkov, ihre Erfahrungen mit persönlicher Assistenz in Irland mit einer Reihe anderer Betroffener geteilt und 1996 eine kleine Initiative ins Leben gerufen. Schrittweise wuchs die Gruppe auf 70 Assistenznehmer an, die Finanzierung lief über Sponsoren. Sie haben aktiv für den Ansatz geworben und schrittweise wuchsen Interesse und Unterstützung weiter an. Mit einem Netzwerk an Unterstützern wie dem nationalen Zusammenschluss von Einrichtungen von und für Menschen mit Behinderung, setzte sich *CIL* für sozialrechtliche Reformen ein. Begleitend übernahm *CIL* die Entwicklung von PA Dienstleistungen, Qualitätsprinzipien und auch Ausbildungen, die von vielen Einrichtungen in Anspruch genommen wird.

Organisationale Einbettung des Projekts: *CIL* Serbien ist eine Organisation für Menschen mit Behinderung, die von Menschen mit Behinderung geleitet wird. Begleitet wurde die Entstehung und Entwicklung von *CIL* in Serbien von einer Dezentralisierung des Wohlfahrtssystems in Serbien sowie einem veränderten Verständnis von Behinderung (vom medizinischen zum sozialen Modell), das ebenfalls verstärkt Einfluss auf die nationale Gesetzgebung in Serbien nahm. Derzeit hat *CIL* zehn Standorte in Serbien.[7]

Link zur Homepage:
http://www.cilsrbija.org

---

[7] An der Recherche und Erstellung dieser Fallstudie waren maßgeblich beteiligt: Sanja Nikolin, Jamie Bolling, Gordana Rajkov und Mimica Živadinović, European Network of Independent Living.

11.5 Dänisches Zentrum gegen Menschenhandel, Dänemark: *Mobile Sundhetstilbud*, Mobile Gesundheitsberatung und -versorgung für illegalisierte Sexarbeiterinnen

Kurzinformationen: Menschenhandel stellt in europäischen Ländern ein stetig wachsendes Problem dar. Insbesondere Frauen sind Opfer von Menschenhandel. Als illegalisierte Sexarbeiterinnen führen sie ein Leben am äußersten Rand der Gesellschaft und sind außerdem von der öffentlichen Gesundheitsversorgung abgeschnitten. Die *mobile Gesundheitsberatung und -versorgung* wurde vom *Dänischen Zentrum gegen Menschenhandel* („Center mod Menneskehandel", dem Ministerium für Chancengleichheit untergeordnet) initiiert und zielt darauf ab, von Menschenhandel betroffene, in der Illegalität lebende und arbeitende Frauen zu identifizieren und ihre grundlegende medizinische Versorgung sicherzustellen. Auf diese Weise werden die betroffenen Frauen über die ihnen zustehenden Angebote und Möglichkeiten im Hinblick auf Gesundheitsdienstleistungen informiert; zudem kann durch den persönlichen Kontakt mit den SozialarbeiterInnen, die die Gesundheitsdienstleistung begleiten ein Vertrauensverhältnis aufgebaut werden (siehe Abb. 11.6).

Visual Essay zur Fallstudie *Dänisches Zentrum gegen Menschenhandel*: Abb. 9.1
LINK: https://doi.org/10.1007/000-0nt

Innovative Elemente: Durch die Mobilität der Dienstleistung – die Frauen werden an ihren Arbeitsplätzen aufgesucht – wird sichergestellt, dass möglichst viele Frauen erreicht werden.

Das *Dänische Zentrum gegen Menschenhandel* schafft durch seine *mobile Gesundheitsberatung und -versorgung* eine grundlegende medizinische Versorgung sowie soziale Unterstützung für die betroffenen Frauen, welche ansonsten keinen Zugang zu einer solchen Versorgung hätten. Durch die Dienstleistung wird außerdem ein erster Kontakt zu den Opfern von Menschenhandel sowie zu illegalen Prostituierten aufgebaut, der ohne den Aspekt der medizinischen Versorgung nur schwer zu realisieren wäre und der die Grundlage für eine Vertrauensbeziehung darstellt. Die Vertrauensbeziehung ist wiederum die Basis für weitreichendere soziale Unterstützung, die durch die involvierten SozialarbeiterInnen realisiert wird.

Zielstellung: Durch das Anbieten eines mobilen Gesundheitsdienstes soll zunächst eine unmittelbare medizinische Versorgung der betroffenen Frauen sichergestellt werden. Zudem werden Vertrauensbeziehungen aufgebaut.

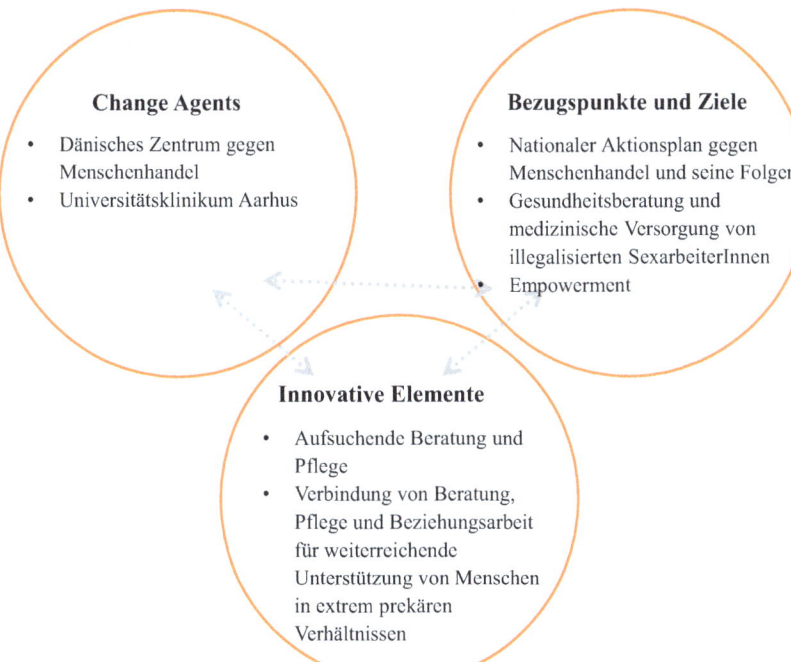

Change Agents

- Dänisches Zentrum gegen Menschenhandel
- Universitätsklinikum Aarhus

Bezugspunkte und Ziele

- Nationaler Aktionsplan gegen Menschenhandel und seine Folgen
- Gesundheitsberatung und medizinische Versorgung von illegalisierten SexarbeiterInnen
- Empowerment

Innovative Elemente

- Aufsuchende Beratung und Pflege
- Verbindung von Beratung, Pflege und Beziehungsarbeit für weiterreichende Unterstützung von Menschen in extrem prekären Verhältnissen

Abb. 11.6   Modell der Dienstleistungsinnovation Mobile Sundhetstilbud, © Langer/Eurich/Güntner 2018

Nutzergruppen: Das Projekt wendet sich an Opfer von Menschenhandel im Allgemeinen und an Frauen, die illegal in der Prostitution arbeiten.

11.5.1   Sozialer und politischer Kontext

Das Projekt adressiert Frauen, die aufgrund ihrer aufenthaltsrechtlichen Illegalität keinen Zugang zu sozialstaatlichen Leistungen haben.

Sexarbeit gilt in Dänemark nicht als krimineller Akt, wird aber auch nicht arbeitsrechtlich reguliert. Über Sexarbeit erzieltes Einkommen stellt keinen Verstoß dar, solange Steuern gezahlt werden und der/die Sexarbeitende keine Sozialhilfe bezieht (Spanger 2011). Laut einer Schätzung von 2007 geht man davon aus, dass über 5000 Frauen in der Prostitution arbeiten (Holmström und Skilbrei 2008,

Tab. 11.7 Soziale Situation, Immigration und Gesundheit in Dänemark (ausgewählte Sozialdaten). (Quelle: EUROSTAT, eigene Zusammenstellung © Langer/Eurich/Güntner 2018)

	Dänemark	EU (28)
Gesamtbevölkerung 2015	5,7 Mio.	508,5 Mio. (v)[*]
Armutsgefährdungsquote (2015)	12,2 %	17,3 %
Personen, die von Armut und sozialer Ausgrenzung bedroht sind (in % der Bevölkerung, 2015)	17,7 %	23,7 %
Anteil der Bevölkerung, die ihren Gesundheitszustand als schlecht einschätzen (2014)	5,7 %	7,9 %
Nach eigenen Angaben nicht erfüllter Bedarf nach ärztlicher Untersuchung oder Behandlung, da zu kostspielig oder zu weite Anreise oder Warteliste (2014)	1,4 %	3,6 %
Registrierte Opfer von Menschenhandel (2010, Gesamt/pro 100.000 Einwohner)	53/1,0	5535/2,0
Ausgaben für Sozialschutz (2014, in % des BIP)	33,5 %	28,7 % (v)

[*]Hier und in allen weiteren Schlüsseldaten steht (v) für vorläufig und schließt auch Schätzungen mit ein.

S. 14). Davon sollen ca. 45 % Migrantinnen sein. Zwischen 2007 und 2015 wurden 511 Fälle von Menschenhandel registriert.[8]

Der Kampf gegen Menschenhandel wird durch den Aktionsplan der dänischen Regierung zum Kampf gegen Menschenhandel koordiniert und reguliert (Tab. 11.7). Der Aktionsplan organisiert sowohl die Handlungen von staatlichen als auch nichtstaatlichen Akteuren. Das Zentrum gegen Menschenhandel koordiniert die unterschiedlichen Handlungsstränge und leitet den mobilen Gesundheitsdienst. Der dänische Staat hat im Zeitraum von 2011 bis 2014 ca. 11 Mio. Euro (85,6 Mio. dänische Kronen) für soziale Aufwendungen im Zusammenhang mit Menschenhandel ausgegeben. Zudem fielen Kosten für Polizeiarbeit und für die Arbeit in den Herkunftsländern an. Die Arbeit in den Herkunftsländern wird in Zusammenarbeit mit NGOs erbracht. Der mobile Pflegedienst wird durch einen speziellen staatlichen Fonds finanziert, der für die schutzbedürftigsten Gruppen der Bevölkerung vorgesehen ist.

Ausgangspunkt des Innovationshandelns: Das Projekt ist ein Beitrag zur Umsetzung der UN Konvention gegen die grenzüberschreitende organisierte

---

[8] Quelle: http://www.centermodmenneskehandel.dk/in-english (zuletzt geprüft am 02.01.2017).

Kriminalität und das Zusatzprotokoll zum Menschenhandel. Es reagiert auf folgende Problemstellung: Aus vielen Gründen nehmen die Opfer von Menschenhandel keinen Kontakt mit Gesundheitsdienstleistern oder den Behörden auf. Oft wissen die Frauen nicht einmal genau, in welchem Land sie sich befinden, haben keinerlei Informationen über Hilfeleistungen und vermeiden es aus Angst vor Abschiebung oder weiterer Verfolgung, sich mit öffentlichen Einrichtungen jeglicher Art in Verbindung zu setzen. Die dänischen Einwanderungsgesetze machen es unmöglich, Einwanderern ohne Papiere, eingeschlossen Opfern von Menschenhandel, eine Aufenthaltserlaubnis zu erteilen. Diese Gesetzeslage erschwert die Bekämpfung organisierten Verbrechens ungemein, da sich die Opfer durch eine Kontaktaufnahme mit den Behörden im Hinblick auf den Aufenthalt selbst schaden würden.

Organisationale Einbettung des Projekts: Der mobile Gesundheitsdienst wird getragen vom dänischen Zentrum gegen Menschenhandel, das dem Ministerium für Chancengleichheit unterstellt ist. Es handelt sich also um eine staatliche Initiative, die als Teil eines weitreichenden Aktionsplans Menschenhandel und dessen Folgen bekämpfen soll. Darüber hinaus wird das Projekt auch vom Universitätsklinikum Aarhus getragen, die die Initiative von Beginn an unterstützt hat und eine Verknüpfung zwischen etablierten Gesundheitsdienstleistern und dem neuen mobilen Service für Prostituierte erst möglich gemacht hat.[9]

Link zur Homepage:
http://www.centermodmenneskehandel.dk

---

[9] An der Recherche und Erstellung dieser Fallstudie waren maßgeblich beteiligt: Hanne Marlene Dahl und Kristian Fahnøe, Roskilde University.

11.6   ESD – Stroke Care/Early Supported Discharge, Großbritannien: Ambulante Versorgung von SchlaganfallpatientInnen

Kurzinformationen: PatientInnen, die einen Schlaganfall erlitten haben, leiden oft noch sehr lange unter den anhaltenden kognitiven und körperlichen Symptomen. Um ihre Gesundheit möglichst ganzheitlich wiederherzustellen, wird zumeist ein Team von Spezialisten benötigt, darunter Physiotherapeuten, Logopäden und Ergotherapeuten. Die Dienstleistung „*Stroke Care: Early supported discharge after stroke* – patientengesteuerte Pflege von Schlaganfallpatienten in deren Zuhause" steht für ein neues, auf wissenschaftlichen Erkenntnissen basierendes Modell zur Unterstützung von frühzeitig entlassenen Schlaganfallpatienten. Die neue Methode ermöglicht die Erfüllung von individuellen Bedürfnissen der Patienten und berücksichtigt dabei die neuesten Forschungsergebnisse. Schlaganfallpatienten, die in ihrem Zuhause mit der gleichen Intensität wie in einem Krankenhaus therapiert werden können, erreichen bessere Ergebnisse als bei einer stationären Therapie. Die größten Erfolge werden erzielt, wenn die Dienstleistung von einem multidisziplinären Team aus Spezialisten für eine bestimmte Gruppe von Patienten (mit leichtem bis mittlerem Schlaganfall) erbracht wird (siehe Abb. 11.7).

Visual Essay zur Fallstudie *ESD*: Abb. 6.1 LINK: https://doi.org/10.1007/000-0ng

Innovative Elemente: Die Innovation liegt darin, dass Pflege und Behandlung zuhause erbracht werden und nicht im Krankenhaus. Weitere innovative Aspekte beziehen sich auf die personalisierte Konzeption der Behandlung und das kooperative Handeln der beteiligten ÄrztInnen, TherapeutInnen, Pflegekräfte unter Einbeziehung der PatientInnen.

Zielstellung: Early Supported Discharge zielt auf individualisierte Hilfe in Verbindung mit Kostenersparnissen (u. a. durch geringere Belegung von Betten) in der Behandlung von SchlaganfallpatientInnen.

Nutzergruppen: Die Dienstleistung richtet sich an PatientInnen mit leichten bis mittleren Schlaganfällen (und an deren Pflegekräfte), die auf das Angebot der frühzeitigen Entlassung passen: die Patienten müssen medizinisch stabil sein und aktive Rehabilitationsziele verfolgen und die Pflegepersonen sollen sich den Anforderungen gewachsen fühlen. Gesundheitsversorgung zuhause: Die Behandlung erfolgt zuhause und nicht stationär, wobei die Qualität der Therapie durch das auf Schlaganfälle spezialisierte Team auf gleichem Niveau wie im Krankenhaus erbracht werden kann.

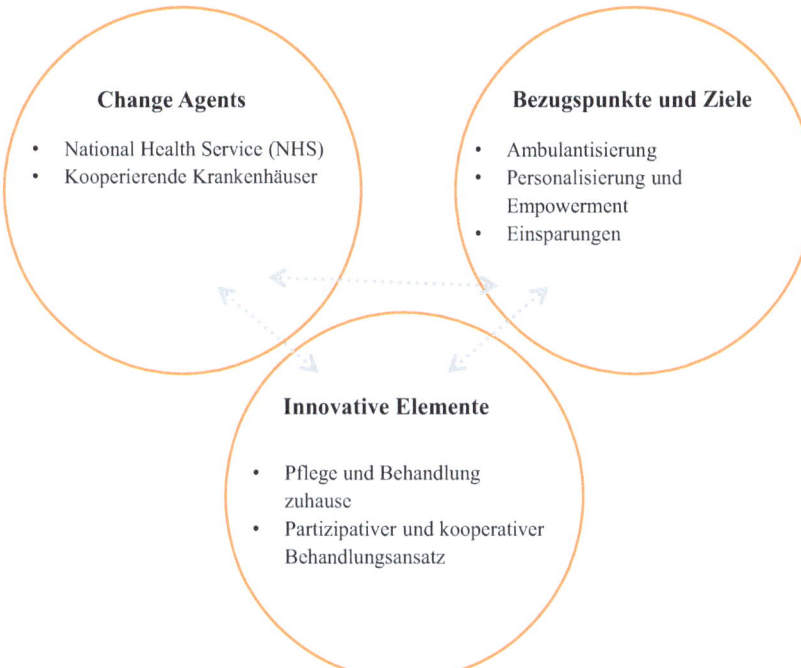

Abb. 11.7   Modell der Dienstleistungsinnovation Stroke Care, © Langer/Eurich/Güntner 2018

11.6.1   Sozialer und politischer Kontext

Die Gesundheitsversorgung wird in Großbritannien und Nordirland vom National Health Service (NHS) abgedeckt, der durch Steuergelder finanziert wird und für alle, die im Vereinigten Königreich leben, weitgehend kostenlos zur Verfügung steht (siehe Tab. 11.8). Zwar wird die Gesundheitsversorgung in England, Nordirland, Schottland und Wales getrennt geregelt, ist sich aber dennoch sehr ähnlich. Die Gesundheitsausgaben im Vereinigten Königreich beliefen sich 2012 auf 9,3 % des BIP.

Ausgangspunkt des Innovationshandelns: Das Projekt steht im Kontext umfangreicher Bemühungen zur Verbesserung der Schlaganfallbehandlung. Dazu zählen die Nationale Schlaganfallstrategie („National Stroke Strategy") des Gesundheitsministeriums (UK Department of Health) aus dem Jahr 2005, Richtlinien des UK Royal College of Physicians und ein Programm des National Health (National Stroke Improvement Programme). Diesen Strategien und Programmen liegt die

Tab. 11.8 Soziale Situation, Gesundheit und Schlaganfälle in UK (ausgewählte Sozial-daten). (Quellen: EUROSTAT, Ausgaben: OECD, Schlaganfalldaten UK: King's Colllege und Stroke Association UK, eigene Zusammenstellung © Langer/Eurich/Güntner 2018)

	UK	EU
Gesamtbevölkerung 2014	64,9 Mio.	508,5 Mio. (v)
Armutsgefährdungsquote (2015)	16,7 %	17,3 %
Personen, die von Armut und sozialer Ausgrenzung bedroht sind (in % der Bevölkerung, 2015)	23,5 %	23,7 %
Ausgaben für Sozialschutz (2014, in % des BIP)	27,4 % (v)	28,7 % (v)
Direkte Kosten für die Therapie von Schlaganfällen*	2,8 Mrd. Pfund	/
Anzahl der Schlaganfälle pro Jahr (2016)	Ca. 152000**	/
Ausgaben für Gesundheitsdienstleistungen (in % des BIP, 2012)*	9,3 %	8,7 %

*King's College Division of Health and Social Care Research. Economic burden of stroke in England. London. Available at: www.nao.org.uk
**Stroke Association (2016): State of the Nation – Stroke Statistics January 2016, www.stroke.org
***Quelle: OECD/European Commission (2014): Health at a Glance – Europe 2014, S. 37

Einsicht zugrunde, dass mit einer alternden Bevölkerung auch die Zahl der Schlaganfälle und altersbedingter Erkrankungen zunehmen werden, sodass Alternativen zur stationären Behandlung in Krankenhäusern gefunden werden müssen. Gesundheitsdienstleistungen müssen diesen Herausforderungen, die zudem geprägt sind von Mittelknappheit, nicht nur standhalten, sondern die Qualität der Dienstleistungen aufrechterhalten bzw. noch weiter verbessern.

Organisationale Einbettung des Projekts: Das Early Supported Discharge Modell wird vom National Health Service angeboten. Das in dieser Fallstudie betrachtete Beispiel wird vom Royal Bournemouth Hospital und den Christchurch Hospitals NHS Foundation Trust (RBCHFT) erbracht.[10]

Link zur Homepage:
http://www.rbch.nhs.uk/our_services/clinical_services/stroke-new/
early-supported-discharge-team-esd.php

---

[10] An der Recherche und Erstellung dieser Fallstudie waren maßgeblich beteiligt: Chris Hawker und Jane Frankland, University of Southampton.

11.7   *ELTERN-AG,* Deutschland: Empowerment und Coaching für Eltern

Kurzinformationen: Die *ELTERN-AG* ist ein praxisorientiertes Präventionsprogramm, das sich an Familien richtet, die sich einerseits in belastenden Lebenslagen befinden, die andererseits aber auch durch konventionelle Hilfsangebote nur schwer oder überhaupt nicht erreicht werden. Durch das Peer-to-Peer-Coaching der Eltern im Hinblick auf die Erziehung ihrer Kinder sollen auf die soziale Herkunft zurückzuführende Ungleichbehandlungen frühzeitig bekämpft und so Chancengleichheit gefördert werden. Charakteristisch für die Einrichtung sind der niedrigschwellige und aufsuchende Ansatz, die aktivierende, wertschätzende Arbeitsweise und der Empowerment-Aspekt (siehe Abb. 11.8).

Visual Essay zur Fallstudie *ELTERN-AG*: Abb. 7.1 LINK: https://doi.org/10.1007/000-0nn

Abb. 11.8 Modell der Dienstleistungsinnovation *Eltern-AG,* © Langer/Eurich/Güntner 2018

Innovative Elemente: Die *ELTERN-AG* erreicht durch die Nutzung ihres Netzwerks Eltern, die von herkömmlichen Angeboten nicht erreicht werden. Als zentrale Prinzipien gelten „Einfachheit", „niedrige Zugangsschwellen" und „überprüfbare Effektivität". Die Perspektive der Eltern wird betont und die Eltern werden in ihren Fähigkeiten und Kompetenzen gestärkt. Die Eltern werden als Experten gesehen, die lediglich einfache Anleitung benötigen und ihre Erfahrungen mit anderen teilen möchten. So wird eine motivierende Dienstleistungssituation geschaffen, die sich deutlich von bevormundenden Strukturen – die auch Widerstand erzeugen können – unterscheidet. Nach Ende des Programms treffen sich die Eltern in selbstorganisierten Gruppen vor Ort, ggf. unterstützt durch einen Mentor. Die Nachhaltigkeit der Maßnahme wird so gestützt und ein Umfeld geschaffen, das individueller Exklusion vorbeugt.

Zielstellung: Mit den Elternkursen sollen Familien und werdende Eltern dabei unterstützt werden, den Elternalltag und die Erziehung ihrer Kinder kompetent zu bewältigen. So wird auch die (früh)kindliche Entwicklung gestärkt.

Nutzergruppen: Das Projekt richtet sich an werdende Eltern oder Eltern kleiner Kinder, auf die mindestens eines der folgenden Kriterien zutrifft: alleinerziehend, sehr jung, Migrationshintergrund, sozial benachteiligt, ohne Bildungsabschluss.

11.7.1   Sozialer und politischer Kontext

Im deutschen Sozialstaat fällt die Unterstützung von Eltern in unterschiedliche Leistungsbereiche (siehe Tab. 11.9). Seit August 2013 haben Eltern einen Anspruch

Tab. 11.9 Soziale Situation und Kinderbetreuung in Deutschland (ausgewählte Sozialdaten). (Quelle: EUROSTAT, eigene Zusammenstellung © Langer/Eurich/Güntner 2018)

	Deutschland	EU
Gesamtbevölkerung 2015	81,2 Mio.	505,5 Mio. (v)
Armutsgefährdungsquote (2015)	16,7 %	17,3 %
Personen, die von Armut und sozialer Ausgrenzung bedroht sind (in % der Bevölkerung, 2015)	20,0 %	23,7 %
Kinder jünger als 3 Jahre ohne formale Betreuung (Anteil an allen Kindern der Altersklasse) (2014)	72 %	72 %
Ausgaben für Sozialschutz (2014, in % des BIP)	29,1 % (v)	28,7 % (v)

Tab. 11.10 Haushalte mit Kindern in Deutschland. (Quelle: Statistisches Bundesamt, eigene Zusammenstellung © Langer/Eurich/Güntner 2018)

Haushalte mit minderjährigen Kindern in Deutschland[*]				
	2000		2010	
Art des Haushalts	in 1000	Anteil (%) an Familien mit Kinder(n) unter 18 Jahren	in 1000	Anteil (%) an Familien mit Kinder(n) unter 18 Jahren
Ehepaare mit minderjährigen Kindern	12366	81,4	9897	75,7
Lebensgemeinschaften	776	5,1	971	7,4
Alleinerziehende	2050	13,5	2202	16,8
Familien mit Kindern **(gesamt)**	15192	100	13069	

[*]Statistisches Bundesamt 2011

auf Kindertagesbetreuung ab dem ersten Lebensjahr des Kindes (siehe Tab. 11.10). Daneben werden sog. „Hilfen zur Erziehung" angeboten. Sie können freiwillig von Eltern in Anspruch genommen werden oder auch durch das örtliche Jugendamt verpflichtend angeordnet werden, wenn das Wohl des Kindes in Gefahr ist. Im Jahr 2009 haben 474.000 Kinder und Jugendliche (das entspricht 3,5 % der Kinder und Jugendlichen in Deutschland) eine solche Maßnahme in Anspruch genommen (Statistisches Bundesamt 2011, S. 31). Über die Hälfte dieser Maßnahmen bezogen sich auf Erziehungsberatung. Die häufigsten Gründe für die Inanspruchnahme von Erziehungsberatung sind Partnerkonflikte, Trennung oder Scheidung, Sorgerechts- und Umgangsrechtsstreitigkeiten (ebd.). Die zweithäufigste ambulante Hilfeart waren sog. Sozialpädagogische Familienhilfen, die Unterstützung bei der Erziehung und Versorgung der Kinder, Konfliktbewältigung und Alltagsstrukturierung umfassen (ebd.). Angesichts stetig steigender Bedarfe und Kosten in der Kinder- und Jugendhilfe laufen seit einigen Jahren Diskussionsprozesse zu einer grundlegenden Reform dieses Bereichs.

Ausgangspunkt des Innovationshandelns: Die *ELTERN-AG* wurde 2003 am Fachbereich pädagogische Psychologie der Hochschule Magdeburg Stendal initiiert, um Bildungsungleichheit zu adressieren, die v. a. durch die Ergebnisse der

PISA und IGLU Studien aufgezeigt worden waren (vgl. Sodtke und Armbruster 2007). Professor Armbruster und sein Team entwickelten das Trainingsprogramm für Elternkompetenz sowie eine Anleitung für MentorInnen, die das Training durchführen. Konzeptioneller Ausgangspunkt waren bedürfnispsychologische Modelle (ebd.)

Organisationale Einbettung des Projekts: Träger der *ELTERN-AG* ist seit 2007 die gemeinnützige MAPP-Empowerment gGmbH. Die Verbindung zu Wissenschaft und Forschung hat zudem zur Einführung eines langfristigen Evaluationsprozesses geführt, der die Dienstleistung begleitet. Zu diesem Zweck wurde auch ein externer Dienstleister beauftragt. Zur Durchführung der Trainingsprogramme arbeitet das Sozialunternehmen mit verschiedenen Wohlfahrtsorganisationen zusammen.[11]

Link zur Homepage:
http://www.eltern-ag.de

---

[11] An der Recherche und Erstellung dieser Fallstudie waren maßgeblich beteiligt: Gorgi Krlev, Lukas Nock, Georg Mildenberger, Universität Heidelberg.

11.8 *European Care Certificate ECC:* **Einheitliches Zertifikat für den pflegenahen Sozialbetreuungsbereich**

Kurzinformationen: Das *European Care Certificate (ECC)* ist ein einheitliches Zertifikat für den pflegenahen Sozialbetreuungsbereich (siehe Abb. 11.9). Die grundlegende Idee hinter dem European Care Certificate besteht darin, ein Zertifikat für BerufseinsteigerInnen im Pflege und Sozialbetreuungsbereich zu entwickeln, das überall in der EU anerkannt wird und im Europäischen Qualitätsrahmen und den nationalen Qualifikationsrahmen für Pflege und Soziale Dienstleistungen eingebettet ist. Zunächst war es an den Mitgliedsstaaten der EU sich im Hinblick auf ein gemeinsames Basiswissen für Berufseinsteiger im Pflegebereich zu verständigen. Gleichermaßen musste man den Inhalt eines Tests festlegen, mithilfe dessen das Basiswissen geprüft und dann das Zertifikat verliehen werden konnte.

Visual Essay zur Fallstudie: Abb. 7.6 LINK: https://doi.org/10.1007/000-0nq

Abb. 11.9   Modell der Dienstleistungsinnovation *ECC,* © Langer/Eurich/Güntner 2018

Innovative Elemente: Die Innovation besteht in der gemeinsamen Definition von Basiswissen für Arbeitnehmer im Sozialbetreuungsbereich, auf den sich die EU-Mitgliedstaaten geeinigt haben, sowie in der Entwicklung eines Tests zur Überprüfung dieses Wissens. Das BESCLO (Basic European Social Care Learning Outcomes) deckt acht Bereiche in der Sozialbetreuung ab. Diese sind: Grundwerte in der Sozialbetreuung, Förderung der Lebensqualität der KlientInnen, Umgang mit Risiko, die eigene Rolle als BetreuerIn verstehen, Sicherheit am Arbeitsplatz, positiv und erfolgreich kommunizieren, Missbrauch und Vernachlässigung erkennen und darauf reagieren, sich als Mitarbeiter weiterentwickeln. Durch das Zertifikat erhöhen sich die Einstellungschancen von qualifiziertem Personal, auch im Hinblick auf Mobilität von Arbeitnehmern im europäischen Binnenmarkt.

Zielstellung: Mit dem *ECC* soll die Mobilität von Arbeitnehmern innerhalb der EU vereinfacht und gleichzeitig die Qualifikation von Personal im Sozialbetreuungsbereich gesichert werden.

Nutzergruppen: ArbeitnehmerInnen und BerufseinsteigerInnen im Sozialbetreuungsbereich (für alte oder behinderte Menschen), die in einer Einrichtung oder im häuslichen Bereich arbeiten; Arbeitgeber, Pflegeeinrichtungen und andere Dienstleister; Ausbilder und Aufsichtspersonen, die die Qualifikation überprüfen und sicherstellen, dass adäquat ausgebildetes Personal die Dienstleistungen bereitstellen.

11.8.1 Sozialer und politischer Kontext

Zwischen 2000 und 2007 wurden etwa 3,3 Mio. Arbeitsplätze in Gesundheits- und Sozialdienstleistungen geschaffen (Europäische Kommission 2008, S. 15) und selbst in den Krisenjahren 2008–2013, in denen EU-weit ca. 6,3 Millionen Arbeitsplätze abgebaut wurden, wuchs dieser Bereich um 1,3 % (Europäische Kommission 2014, S. 4). 2013 waren 22,8 Millionen Menschen in diesem Bereich beschäftigt, das sind 10,7 % aller Arbeitsplätze (ebd.). Die Entwicklung fällt jedoch regional sehr unterschiedlich aus. In den skandinavischen Ländern und in den Niederlanden ist der Beschäftigtenanteil mit 15–19 % überdurchschnittlich hoch, in einigen südosteuropäischen Ländern liegt er hingegen bei unter 6 %. (ebd., S. 5). In den Gesundheits- und Sozialberufen sind nach wie vor v. a. Frauen beschäftigt (78 %), und auch die neu geschaffenen Arbeitsplätze wurden v. a. von Frauen besetzt (81 %) (ebd., S. 7). Diese Merkmale sind auch vor dem Hintergrund sich verändernder Familienformen und berufstätiger Frauen bedeutend und zeigen, dass informelle Formen von Pflege und Betreuung zunehmend durch formelle Formen abgelöst werden. Die Arbeitskräfte in diesem Bereich sind deutlich älter als in anderen Branchen. Das Bildungsniveau ist überdurchschnittlich hoch, aber auch das geschlechtsbezogene Lohngefälle (ebd., S. 27).

In Europa ist die Nachfrage nach sozialen Dienstleistungen höher als die verfügbaren Ressourcen, sowohl im Hinblick auf Personal als auch auf Finanzierung. Bedenkt man den demografischen Wandel wird sich diese Situation in Zukunft wohl noch verschärfen, wenn nicht das Wachstumspotenzial genutzt wird, das in diesem Markt steckt (ebd., S. 27).

Ausgangspunkt des Innovationshandelns: Das *European Care Certificate* entstand aus der Erkenntnis heraus, dass in Zukunft immer mehr Pflegepersonal für ältere und behinderte Menschen gebraucht wird (sowohl im häuslichen Bereich als auch in Einrichtungen), es jedoch einen Mangel an anerkannten Qualifikationen gibt, die über die Ausbildung und fachlichen Fähigkeiten des Personals Auskunft geben und den Arbeitnehmern gleichzeitig die Möglichkeit geben, auch im Ausland eine Beschäftigung zu suchen.

Vor dem Hintergrund des demografischen Wandels ist man zunehmend auf qualifiziertes Pflegepersonal angewiesen, es fehlt jedoch an Arbeitskräften und den finanziellen Mitteln, diese öffentlich zu finanzieren. Die Kenntnisse und Fähigkeiten des Pflegepersonals sind oft sehr unterschiedlich und oftmals haben qualifizierte Quereinsteiger nicht die Möglichkeit, ihre Qualifikationen anerkennen zu lassen. In vielen Ländern gibt es zudem auch keine Vorgaben hinsichtlich der Qualifikation von Berufseinsteigern. Durch das Zertifikat soll die Möglichkeit gegeben werden, ein einheitliches Basiswissen zu vermitteln und dieses durch Vergabe eines Zertifikats zu belegen. Im Hinblick auf die Freizügigkeit wird es so auch für Arbeitgeber in anderen europäischen Ländern leichter, die Qualifikation von Bewerbern einzuschätzen und so qualifizierte Arbeitskräfte einzustellen.

Organisationale Einbettung des Projekts: Das *European Care Certificate* wurde im Rahmen von drei EU-Projekten (gefördert im Rahmen des Leonardo Da Vinci Programms) entwickelt. Im Rahmen dieser Projekte wurde BESCLO entworfen, wobei weitere europäische Partnerinstitutionen aus dem Bereich sozialer Dienstleistungen als auch deren Nutzer einbezogen wurden. Eine zentrale Rolle in diesem Bereich spielte auch die EASPD (European Association of Service Providers for Persons with Disabilities), die zentrale Dachorganisation für Dienstleistungsanbieter für Menschen mit Behinderung. Die EASPD bildet den administrativen Rahmen für das *ECC*. In jedem der derzeit 16 Länder, in denen das Care Certificate angeboten wird, gibt es eine Einrichtung, die selbst oder mit weiteren Partnern die Qualifizierung und Zertifizierung durchführt. In manchen Ausbildungsgängen (in Deutschland zum Beispiel in der Ausbildung zum/r Heilerziehungspfleger/in und in der Weiterbildung zur Betreuungskraft) ist das Zertifikat schon integriert. Offiziell als eigenständiger Berufsabschluss anerkannt ist das ECC bislang jedoch erst in der Tschechischen Republik und in Rumänien.[12]

Link zur Homepage:
http://www.eccertificate.eu

---

[12] An der Recherche und Erstellung dieser Fallstudie waren maßgeblich beteiligt: James Churchill und Miriana Giraldi, EASPD.

11.9 *Gesellschaft für psychosoziale Einrichtungen gGmbH (GPE)* Mainz, Deutschland: Arbeitsmarktintegration

Kurzinformationen: Die *Gesellschaft für psychosoziale Einrichtungen gGmbH (GPE)* in Mainz verbindet die Schaffung adäquater Arbeitsplätze für Menschen mit Behinderung mit individualisierten, passgenauen Unterstützungs- und Begleitungsleistungen für Menschen mit Behinderungen und psychischen Erkrankungen, die auf berufliche und gesellschaftliche Integration abzielen (siehe Abb. 11.10). *GPE* beinhaltet für die Nutzer neben Arbeits- und beruflichen (Wieder)Eingliederungsmöglichkeiten in vielfältigen Umgebungen mit unterschiedlichsten Qualifikationsvoraussetzungen auch therapeutische Angebote (z. B. Ergotherapie) und zahlreiche Optionen für die Gestaltung des Alltags (betreutes Wohnen, gemeindepsychiatrisches Zentrum, Einzelbetreuung, Beratungscafé usw.). Die Einrichtung ist gekennzeichnet durch den Fokus auf die/den Einzelnen und ihre bzw. seine speziellen Fähigkeiten sowie die starke interne Vernetzung aller Einrichtungen

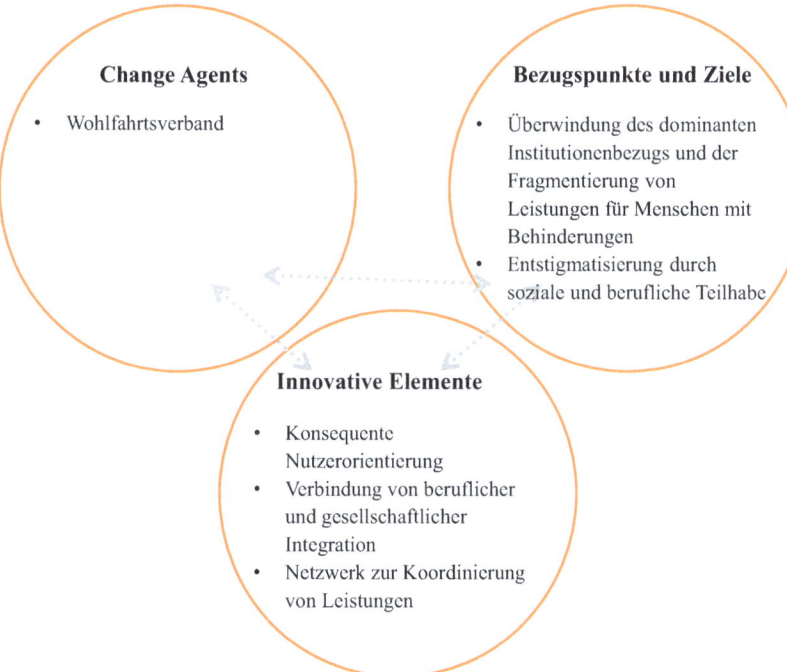

Abb. 11.10 Modell der Dienstleistungsinnovation *GPE Mainz*, © Langer/Eurich/Güntner 2018

und Dienste und ihre regionale Einbettung. Die Maßnahmen greifen im Alltag und zielen darauf ab, die Unabhängigkeit der NutzerInnen zu stärken.

Visual Essay zur Fallstudie *GPE*: Abb. 5.1 LINK: https://doi.org/10.1007/000-0nc

Innovative Elemente: Die wesentliche Innovation von *GPE* sind in der konsequenten Nutzerorientierung und in der Verbindung der individualisierten Angebote zu sehen. Persönliche Fähigkeiten und Stärken werden genutzt, sodass der Einstieg in ein selbstbestimmtes Leben erleichtert wird. Alle Angebote sind eng miteinander verknüpft, sodass die individuelle Hilfe gezielt greifen kann. Die Maßnahmen sind langfristig und auf Nachhaltigkeit ausgerichtet. Der Integrationsprozess wird gefördert und gesellschaftlicher Stigmatisierung wird vorgebeugt.

Zielstellung: Das Projekt zielt auf Entstigmatisierung der Zielgruppen und die Förderung von Gleichberechtigung durch soziale und berufliche Teilhabe.

Nutzergruppen: Das Projekt richtet sich an Menschen mit psychischen Erkrankungen, Menschen mit Behinderungen, Menschen mit chronischen Erkrankungen mit Langzeitpflegebedarf, Erwerbslose.

11.9.1   Sozialer und politischer Kontext

Soziale Dienstleistungen sind neben Geldleistungen und sozialem Recht ein konstitutives Merkmal des sozialen Sicherungssystems in Deutschland. Sie sind in allen Bereichen, von Versicherungsleistungen bis hin zur kommunalen Daseinsvorsorge vertreten. Leistungen nach dem Versicherungsprinzip stellen den höchsten Anteil im Sozialbudget dar (Leistungen der Renten-, Kranken-, Unfall-, Arbeitslosen- und Pflegeversicherung) (vgl. Bellermann 2011, S. 83 ff.).

Leistungen zur Rehabilitation und Teilhabe von Menschen mit Behinderung sind in SGB IX geregelt und umfassen medizinische Rehabilitation, Maßnahmen zur Teilhabe am Arbeitsleben, unterhaltssichernde und andere ergänzende Leistungen sowie weitere Leistungen zur Teilhabe am Leben in der Gemeinschaft (vgl. § 5 SGB IX) (siehe Tab. 11.11). Die Bruttoausgaben für Eingliederungshilfen für behinderte Menschen umfassten 2013 15,6 Mrd. Euro und machten damit über die Hälfte (56 %) der Sozialhilfekosten aus. Dazu zählen Leistungen zur Teilhabe an der Gesellschaft (9,8 Mrd. €), Hilfen zu selbstbestimmtem Leben, insb. ambulant betreutes Wohnen (7,8 Mrd. €) und Leistungen in anerkannten Werkstätten (4 Mrd. €) (Statistisches Bundesamt (DESTATIS) 2015).

Tab. 11.11 Soziale Situation und Behinderung in Deutschland (ausgewählte Sozialdaten). (Quelle: EUROSTAT, eigene Zusammenstellung © Langer/Eurich/Güntner 2018)

	Deutschland	EU
Gesamtbevölkerung 2015	81,2 Mio.	505,5 Mio. (v)
Armutsgefährdungsquote (2015)	16,7 %	17,3 %
Personen, die von Armut und sozialer Ausgrenzung bedroht sind (in % der Bevölkerung, 2015)	20,0 %	23,7 %
Personen mit Behinderung im Alter von 15–64 Jahren (2012*)	14,8 Mio.	73,0 Mio.
Als schlecht und sehr schlecht selbstbeurteilter Gesundheitszustand von Personen mit durch Krankheit oder Behinderung dauerhafter Aktivitätseinschränkung (2014)	22,1 %	32,8 %
Ausgaben für Sozialschutz (2014, in % des BIP)	29,1 % (v)	28,7 % (v)

* Diesen Zahlen liegt die Definition der UN BRK zugrunde: „Zu den Menschen mit Behinderungen zählen Menschen, die langfristige körperliche, seelische, geistige oder Sinnesbeeinträchtigungen haben, welche sie in Wechselwirkung mit verschiedenen Barrieren an der vollen, wirksamen und gleichberechtigten Teilhabe an der Gesellschaft hindern können", siehe : http://ec.europa.eu/eurostat/de/web/health/disability (zuletzt geprüft am 15.01.2017).

Ausgangspunkt des Innovationshandelns: *GPE Mainz* wurde 1985 auf Initiative des Paritätischen Wohlfahrtsverbandes (Landesverband Rheinland-Pfalz/Saarland) gegründet, um Möglichkeiten zur beruflichen Rehabilitation und auch langfristig Arbeitsplätze für psychisch kranke Menschen zu schaffen. Die Initiative und das aus ihr hervorgegangene Unternehmen adressiert eine Reihe von strukturellen Schwächen des Leistungssystems für Menschen mit Behinderung. Dazu zählt zunächst die Dominanz des Institutionenbezugs bei sozialen Dienstleistungen in der Behindertenhilfe: Leistungen werden zu einem wesentlichen Teil als Komplexleistungen organisiert und Eingliederungshilfen werden vorwiegend innerhalb von Einrichtungen gewährt. Des Weiteren ist die Unübersichtlichkeit von Zuständigkeiten durch fragmentiertes Leistungsrecht, komplizierte Finanzierungsmodelle und Trägervielfalt angesprochen. Weitere Aspekte sind der enorme Kostenanstieg für Eingliederungshilfen und die Nachrangigkeit der Behindertenhilfe.

Organisationale Einbettung des Projekts: *GPE* ist eine gemeinnützige GmbH, zu den Gesellschaftern zählen die Stiftung Parität sowie die WfbM (Werkstätte für Menschen mit Behinderung Mainz). Die *GPE* vernetzt eine Vielzahl von

Dienstleistungen und Angeboten in den Bereichen Alltagshilfe sowie medizinische und berufliche Rehabilitation verknüpft mit aktuellen regionalen Projekten. Mit ihrer spezifischen Organisationsform als Netzwerk mehrerer aufeinander abgestimmter Einrichtungen stellt *GPE* sicher, dass Hilfen und Maßnahmen ineinandergreifen und miteinander vernetzt sind. Typische Schnittstellenproblematiken zwischen unterschiedlichen Leistungen und Trägern werden aufgehoben.[13]

Link zur Homepage:
www.gpe-mainz.de

---

[13] An der Recherche und Erstellung dieser Fallstudie waren maßgeblich beteiligt: Gemma-Dorina Witt, Kerstin Müller, HAW Hamburg sowie Claudia Rustige, GPE Mainz.

11.10   *Humanitas Thuisadministratie,* Niederlande: Präventive Finanzberatung

Kurzinformationen: Das Financial Home Administration-Programm („*Thui-sadministratie*") wurde von der Organisation *Humanitas* ins Leben gerufen und unterstützt Menschen, die Probleme damit haben, ihre persönliche finanzielle Lage zu überblicken und eigenständig mit den Behörden zusammenzuarbeiten (siehe Abb. 11.11). Durch das Programm werden gezielt Kenntnisse und Kompetenzen vermittelt, sodass die Nutzer ihre behördlichen Angelegenheiten (wieder) selbstständig bewältigen können und existenzbedrohende Risiken, wie etwa hohe Schulden oder sogar Privatinsolvenz, abwenden können. Die Dienstleistung ist vorbeugend konzipiert und greift nicht erst dann, wenn klassische Entschuldungsmechanismen ansetzen. Zudem wird die Hilfe individuell zugeschnittenen

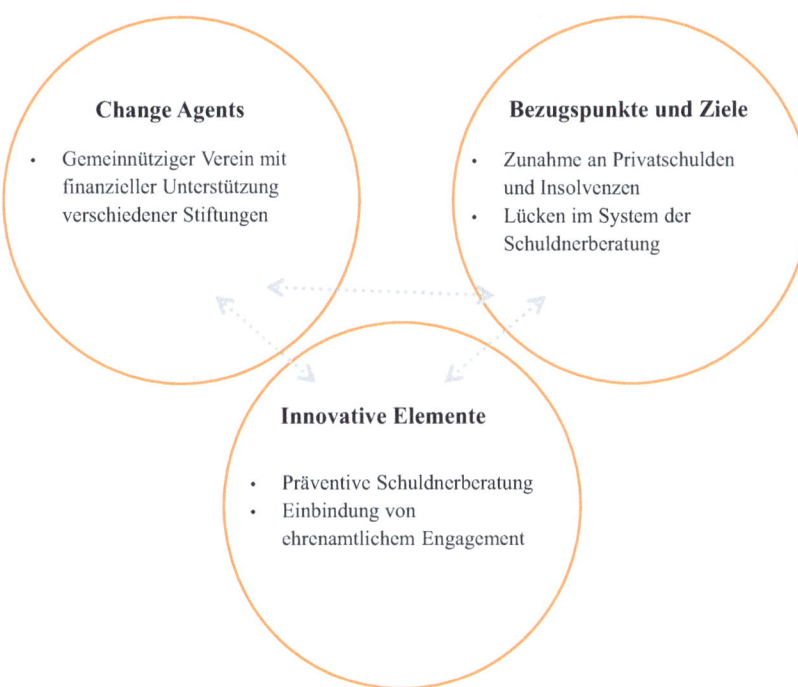

Change Agents

- Gemeinnütziger Verein mit finanzieller Unterstützung verschiedener Stiftungen

Bezugspunkte und Ziele

- Zunahme an Privatschulden und Insolvenzen
- Lücken im System der Schuldnerberatung

Innovative Elemente

- Präventive Schuldnerberatung
- Einbindung von ehrenamtlichem Engagement

Abb. 11.11   Modell der Dienstleistungsinnovation Humanitas, © Langer/Eurich/Güntner 2018

und bei den Teilnehmern des Programms zuhause durch qualifizierte Freiwillige umgesetzt. Das Programm wird regelmäßig extern evaluiert, vor allem im Hinblick darauf, ob und mit welchem Erfolg die Nutzer relevante Fähigkeiten zur Verbesserung ihrer Lebenssituation erworben haben. Die Ergebnisse der Evaluation werden zur laufenden Verbesserung des Angebots genutzt.

Das Programm setzt bereits zu einem sehr frühen Zeitpunkt an und ist genau auf die Bedürfnisse der NutzerInnen abgestimmt. Die freiwilligen Mitarbeiter kommen zu den NutzerInnen nach Hause, sodass jeglicher Stigmatisierung vorgebeugt wird und gleichzeitig eine persönliche Ebene gegeben ist. Auf diese Weise wird Vertrauen geschaffen und die Weitergabe von Kompetenzen und Fähigkeiten erleichtert.

Visual Essay zur Fallstudie *Humanitas*: Abb. 6.2 LINK: https://doi.org/10.1007/000-0nf

Innovative Elemente: Durch die Einbindung der Freiwilligen und den präventiven Ansatz unterscheidet sich die Dienstleistung grundlegend von anderen Maßnahmen der Schuldnerberatung, die in der Regel von öffentlichen Behörden im Falle von schon bestehender Schuldenproblematik bereitgestellt werden. Humanitas bietet eine Dienstleistung, die die bestehenden staatlichen Hilfen ergänzt, ohne sich jedoch mit diesen zu überschneiden.

Zielstellung: Durch den Ansatz von *Humanitas* soll das Selbstvertrauen der Nutzer in die eigenen Fähigkeiten gestärkt werden. Die Dienstleistung basiert auf den Werten Solidarität und Unabhängigkeit und direkte persönliche Hilfe durch die Freiwilligen und trägt auf diese Weise zum Empowerment der Nutzer und deren (Re)-Integration in die Gesellschaft bei.

Nutzergruppen: Das Programm richtet sich sowohl an Menschen in finanziellen Notlagen, z. B. in Folge von Insolvenz, Verschuldung oder Vertreibung, wie auch an Personen (insb. Junge Erwachsene), die Schwierigkeiten im Umgang mit Geld haben, etwa aufgrund von Analphabetismus oder eines niedrigen Bildungsniveaus; eine weitere Zielgruppe sind Ex-Häftlinge, die im Rahmen ihrer Re-(Integration) in die Gesellschaft Unterstützung bei Behördengängen benötigen.

11.10.1 Sozialer und politischer Kontext

Die niederländische Regierung ist verpflichtet, das Wohlergehen der Bevölkerung zu fördern und angemessene Kredit- und Entschuldungslösungen bereitzustellen, wenn der Markt in dieser Hinsicht versagt (siehe Tab. 11.12). Einige Probleme

Tab. 11.12 Soziale Situation und Privatschulden in den Niederlanden (ausgewählte Sozialdaten). (Quelle: EUROSTAT, eigene Zusammenstellung © Langer/Eurich/Güntner 2018)

	Niederlande	EU
Gesamtbevölkerung 2015	16,9 Mio.	508,5 Mio. (v)
Armutsgefährdungsquote (2015)	11,6 %	17,3 %
Personen, die von Armut und sozialer Ausgrenzung bedroht sind (in % der Bevölkerung, 2015)	16,4 %	23,7 %
Zahlungsrückstände (Hypotheken bzw. Miete Rechnungen von Versorgungsbetrieben oder Ratenzahlungen, in % der Bevölkerung, 2015)	5,6 % (v)	11,5 %
Zahlungsrückstände (Hypotheken bzw. Miete Rechnungen von Versorgungsbetrieben oder Ratenzahlungen, in % der Bevölkerung mit einem Einkommen unter 60 % des medianen Äquivalenzeinkommens – Armutsrisiko –, 2015)	18,4 %	25,7 %
Ausgaben für Sozialschutz (2014, in % des BIP)	30,9 %	28,7 % (v)

können durch restriktive Gesetzgebung im Bereich Kreditvergabe oder Höhe des Zinssatzes gelöst werden. Auch die Etablierung von effektiven Insolvenzverfahrensstrukturen auf lokaler Ebene sowie erleichterte Bedingungen für Freiwilligenorganisationen, die in diesem Bereich agieren, tragen zu einer Verbesserung der Situation bei. Das Schuldensanierungsgesetz („Wet Schuldsanering Natuurlijke Personen" – WSNP) von 1998 schreibt eine direkte Zusammenarbeit zwischen Gemeinden, privater- und semi-privater Schuldnerberatung der 50 „Gemeentelijke Kredietbanken" vor. Das Ziel der Gesetzgebung ist eine gütliche Einigung ohne richterliches Verfahren. Auch die „Volkskreditbanken" und kommunalen Sozialdienste bieten Beratung und Schlichtungsverfahren an. Auf richterliche Anordnung können auch Sanierungspläne erstellt werden, die üblicherweise über drei Jahre laufen und von einem Vergleichsverwalter („Bewindvoerder") überwacht werden (vgl. European Consumer Debt Netwrok 2007).[14] Seit 2012 sind die Kommunen verpflichtet, Schuldnerberatung anzubieten. Eine wichtige Anlaufstelle für Ratsuchende ist das „Bureau Wet Schuldsanering Natuurlijke Personen".

---

[14] Siehe auch den Überblick „Debt Advice in Europe" des Schuldnerfachberatungszentrums der Johannes-Gutenberg-Universität Mainz: https://www.sfz.uni-mainz.de/2626.php#L_ Netherlands (zuletzt geprüft am 29.12.2016).

Ausgangspunkt für das Innovationshandeln: Das Programm schließt verschiedene Lücken im professionellen System der Schuldnerberatung. Es greift, bevor die staatlichen Schuldenhilfeprogramme in Gang gesetzt werden. Die ehrenamtlichen Fachkräfte haben auch mehr Zeit und Verständnis, sich mit Schwierigkeiten im Umgang mit Formularen und Bürokratie auseinander zu setzen. Die Dienstleistung richtet sich an Menschen, die vor allem auch in Folge der Wirtschaftskrise in den vergangenen Jahren in finanzielle Notlagen geraten sind und nun auch in einer immer weiter liberalisierten Wirtschaft Entscheidungen im Hinblick auf ihre persönliche finanzielle Vorsorge treffen müssen, die sie oft überfordern. Hinzu kommt die Angst vor dem Gesichtsverlust und der Stigmatisierung, die das Öffentlichmachen von finanziellen Notsituationen für den Einzelnen oft beinhaltet. *Humanitas* reagiert mit dieser Dienstleistung also auf die stetig wachsende Zahl an Menschen, die Unterstützung und Empowerment brauchen, um mit den Anforderungen in einer liberalisierten Wirtschaft umgehen zu können. Veränderte soziale Rollen, wachsende Ansprüche und ein zunehmender Bedarf an evidenzbasierter Politik im sozialen Sektor trugen zur Entwicklung dieses Projekts bei.

Organisationale Einbettung des Projekts: *Humanitas* ist ein gemeinnütziger Verein, der seit 1945 mit derzeit über 24.000 freiwilligen MitarbeiterInnen Menschen in schwierigen sozialen Lebenslagen in den Niederlanden unterstützt. Das „Thuisadministratie" Program wurde seit 2001 in verschiedenen Regionen eingeführt und wird seit 2010 u. a. von der Stiftung der Rabobank gefördert.[15]

Link zur Homepage:
https://www.humanitas.nl

---

[15] An der Recherche und Erstellung dieser Fallstudie waren maßgeblich beteiligt: Elisa Laino und Adeline Otto, Solidar.

11.11   *Irre menschlich Hamburg e.V.,* Deutschland: Psychose-Seminare, Trialog und Öffentlichkeitsarbeit über psychische Erkrankungen

Kurzinformationen: Der Verein *„Irre menschlich Hamburg e.V."* hat es sich zur Aufgabe gemacht, Öffentlichkeitsarbeit zu allen Aspekten der seelischen Gesundheit zu leisten (siehe Abb. 11.12). Dazu wurde eine besondere Form des Trialogs entwickelt, der psychisch Erkrankte, Angehörige, Therapeuten, Ärzte und Bürger miteinbezieht, so wird eine gleichberechtigte Begegnung aller Beteiligter gewährleistet. Im Trialog geht es um die gleichberechtigte Erfahrung von Psychose-Erfahrenen, Angehörigen und Therapeuten im Sinne von wechselseitigem Lernen und gegenseitigem Respekt. Diese Idee hat ihren Ursprung in Deutschland in den sog. Psychose-Seminaren, ist mittlerweile aber auch für andere Krankheitserfahrungen

Abb. 11.12   Modell der Dienstleistungsinnovation *Irre menschlich Hamburg e.V.,* © Langer/Eurich/Güntner 2018

und andere Ebenen der Begegnung im Zusammenhang mit psychischen Erkrankungen von Bedeutung. Durch die Organisation von Informations-, Begegnungs-, Präventions- und Fortbildungsprojekten wird Toleranz und der Abbau
von Vorurteilen gegenüber psychisch Erkrankten gefördert und schlussendlich
Inklusion, Respekt und Partizipation vorangetrieben. Durch die Begegnung
wird das erlernte theoretische Wissen mit Erfahrungswissen ergänzt.

Visual Essay zur Fallstudie *„Irre menschlich Hamburg e.V."*: Abb. 7.4 LINK:
https://doi.org/10.1007/000-0nj

Innovative Elemente: Im Trialog gelten Betroffene als Experten der eigenen Krisenerfahrung, Angehörige als Experten des Miterlebens und Fachkräfte (Therapeuten, Ärzte) als berufliche Experten. Gemeinsam entwickeln die Beteiligten ein
Verständnis von seelischen Krisen und von seelischer Gesundheit.

Zielstellung: Ziel des Vereins *Irre menschlich Hamburg e.V.* ist es, „das Verständnis für Menschen mit psychischen Erkrankungen und Besonderheiten zu fördern
und ihrer Stigmatisierung öffentlich entgegen zu wirken".[16] Die Ziele des Trialogs
sind eine neue Definition psychischer Erkrankung, ihrer Diagnose und der Behandlungsplanung, die Förderung von Chancengleichheit, Empowerment, Entstigmatisierung und Nichtdiskriminierung durch den Austausch auf Augenhöhe und die
Fokussierung auf die jeweiligen Fähigkeiten von Betroffenen, Angehörigen und
Fachkräften.

Nutzergruppen: Zu den NutzerInnen der Angebote von *Irre menschlich Hamburg
e.V.* zählen u. a. SchülerInnen aller Schularten, Polizei, Betriebe, Kirche sowie
Menschen mit Psychiatrie-Erfahrung, Angehörige und Fachkräfte.

11.11.1 Sozialer und politischer Kontext

Die Erhebung von spezifischen Daten und Informationen zur Zielgruppe der psychisch Erkrankten in Deutschland gestaltet sich als schwierig, da die Nutzergruppen in unterschiedlichen sozialen Sicherungssystemen erfasst werden und somit
keine einheitlichen Datensammlungen verfügbar sind. Ausgehend von Prognosen, die eine ständig wachsende Zahl psychisch Erkrankter voraussagen, ist von

---

[16] Zitat aus der Vereinssatzung vom 11.4.2013.

Tab. 11.13 Soziale Situation und psychische Gesundheit in Deutschland (ausgewählte Sozialdaten). (Quellen: EUROSTAT, Statistisches Bundesamt, eigene Zusammenstellung © Langer/Eurich/Güntner 2018)

	Deutschland	EU
Gesamtbevölkerung 2015	81,2 Mio.	508,5 Mio. (v)
Armutsgefährdungsquote (2015)	16,7 %	17,3 %
Personen, die von Armut und sozialer Ausgrenzung bedroht sind (in % der Bevölkerung, 2015)	20,0 %	23,7 %
Gesundheitsausgaben in % des BIP (2014)[*]	11,2 %	n/a
Anteil der Kosten für psychische und Verhaltensstörungen an allen Krankheitskosten (2008)[**]	11,3 %	n/a
Ausgaben für Sozialschutz (2014, in % des BIP)	29,1 % (v)	28,7 % (v)

[*]Quelle: Statistisches Bundesamt : Gesundheitsausgaben, https://www.destatis.de/DE/ZahlenFakten/GesellschaftStaat/Gesundheit/Gesundheitsausgaben/Gesundheitsausgaben. html (zuletzt geprüft am 24.01.2017).
[**]Quelle: Statistisches Bundesamt : Krankheitskosten, https://www.destatis.de/DE/ZahlenFakten/GesellschaftStaat/Gesundheit/Krankheitskosten/Krankheitskosten.html (zuletzt geprüft am 24.01.2017).

massiven Herausforderungen für das Gesundheitssystem in Deutschland auszugehen (siehe Tab. 11.13).

Die Behandlung von psychischen Erkrankungen im Gesundheitssystem hat sich im Laufe der Zeit stark gewandelt. Im 19. Jahrhundert war dies vor allem geprägt durch medizinische Behandlungen und institutionenzentrierte Pflege. Psychisch erkrankte Menschen wurden oftmals Opfer körperlicher Misshandlung (z. B. Zwangssterilisationen) oder sogar getötet. Sozialpsychiatrie wurde erst durch ein größer werdendes Verständnis für Individualisierungsprozesse und der gesteigerten Bedeutung des Faches Psychologie etabliert. Im 20. Jahrhundert war die Psychiatrie dann damit befasst, Hilfe zur Selbsthilfe zu vermitteln, sowie präventive Hilfen und Nachsorge – speziell auch für die Angehörigen der Erkrankten und deren erweitertes Umfeld – anzubieten (vgl. Dörner und Plog 2002, S. 501 ff.).

Aktuelle Reformansätze in der Psychiatrie weisen in Richtung Ambulantisierung, sind jedoch durch Strukturprobleme bei der psychiatrischen Versorgung und deren Finanzierung geprägt (Bock 2011): Dazu zählen die Übermacht großer Institutionen (Heime, Kliniken, Anstalten), deren Finanzierungsmodus nach wie vor auf stationäre Hilfe konzentriert ist, sowie Probleme beim Angebot von Wohn-raum und Arbeit, eine anhaltende gesellschaftliche Stigmatisierung von psy-chisch erkrankten Menschen, und v. a. Begrenzungen im Leistungsspektrum – bei bestimmten Diagnosen (schizophrene Psychosen und bipolare Störungen) stehen psychotherapeutische Hilfen kaum zur Verfügung (Melchinger 2008).

Ausgangspunkt des Innovationshandelns: Die Psychose-Seminare wurden 1989 von der Psychiatrie-erfahrenen Künstlerin Dorothea Buck und dem Psy-chologen Thomas Bock an der Universitätsklinik Hamburg ins Leben gerufen. Ziel war es, das Wissen der Psychose-Erfahrung Fachkräften zu vermitteln, um den psychiatrischen Umgang mit Psychosen zu verändern. Aus einem Psychose-Seminar heraus entstand 1999 die Initiative „Irre menschlich", 2002 folgte die Gründung des gleichnamigen Vereins für Öffentlichkeitsarbeit im Bereich psychischer Erkrankung und seelischer Gesundheit.

Organisationale Einbettung des Projekts: Psychose-Seminare sind offene Gruppen und werden inzwischen in vielen Städten angeboten. Der Verein *Irre menschlich e.V.* bietet in Hamburg Informations-, Begegnungs- und Präven-tionsprojekte sowie trialogische Fortbildungen an. Zudem werden regelmäßig Aus- und Fortbildungsveranstaltungen für Journalisten, Gesundheitsberufe, Jugendhilfe, Polizisten, (Hochschul-)Lehrer, Pastoren etc. angeboten sowie kul-turelle Veranstaltungen (Ausstellungen, Filme, Theater) in denen vor allem Psychiatrie-Erfahrenen aktiv Antistigmaarbeit leisten. Irre menschlich e.V. besteht aus derzeit ca. 50 Mitgliedern (ca. die Hälfte sind aktiv beteiligt) und weiteren Unterstützern. Die Mitglieder, Angehörige und Ärzte sind größtenteils ehrenamt-lich aktiv, wobei unmittelbare Projekteinsätze von Betroffenen und Angehörigen entlohnt werden. Irre menschlich e.V. ist Mitglied im Paritätischen Wohlfahrts-verband. Der Verein finanziert sich durch Spenden, Fundraising und Beiträge der Vereinsmitglieder.[17]

Link zur Homepage:
http://www.irremenschlich.de

---

[17] An der Recherche und Erstellung dieser Fallstudie waren maßgeblich beteiligt: Thomas Bock und Gyöngyvér Sielaff, Irre menschlich e.V., Gemma-Dorina Witt und Kerstin Müller, HAW Hamburg.

11.12   *Môm'Artre*, Frankreich: Kinderbetreuung und neue Arbeitsplätze

Kurzinformationen: *Môm'Artre* verbindet Angebote zur Nachmittagsbetreuung für Kinder mit Erwerbsmöglichkeiten im künstlerisch-kreativen Bereich (siehe Abb. 11.13). Die Angebote werden an das Einkommen und die Zeitpläne der Familien, insbesondere Alleinerziehender, angepasst. Die Kinder sollen vor allem durch angebotene Kunst-Workshops unter der Leitung von Künstlern gefördert werden. Auf diese Weise werden auch Arbeitsplätze für Kunstschaffende geschaffen, die oftmals von unsicheren Arbeitsverhältnissen betroffen sind. Ein weiteres Merkmal von Môm'Artre ist die Einbeziehung der direkten Nachbarschaft in die angebotenen Aktivitäten. Die Finanzierung verläuft über eine Kombination aus öffentlicher Unterstützung, Spenden und Eigenarbeit. Môm'Artre wurde 2001 von einer

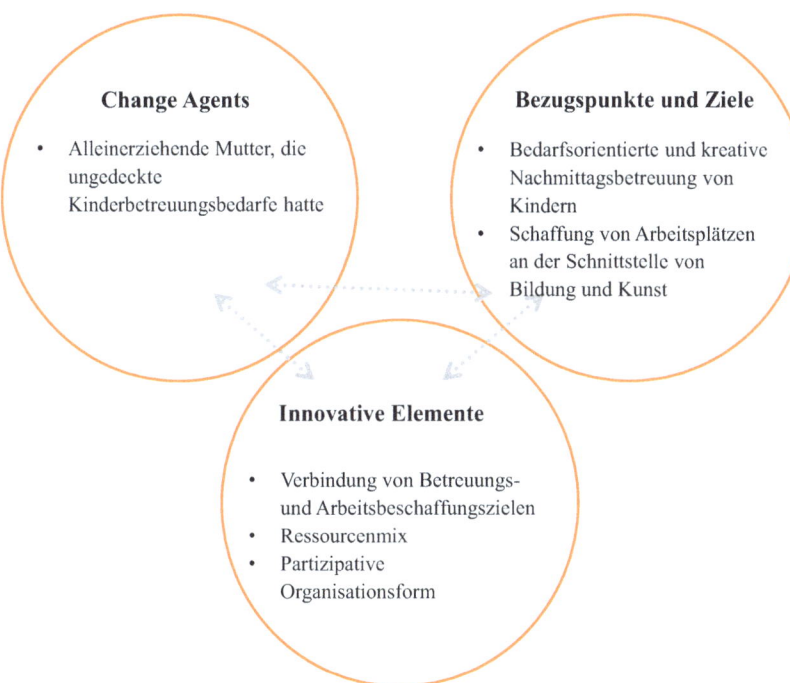

Abb. 11.13   Modell der Dienstleistungsinnovation *Môm'Artre*, © Langer/Eurich/Güntner 2018

alleinerziehenden Mutter in Paris initiiert und ist inzwischen zu einem Netzwerk mit zahlreichen Standorten in verschiedenen französischen Städten angewachsen.

Visual Essay zur Fallstudie *Môm'Artre*: Abb. 5.5 LINK: https://doi.org/10.1007/000-0ne

Innovative Elemente: Die Innovation liegt in der Verbindung unterschiedlicher Zielsetzungen: Verbesserung der Betreuung und Schaffung von kreativen Arbeitsplätzen. Dazu kommt die Netzwerkbasierte und partizipative Organisationsform, über die jeweils ein passender Ressourcenmix (u. a. Geld, Zeit, Engagement) erschlossen wird.

Zielstellung: In erster Linie soll die Kinderbetreuung vor allem für Familien in belastenden Lebenssituationen gewährleistet werden. Die Kinder sollen mit Kunst in Berührung kommen und so in ihrer sozialen Entwicklung gestärkt werden; gleichzeitig werden so Arbeitsplätze für Künstler geschaffen.

Nutzergruppen: Die Dienstleistung richtet sich an Kinder (4–11 Jahre) und deren Eltern, die Arbeitszeiten haben, die sich nicht mit dem herkömmlichen Betreuungsangebot vereinbaren lassen. Eine zweite Nutzergruppe sind freischaffende KünstlerInnen, die über das Projekt Einsatz- und Erwerbsmöglichkeiten finden.

11.12.1 Sozialer und politischer Kontext

In Frankreich (siehe Tab. 11.14), wo es traditionell ein gut ausgebautes Betreuungssystem für Kinder gibt, stehen insbesondere alleinerziehende Eltern zunehmend vor der Herausforderung, ihre oftmals unflexiblen Arbeitszeiten mit den Schulzeiten und außerschulischen Betreuungszeiten ihrer Kinder zu vereinbaren. Hinzu kommt, dass viele Familien und vor allem Alleinerziehende über ein nur geringes Einkommen verfügen. Wie die Tab. 11.15 zeigt, nimmt der Anteil alleinerziehender Haushalte rapide zu, damit steigt auch der Bedarf an außerschulischer Kinderbetreuung.

Eine rechtliche Grundlage für Kinderbetreuungsdienstleistungen bietet das Gesetz zur Bildung (n°89–486) vom 10. Juli 1989. Es zielt darauf ab, allen Kindern gleichen Zugang zu Sport, kulturellen Angeboten, neuen Technologien und Informations- und Kommunikationsmöglichkeiten zu verschaffen. Bis heute sind außerschulische Aktivitäten jedoch nicht verpflichtend und werden überwiegend von lokalen Trägern angeboten (wie etwa lokalen öffentlichen Einrichtungen,

Tab. 11.14 Soziale Situation und Kinderbetreuung in Frankreich (ausgewählte Sozial-daten). (Quelle: siehe Fußnoten, eigene Zusammenstellung © Langer/Eurich/Güntner 2018)

	Frankreich	EU
Gesamtbevölkerung 2015	66,4 Mio.	505,5 Mio. (v)
Armutsgefährdungsquote (2015)	13,6 %	17,3 %
Personen, die von Armut und sozialer Ausgren-zung bedroht sind (in % der Bevölkerung, 2015)	17,7 %	23,7 %
Kinderbetreuung 30 Std. und mehr wöchentlich von Kindern unter 3 Jahren (in % aller Kinder der Altersgruppe, 2014)*	26 %	14 %
Ausgaben für Sozialschutz (2014, in % des BIP)	34,3 %	28,7 % (v)

*Als formale Betreuung gilt hier die auf formalen Vereinbarungen basierende Betreuung in öffentlichen und privaten Tagesstätten (einschl. Tagesmütter), vgl. http://ec.europa. eu/eurostat/web/income-and-living-conditions/data/main-tables (zuletzt geprüft am 21.1.2017).

Vereinen oder Stiftungen). Den Gemeinden und lokalen Behörden ist es auch möglich, in den Schulen außerschulische Bildungsangebote anzubieten. Darüber hinaus können die Kommunen über die Nutzung von Schulen und dazugehörigen Turnhallen, Sportplätzen etc. entscheiden und diese für weitergehende Angebote zur Verfügung stellen. Die Ausgestaltung und Finanzierung der Angebote für Kinderbetreuung sind über lokale Verträge für die Bildung von Kindern geregelt, die zwischen Staat, Kommune und Vereinen ausgehandelt werden.

Ausgangspunkt des Innovationshandelns: Das Projekt wurde von Chantal Mainguené, einer alleinerziehenden Mutter in Paris initiiert. Da sie keine Betreuungsmöglichkeiten fand, beschloss sie ein Angebot zu entwickeln. Sie machte eine Umfrage unter 110 Haushalten und kontaktierte die Kommune, die Räume für ein zunächst kostenloses und auf Freiwilligenarbeit beruhendes Programm zur Verfügung stellte. Schrittweise wurde die Betreuung dann professionalisiert. Nach der erfolgreichen Etablierung weitete die Sozialunternehmerin die Aktivitäten auf weitere Standorte aus.

Organisationale Einbettung des Projekts: Die Betreuungseinrichtungen sind in einem Netzwerk (Reseau Môm'Artre) zusammengeschlossen, das als soziales Unternehmen agiert. Jede Einrichtung basiert dabei auf einem spezifischen

Tab. 11.15 Haushalte mit Kindern in Frankreich. (Quelle: Institut national de la statistique et des études economiques, eigene Zusammenstellung © Langer/Eurich/Güntner 2018)

Haushalte mit Kindern in Frankreich[*]

Art des Haushalts	Metropolregion				National			
	1999		2010		1999		2010	
	in 1000	Anteil (%) an Familien mit Kind(ern) unter 18 Jahren	in 1000	Anteil (%) an Familien mit Kind(ern) unter 18 Jahren	in 1000	Anteil (%) an Familien mit Kind(ern) unter 18 Jahren	in 1000	Anteil (%) an Familien mit Kinder(n) unter 18 Jahren
Paar mit Kind(ern) unter 18 Jahren	6163,4	83,7	6088,6	79,5	6338,6	83,1	6257,4	78,8
Alleinerziehende	1199,0	16,3	1569,1	20,5	1288,9	16,9	1686,7	21,2
Alleinerziehende Mütter mit Kind(ern) unter 18 Jahren	1048,5	14,2	1329,1	17,4	1130.3	14.8	1436.3	18.1
Alleinerziehende Väter mit Kinder(n) unter 18 Jahren	150,5	2,0	240,1	3,1	158.6	2.1	250,4	3,2
Familien mit Kindern (gesamt)	7362,4	100	7657,7	100	7627.5	100	7944.1	100

[*]Quelle: Institut National de la statistique et des études économiques (INSEE): Structure des familles avec enfants de mois de 18 ans, http://www.bdm.insee.fr/bdm2/choixCriteres?codeGroupe=1511 (zuletzt geprüft am 24.01.2017).

Finanzierungs- und Trägermodell, das sich aus den lokalen Konstellationen ergibt. Inzwischen sind neben lokalen Unterstützern auch zahlreiche globale Konzerne über Sponsoring an der Finanzierung beteiligt.[18]

Link zur Homepage:
www.momartre.net

---

[18] An der Recherche und Erstellung dieser Fallstudie waren maßgeblich beteiligt: Philippe Eynaud und Elisabetta Bucolo, IAE Paris.

11.13 *Nueva*, Österreich und Deutschland: Nutzergesteuerte Evaluation

Kurzinformationen: Die Organisation *Nueva* (kurz für „Nutzerinnen und Nutzer evaluieren") bildet Menschen mit Behinderung dazu aus, andere behinderte Menschen zu befragen, wie sie die Qualität ihrer Pflege- und Arbeitsumgebung bewerten würden (siehe Abb. 11.14). Die Evaluationen werden auf der Grundlage von Peer-to-Peer-Interviews durchgeführt. Die Evaluation ist folglich hochgradig inklusiv und stellt die Nutzer in den Mittelpunkt.

Visual Essay zur Fallstudie *Nueva*: Abb. 6.3 LINK: https://doi.org/10.1007/000-0nh

Innovative Elemente: Die Evaluation erfolgt nicht auf der Basis herkömmlicher Bewertungsbögen, sondern durch Peer-to-Peer-Interviews. Es wurde zudem eine

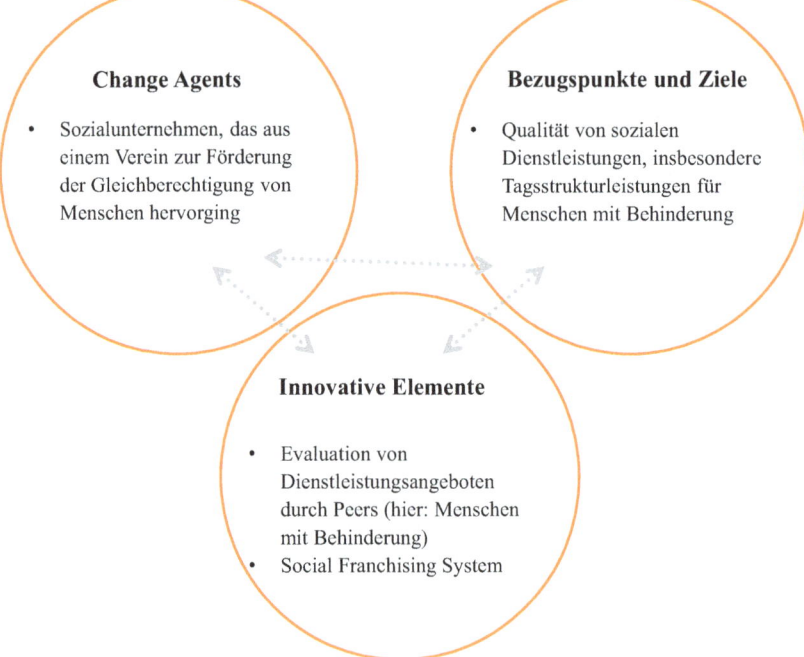

Change Agents

- Sozialunternehmen, das aus einem Verein zur Förderung der Gleichberechtigung von Menschen hervorging

Bezugspunkte und Ziele

- Qualität von sozialen Dienstleistungen, insbesondere Tagsstrukturleistungen für Menschen mit Behinderung

Innovative Elemente

- Evaluation von Dienstleistungsangeboten durch Peers (hier: Menschen mit Behinderung)
- Social Franchising System

Abb. 11.14   Modell der Dienstleistungsinnovation *Nueva*, © Langer/Eurich/Güntner 2018

Strategie entwickelt, durch die die Sichtweise von Menschen bei der Evaluation berücksichtigt wird, die Schwierigkeiten haben, ihre Meinung zu kommunizieren (etwa aufgrund ihres hohen Alters oder bei physischen bzw. psychischen Einschränkungen). *Nueva* ist es gelungen, Beurteilungsinstrumente zu entwickeln, die den Nutzern die Möglichkeit geben, Maßnahmen effektiv zu bewerten. In Kombination mit der Beurteilung und dem Knowhow von *Nueva* als Verantwortliche für die Analyse, können Organisationen die Qualität ihrer Dienstleistungen signifikant verbessern. Aufgrund der persönlichen Nähe und geteilten Erfahrung der Peers ist eine ehrlichere und direktere Evaluierung möglich, was sich positiv auf die zukünftige Entwicklung sozialer Dienstleistungserbringung auswirkt.

Zielstellung: Durch die Peer-Evaluation können Dienstleistungsangebote an die Bedarfe der NutzerInnen angepasst werden. Zur Durchführung von Evaluationen werden überdies bedarfsgerechte Arbeitsplätze für Menschen mit Behinderung geschaffen.

Nutzergruppen: *Nueva* ist auf die Evaluation von Dienstleistungen in den Bereichen Altenpflege, Pflege von Menschen mit geistiger Behinderung, Arbeitsintegration sowie Wohnkonzepte für ältere Menschen spezialisiert.

11.13.1 Sozialer und politischer Kontext

Menschen mit Behinderung sind in besonderem Maße auf soziale Dienstleistungen angewiesen (siehe Tab. 11.16). In Österreich und Deutschland nehmen z. B. ca. 20–30 % der Menschen mit Behinderung eine sog. „Tages-Strukturleistung" (wie z. B. Wohn- oder Werkstätten) in Anspruch (siehe atempo 2016).

Die maßgebliche Leistungsart im System der bundesdeutschen Daseinsvorsorge sind immer noch die sog. Eingliederungshilfen. Trotz enormer Anstrengungen in den letzten Jahren und Jahrzehnten ist es ein zäher Entwicklungsprozess, die Eingliederungshilfen insbesondere für mehrfach schwerbehinderte Menschen, aber auch für psychosoziale Problemstellungen und für arbeitsmarktbezogene Leistungen auf die individuellen Bedürfnisse der Menschen anzupassen. In der Fachdiskussion, aber auch im Engagement der Interessens- und Betroffenenverbände geht es hier vor allem um De-Institutionalisierungsprozesse, durch die das dominante Sachleistungsprinzip abgelöst wird und flexiblere, personenbezogene Leistungsarten etabliert werden. In der bundesdeutschen Entwicklung werden zwei Gesetzesvorhaben bedeutsam sein, dies ist erstens das Bundesteilhabegesetz (BTHG) welches das SGB IX zum Leistungsgesetz weiterentwickeln soll und die Weiterentwicklung des SGB VIII insbesondere zur sog. „großen Lösung" als der

Tab. 11.16 Soziale Situation und Behinderung in Deutschland und Österreich (ausgewählte Sozialdaten). (Quellen: EUROSTAT, eigene Zusammenstellung © Langer/Eurich/Güntner 2018)

	Deutschland	Österreich	EU
Gesamtbevölkerung 2015	81,2 Mio.	8,6 Mio.	508,5 Mio. (v)
Armutsgefährdungsquote (2015)	16,7 %	13,9 %	17,3 %
Personen, die von Armut und sozialer Ausgrenzung bedroht sind (in % der Bevölkerung, 2015)	20,0 %	18,3 %	23,7 %
Personen mit Behinderung im Alter von 15 Jahren und mehr, (EHSIS, 2012[*])	14,8 Mio.	1,2 Mio.	73 Mio.
Anteil von Personen mit Behinderung (in % der Menschen im Alter von 15–64 Jahren, 2012)	21 %	16,4 %	12,8 %
Als schlecht und sehr schlecht selbstbeurteilter Gesundheitszustand von Personen mit durch Krankheit oder Behinderung dauerhafter Aktivitätseinschränkung (2014)	22,1 %	25,9 %	32,8 %
Ausgaben für Sozialschutz (2014, in % des BIP)	29,1 % (v)	30,0 %	28,7 % (v)

[*] Diesen Zahlen liegt die Definition der UN BRK zugrunde: „Zu den Menschen mit Behinderungen zählen Menschen, die langfristige körperliche, seelische, geistige oder Sinnesbeeinträchtigungen haben, welche sie in Wechselwirkung mit verschiedenen Barrieren an der vollen, wirksamen und gleichberechtigten Teilhabe an der Gesellschaft hindern können", siehe: http://ec.europa.eu/eurostat/de/web/health/disability (zuletzt geprüft am 15.01.2017).

Integration sämtlicher Eingliederungshilfen in den Leistungskanon der Kinder- und Jugendhilfe, dieses Vorhaben wurde einstweilen für den Referentenentwurf aus dem März 2017 aus der Reform herausgenommen, wird aber weiter diskutiert werden. Darüber hinaus sind weitere Gesetzesvorhaben, wie z. B. die Umsetzung des Präventionsgesetzes (gesetzliche Krankenkassen) der Pflegestärkungsgesetze I-III (Pflegeversicherung) sowie die Reform des rechtlichen Betreuungswesens (insbesondere der Berufsbetreuung) zu beachten und zu beobachten. Das Leistungssystem in Österreich ist noch stärker kompensationsorientiert. Wichtige Rechtsgrundlage der Behindertenpolitik ist das sog. Behindertengleichstellungspaket, das

2006 verabschiedet wurde und u. a. das Bundes-Behindertengleichstellungsgesetz (BGStG), das Behinderteneinstellungsgesetz (BEinstG) und das Bundesbehindertengesetz (BBG) umfasst. Die Gesetze wurden nach Ratifizierung der UN BRK mehrmals angepasst.

Ausgangspunkt des Innovationshandelns: *Nueva* reagiert auf bis dato wenig effektive Evaluationen von Dienstleistungen für Menschen mit Behinderungen und auf die Exklusion der Nutzergruppen im Rahmen dieser Evaluationen. Indem es den Nutzern ermöglicht wird, ihre Bedürfnisse auszudrücken, können Organisationen gezielter Verbesserungen herbeiführen. Independent-Living sowie die Miteinbeziehung der Nutzer wird zudem auch im Rahmen der UN-BRK gefordert. Die Durchbrechung andauernder Ungleichbehandlungen und die Bestrebung, Behinderung als integralen Bestandteil der Gesellschaft wahrzunehmen, tragen aus organisationaler Perspektive dazu bei, die Qualität der Dienstleitungen zu sichern und – z. B. durch Evaluationen – zu verbessern.

Organisationale Einbettung des Projekts: *Nueva* wurde 2004 von dem Sozialunternehmen atempo in Graz, Österreich, entwickelt. Der Einsatz der nutzergetragenen Evaluation wird inzwischen von einem „Social Franchise Netzwerk" getragen. Derzeit gibt es vier Standorte in Österreich und Deutschland. Die Franchise Partner werden über ca. 2 Jahre ausgebildet und sind jeweils eigenständig organisiert. Ein zweites Modell der Kooperation ist die Qualitäts-Partnerschaft, die sich an Organisationen (wie z. B. Wohn- und Werkstätten für Menschen mit Behinderung) richtet, die mit Unterstützung und Begleitung von Nueva ein internes Qualitätsentwicklungssystem etablieren können.[19]

Link zur Homepage:
https://www.nueva-network.eu

---

[19] An der Recherche und Erstellung dieser Fallstudie waren maßgeblich beteiligt: Gorgi Krlev, Lukas Nock, Georg Mildenberger, Universität Heidelberg.

11.14 *Place de Bleu*, Dänemark: Arbeitsplätze für marginalisierte Migrantinnen

Kurzinformationen: *Place de Bleu* ist eine Nähwerkstatt in Kopenhagen (benannt nach ihrem Standort am Blagards Platz). Die dort erstellten Produkte werden über das Internet und Einzelhändler vermarktet.[20] Im *Place de Bleu* werden Frauen ausgebildet und erhalten im Anschluss einen Arbeitsplatz. Das Kernprinzip der Ausbildung und Arbeitsmarktintegration ist die jeweils individuell entwickelte Arbeitsplatzgestaltung. *Place de bleu* ist ein gemeinnütziges Sozialunternehmen, die Gewinne werden in den Ausbildungsbereich investiert (siehe Abb. 11.15).

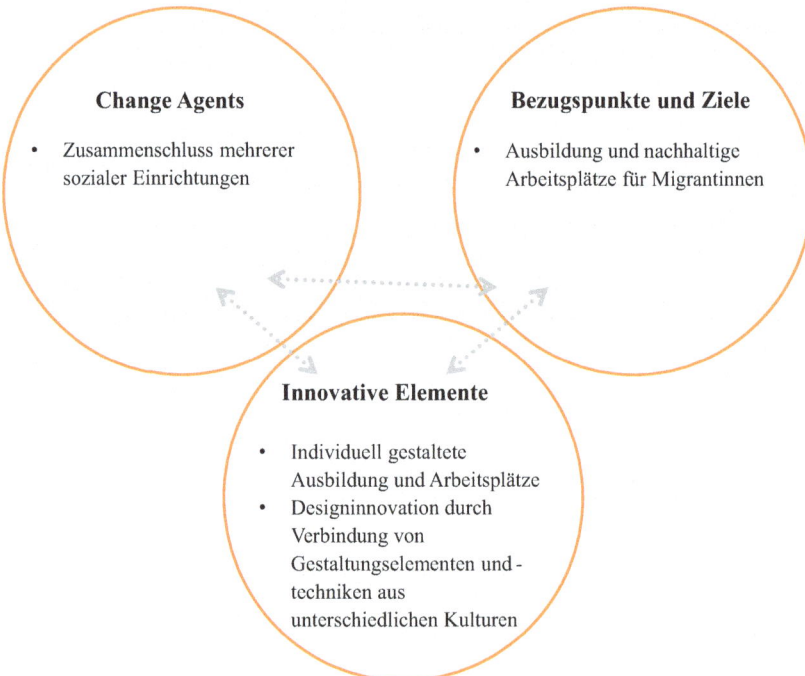

Abb. 11.15   Modell der Dienstleistungsinnovation *Place De Bleu*, © Langer/Eurich/ Güntner 2018

---

[20] In den Jahren 2014/2015 fand unter anderem auch eine Kooperation mit IKEA statt. Place de Bleu entwarf und produzierte eine Kissen-Sonderedition (Vibrera).

Während der ersten beiden Jahre des Bestehens wurde das Projekt von der Gemeinde Kopenhagen und von der Regierung finanziell unterstützt.

Visual Essay zur Fallstudie *Place de Bleu*: Abb. 7.2 LINK: https://doi.org/ 10.1007/000-0nk

Innovative Elemente: Durch die individuelle Ausbildung und das Anbieten eines Arbeitsplatzes wird den Frauen unmittelbar geholfen; durch das Training und die Vermittlung von Kompetenzen wird zudem ein Beitrag für den Arbeitsmarkt geleistet. Die Evaluation des zweijährigen Pilotprojekts zeigte außerdem, dass die Arbeit das Selbstwertgefühl der Frauen deutlich stärkte.

Zielstellung: *Place de Bleu* zielt vor allem auf die Arbeitsmarktintegration von marginalisierten Einwandererinnen. Darüber hinaus zielt die Verbindung von dänischem Design und ethnischer Handwerkskunst auf die Bewahrung und Wertschätzung traditioneller Techniken sowie auf Designinnovation.

Nutzergruppen: Die Nutzergruppe sind Frauen aus ethnischen Minderheiten, die nur wenige Kenntnisse der dänischen Sprache besitzen und bisher noch nicht in den Arbeitsmarkt integriert werden konnten.

11.14.1   Sozialer und politischer Kontext

Mit einem sog. Flexicurity-Ansatz betreibt Dänemark eine aktive Arbeitsmarktpolitik, die auf die Steigerung der Beschäftigungsrate sowie auf die Wiedereingliederung von Arbeitslosen in den Arbeitsmarkt abzielt (Barbieri 2009). Diese aktivierenden Maßnahmen tragen dazu bei, dass Dänemark einen relativen großen Teil seines BIP für Arbeitsmarktpolitik ausgibt, im Jahr 2009 1,2 % im Vergleich zu 0,54 % im europäischen Mittel. Die sozialen Dienstleistungen, darunter auch die Dienstleistungen, die auf eine Steigerung der Beschäftigungsquote abzielen, werden durch national und kommunal erhobene Steuern finanziert. Die Gemeinden sind für die Bereitstellung der Dienstleistungen zuständig und bieten auch die Mehrzahl der Dienstleistungen selbst an. Die Gemeinden erhalten „block-grants" von der Regierung sowie leistungsbasierte Refinanzierung. Die komplexe Regulierung der arbeitsmarktbezogenen Dienstleistungen erschwert jedoch das Agieren von kleinen Unternehmen in diesem Bereich erheblich (siehe Tab. 11.17).

Wenngleich das dänische Flexicurity-Modell weitgehend für seine arbeitsmarktintegrierende Leistung anerkannt ist, richtet sich Kritik daran, dass Langzeitarbeitslose, marginalisierte Gruppen, Personen mit gesundheitlichen Beeinträchtigungen

Tab. 11.17 Soziale Situation und Immigration in Dänemark (ausgewählte Sozialdaten).
(Quelle: EUROSTAT, eigene Zusammenstellung © Langer/Eurich/Güntner 2018)

	Dänemark	EU
Gesamtbevölkerung 2015	5,7 Mio.	508,5 Mio. (v)
Armutsgefährdungsquote (2015)	12,2 %	17,3 %
Personen, die von Armut und sozialer Ausgrenzung bedroht sind (in % der Bevölkerung, 2015)	17,7 %	23,7 %
Armutsgefährdungsquote von Personen mit anderer Staatsangehörigkeit als der des Meldelandes („Ausländer") (2015)	33,7 %	31,1 % (v)
Armutsgefährdungsquote von Frauen mit anderer Staatsangehörigkeit als der des Meldelandes („Ausländerinnen") (2015)	33,8 %	31,5 %
Arbeitslosenquote von Personen mit anderer Staatsangehörigkeit als der des Meldelandes („Ausländer") (2015)	12,9 %	15,1 %
Arbeitslosenquote von Frauen mit anderer Staatsangehörigkeit als der des Meldelandes („Ausländerinnen") (2015)	15,0 %	15,6 %
Ausgaben für Sozialschutz (2014, in % des BIP)	33,5 %	28,7 % (v)

und mit geringer Bildung kaum erreicht werden (Lindsay und Mailand 2009).
Dazu zählen auch EinwanderInnen (Andersen und Etherington 2005). Insbesondere Frauen haben große Schwierigkeiten, einen Arbeitsplatz zu finden (Deding und Jakobsen 2007).

Ausgangspunkt des Innovationshandelns: In Reaktion auf eine Gesetzesänderung[21] nach der mindestens 300 Arbeitsstunden innerhalb von zwei Jahren geleistet werden müssen, um Sozialversicherungsleistungen beziehen zu können, wurde das Projekt *Place de bleu* im Jahr 2010 ins Leben gerufen. Durch die neue Gesetzgebung waren vor allem Frauen aus ethnischen Minderheiten gefährdet, ihre einzige Einkommensquelle zu verlieren. Durch das Projekt sollten Arbeitsmöglichkeiten für Frauen geschaffen werden, die eine flexible und auf die Bedarfe der Frauen zugeschnittene Beschäftigung ermöglichen sollten.

---

[21] Das Gesetz wurde inzwischen durch die sozialdemokratische Regierung aufgehoben.

Organisationale Einbettung des Projekts: Der *Place de Bleu* wird vom Verein Quaravane getragen, der wiederum von drei sozialen Einrichtungen (Indvandrer Kvindecentret, Kringlebakken, FAKTI) initiiert wurde.[22]

Link zur Homepage:
http://www.placedebleu.dk

---

[22] An der Recherche und Erstellung dieser Fallstudie waren maßgeblich beteiligt: Hanne Marlene Dahl und Kristian Fahnoe, Roskilde University.

11.15 *Real Pearl*, Ungarn: Kunsterziehung für Kinder zur Bekämpfung von Armut und zur Durchbrechung des Armutskreislaufs

Kurzinformationen: Die Stiftung „*Real Pearl*" wurde 1999 von einer engagierten Lehrerin und Künstlerin in einer ländlichen Region in Ostungarn gegründet. Sie bietet Kunsterziehung für Kinder zur Bekämpfung von Armut an. Das Programm umfasst bildende und angewandte Kunst, Tanz, Design und Kunsthandwerk (siehe Abb. 11.16).

Visual Essay zur Fallstudie *Real Pearl*: Abb. 9.2 LINK: https://doi.org/10.1007/000-0ns

Innovative Elemente: Der zugrunde liegende Bildungsansatz ist integrativ und kinderzentriert, sodass die Talente der Kinder entdeckt werden können und ein

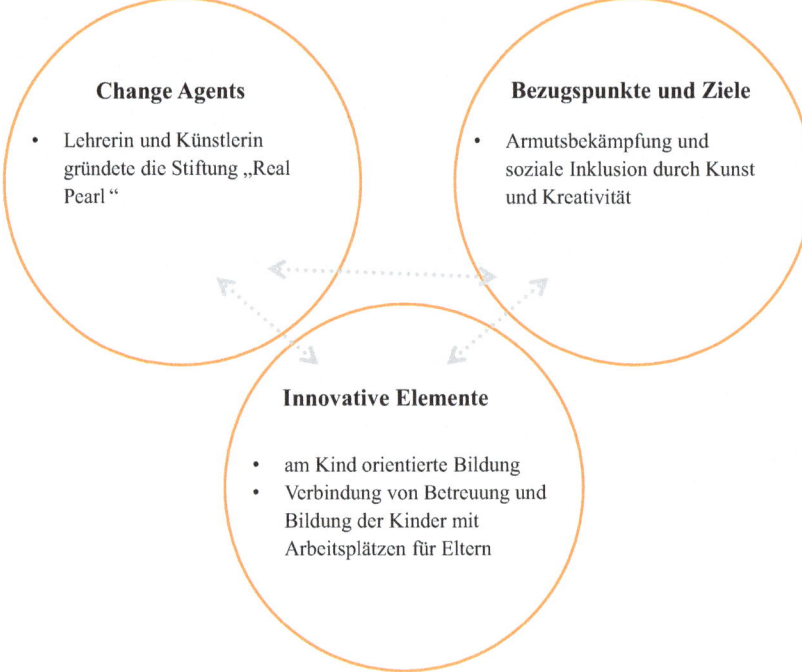

Change Agents

* Lehrerin und Künstlerin gründete die Stiftung „Real Pearl "

Bezugspunkte und Ziele

* Armutsbekämpfung und soziale Inklusion durch Kunst und Kreativität

Innovative Elemente

* am Kind orientierte Bildung
* Verbindung von Betreuung und Bildung der Kinder mit Arbeitsplätzen für Eltern

Abb. 11.16   Modell der Dienstleistungsinnovation *Real Pearl*, © Langer/Eurich/Güntner 2018

besonderer Fokus auf die Persönlichkeitsentwicklung gelegt werden kann. Die Praxis zeigt, dass Individualität und Kreativität in einem alternativen, offenen Setting weitaus besser entwickelt und gefördert werden als in Schulen mit traditionellen Lehrplänen. Die Stiftung betreibt zudem einen eigenen Webshop, über den Stickerei- und Kunsterzeugnisse vertrieben werden, die von den Kindern und deren Eltern angefertigt wurden. Auf diese Weise werden auch finanzielle Perspektiven für die Eltern geschaffen und das Zusammengehörigkeitsgefühl zwischen Eltern und Kind gestärkt. Die Zusammenarbeit innerhalb des Projekts fördert zudem den Zusammenhalt in der Gemeinde. Real Pearl setzt somit da an, wo die Zusammenarbeit zwischen Kommunalverwaltung und der Roma-Bevölkerung zuvor oft gescheitert war.

Zielstellung: Durch die gezielte Förderung und kinderzentrierte Lernmethoden, die positive Lern- und Erfolgserlebnisse generieren, soll das Selbstwertgefühl der Kinder nachhaltig gestärkt und der Armutskreislauf somit auf lange Sicht durchbrochen werden. Nach und nach wurden auch die Eltern der Kinder und die Mitglieder der Gemeinde in das Konzept der Stiftung miteingebunden und eine Ausweitung der Aktivitäten auf noch ländlichere Gebiete ist geplant.

Nutzergruppen: Das Angebot richtet sich vor allem an benachteiligte Kinder und deren Eltern. Viele von ihnen sind Roma, die in prekären Verhältnissen leben und in der Schule Schwierigkeiten haben. Das ungarische Schulsystem kann diese Ungleichbehandlungen nicht kompensieren, sodass vor allem auch das Selbstwertgefühl der Kinder geschwächt wird.

Die Bildungsstätte für Kinder baute ihr Angebot rasch aus und bezieht heute die Eltern aktiv ein, die z. B. an der Herstellung der Handarbeitsprodukte für den Webshop mitwirken. Um mehr Familien zu erreichen, wurde das Programm auch um einen landwirtschaftlichen Bereich ausgedehnt. Durch die Produktion von Bio-Brickets wird inzwischen auch dem Benzinmangel in der Region entgegengewirkt.

11.15.1   Sozialer und politischer Kontext

Armut ist in den ländlichen Regionen Ungarns weit verbreitet und vor allem im Osten des Landes ein großes Problem und die Ungleichheit zwischen städtischer und ländlichen Regionen nimmt trotz strukturpolitischer Maßnahmen beständig zu (Vukovich 2008) (siehe Tab. 11.18). Eine besonders von Armut betroffene Gruppe sind die Roma. Einer der bedeutendsten Gründe für die Entstehung von Armut liegt in fehlender Bildung. Da es keine speziellen Instrumente zur Förderung von

Tab. 11.18 Soziale Situation und Armut in Ungarn (ausgewählte Sozialdaten). (Quelle: EUROSTAT eigene Zusammenstellung © Langer/Eurich/Güntner 2018)

	Ungarn	EU
Gesamtbevölkerung 2015	9,9 Mio.	508,5 Mio. (v)
Armutsgefährdungsquote (2015)*	14,9 %	17,3 %
Personen, die von Armut und sozialer Ausgrenzung bedroht sind (in % der Bevölkerung, 2015)**	28,2 %	23,7 %
Personen, die von Armut und sozialer Ausgrenzung bedroht sind im Alter von 0–5 (in % der Bevölkerung, 2015)	31,5 %	24,7 %
Ausgaben für Sozialschutz (in % des BIP, 2014)	19,9 %	28,7 % (v)

*Grenze: 60 % des medianen Äquivalenzeinkommens nach Sozialleistungen.
**Dieser Indikator entspricht der Summe der Personen, die armutsgefährdet sind oder unter materieller Deprivation leiden oder in Haushalten mit sehr niedriger Erwerbstätigkeit leben. Alle Personen werden nur einmal gezählt, auch wenn sie in mehreren Sub-Indikatoren vertreten sind. Als von Armut bedroht gelten Personen mit einem verfügbaren Äquivalenzeinkommen unterhalb der Armutsgefährdungsschwelle, die bei 60 % des nationalen verfügbaren medianen Äquivalenzeinkommens (nach Sozialtransfers) liegt. Unter „materieller Deprivation" werden Indikatoren zu wirtschaftlicher Belastung und Gebrauchsgütern zusammengefasst. Als in Haushalten mit niedriger Erwerbstätigkeit lebend gelten Personen im Alter von 0–59 Jahren, die in Haushalten leben, in denen die Erwachsenen (18–59 Jahre) im vorhergehenden Jahr insgesamt weniger als 20 % gearbeitet haben, vgl. http://ec.europa.eu/eurostat/cache/metadata/de/t2020_50_esmsip.htm (zuletzt geprüft am 21.01.2017).

Integration und Unterstützung von Minderheitengruppen gibt, können die Schulen die bestehenden Nachteile für Kinder aus solchen Lebenssituationen nicht aufholen. Trotz einer aktiven Arbeitsmarktpolitik, die verstärkt auf Integration benachteiligter Gruppen in den Arbeitsmarkt abzielt, können bisher keine nennenswerten Erfolge verzeichnet werden, was vor allem auf die fehlenden Komponenten wie Ausbildungsförderung und Beratung zurückzuführen ist. Familienbezogene Leistungen bevorteilen besser gestellte Familien (z. B. durch steuerliche Entlastungen etc.). Familien mit niedrigerem Einkommen werden dagegen benachteiligt. Für Kinder unter drei Jahren gibt es nur sehr wenige Krippenplätze, vor allem in ländlichen Regionen. Die Nachfrage in diesem Bereich übersteigt das Angebot bei weitem, was sich vor allem auf die Entwicklung von Kindern aus benachteiligten Familien auswirkt, die von frühkindlichen Bildungsangeboten am meisten profitieren würden. Im Gegensatz zu Kinderkrippen sind Kindergärten in Ungarn von großer Bedeutung und der Besuch ab dem fünften Lebensjahr sogar verpflichtend.

In Gemeinden mit hoher Arbeitslosigkeit oder mit einer starken Roma-Bevölkerung sind jedoch auch in diesem Bereich Kapazitätsengpässe deutlich spürbar. 2005 wurde von der Regierung ein Programm gegen Kinderarmut ins Leben gerufen und eine detaillierte langfristige Strategie erarbeitet. Frühkindliche Bildung für Kinder aus benachteiligten Familien spielte hierbei eine zentrale Rolle. Die Finanzierungsmodi änderten sich jedoch im Jahr 2009, sodass das Programm seitdem deutlich an Durchschlagskraft verloren hat. Seitdem hat sich die Lage in den ländlichen, abgelegenen Teilen Ungarns verschlechtert, wie z. B. in der Gemeinde Told fünf Zugstunden entfernt von Budapest. Hier gibt es in vielen Haushalten weder fließend Wasser noch Strom. Die Arbeitslosenquote lag dort 2012 bei über 80 %,[23] mehr als die Hälfte der Bewohner sind Roma. Aufgrund der dramatischen wirtschaftlichen Situation und der spürbaren Armut schwelen ethnische und soziale Konflikte dauerhaft und entladen sich nicht selten in Form von Kriminalität und Gewalt. Da es nahezu unmöglich ist, eine feste Arbeit zu finden, ist die Grundstimmung innerhalb der erwachsenen Bevölkerung geprägt von Hoffnungslosigkeit und Motivationsmangel, Alkoholismus und Drogensucht sind nach Angaben lokaler Akteure weit verbreitete Probleme. Die Kinder sind häufig mit Schwierigkeiten in der Schule konfrontiert, die meisten beenden die Schule ohne Abschluss. Die Eltern können ihre Kinder nicht ausreichend für die Schule ausstatten und sie ebenso wenig bei Hausaufgaben usw. unterstützen. Auf diese Weise entsteht ein Armutskreislauf, der ohne Hilfe von außen nicht durchbrochen werden kann. Hierzu muss vor allem Motivation und Selbstwertgefühl vermittelt werden.

Ausgangspunkt des Innovationshandelns: Die Region, in der das Projekt *Real Pearl* angesiedelt ist, ist wirtschaftlich sehr schwach und herkömmliche Methoden zur Bekämpfung der Armut scheitern regelmäßig, insbesondere da die öffentlichen Einrichtungen Probleme wie ethnische Konflikte, fehlende soziale Kohäsion und Armut weder lösen noch effektiv eindämmen können. Insbesondere die Roma sind von dieser staatlichen Vernachlässigung besonders betroffen. Hinzu kommt, dass der Zugang zu sozialen Dienstleistungen in Ungarn stark strukturell fragmentiert und vor allem in ländlichen Gegenden stark erschwert ist. In Verbindung mit einem generellen Misstrauen gegenüber den Behörden hat ein erheblicher Teil der Bevölkerung, insbesondere Roma, daher keinen Zugang zu sozialen Dienstleistungen unterschiedlichster Art. Insbesondere das Bildungssystem ist stark selektiv und die Schulen sind nicht auf die besonderen Bedürfnisse benachteiligter Kinder aus Roma-Familien vorbereitet.

---

[23] Information basierend auf Auskunft der Stadtverwaltung bei den Recherchen vor Ort.

Organisationale Einbettung: Die Gründerin der Stiftung arbeitete als Lehrerin und kam so mit den besonderen Herausforderungen und Problemen, mit denen benachteiligte Kinder aus Roma-Familien konfrontiert sind, in Berührung. Durch geduldige und beharrliche Arbeit konnte sie zu den betroffenen Familien ein Vertrauensverhältnis aufbauen und so den Grundstein für die heutige Arbeit der Stiftung legen. Heute wird die im Jahr 2000 gegründete Stiftung wird von Kunstpädagogen geleitet und von Freiwilligen und anderen Förderern unterstützt. Verstärkt werden auch Bewohner aus den Kommunen in die Entscheidungsprozesse der Stiftung eingebunden und haben nun führende Positionen innerhalb der Stiftung inne. Die Organisation setzt gezielt soziale Medien ein, um Aufmerksamkeit und neue Unterstützer zu gewinnen. Auf diesem Weg werden auch Auktionen und Ausstellungen beworben und durchgeführt, die die Stiftung ungarnweit bekannt macht.[24]

Link zur Homepage:
http://igazgyongy-alapitvany.hu/en/

---

[24] An der Recherche und Erstellung dieser Fallstudie waren maßgeblich beteiligt: Dorottya Szikra, Zsófia Kőműves und Adrienn Kiss, Budapest Institute for Policy Analysis.

11.16   La *Santé Communitaire Seclin*, Frankreich: Gemeinschaftsgetragene Gesundheitsförderung („Community Health")

Kurzinformationen: La *Santé Communitaire Seclin* ist ein gemeinschaftsgetragenes Projekt der Gesundheitsförderung, das durch Theaterspielen auf Probleme und Lösungsansätze im Bereich Gesundheit aufmerksam macht (siehe Abb. 11.17). Die Community-Health-Maßnahme ist Teil einer kommunalen Initiative zur Steigerung des Wohlergehens der Bevölkerung, die sowohl Angestellte der Kommune, ExpertInnen aus dem Gesundheitswesen und dem Bereich sozialer Dienstleistungen sowie die Bewohnerschaft einer Gemeinde oder eines Quartiers einbindet.[25]

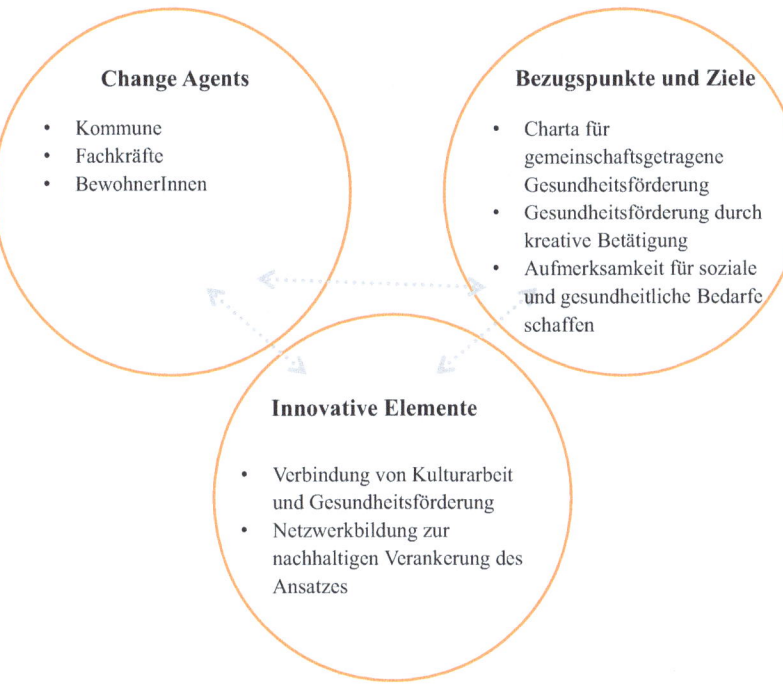

Abb. 11.17   Modell der Dienstleistungsinnovation La *Santé Communitaire Seclin*, © Langer/Eurich/Güntner 2018

---

[25] Einen allgemeinen Überblick über den Community Health Ansatz bietet Mc Kenzie und Pinger (2015). Für die Umsetzung in Frankreich siehe Planète Publique (2011).

Visual Essay zur Fallstudie *Santé Communitaire Seclin*: Abb. 9.3 LINK: https://doi.org/10.1007/000-0nv

Innovative Elemente: Die Grundidee besteht darin, durch den spielerischen Zugang gesundheitsbezogene Handlungs- und Entscheidungskompetenzen zu stärken. Das Projekt ist auch öffentlichkeitswirksam, da die in den Workshops erarbeiteten Theaterstücke zum Thema Gesundheit und Selbstwertgefühl an öffentlichen Plätzen vorgestellt werden. Auf diese Weise wird z. B. die Aufmerksamkeit von Politikern gezielt auf bestimmte bisher unbefriedigte Bedarfe und Probleme gelenkt, die sonst unbemerkt geblieben wären. Innovativ ist auch die netzwerkartige Organisationsform.

Zielstellung: Das Hauptziel besteht in der Verbesserung der Gesundheit der Teilnehmenden durch die Stärkung ihres Selbstvertrauens und Selbstwertgefühls. Erreicht werden soll dies durch Theaterspielen unter der Leitung einer Schauspielerin, die in gewaltfreier Kommunikation ausgebildet ist. Darüber hinaus zielt das Projekt auf die Verbesserung gesundheitsbezogenen Wissens der weiteren lokalen Öffentlichkeit.

Nutzergruppen: Das Projekt richtet sich an die gesamte lokale Akteurslandschaft: BewohnerInnen, Politik, Angestellte der Kommune, Dienstleister und ExpertInnen im Gesundheitssektor.

11.16.1 Sozialer und politischer Kontext

In den vergangenen dreißig Jahren setzten die gesundheitspolitischen Maßnahmen in Frankreich zunehmend auf interdisziplinäre, sektorübergreifende und partnerschaftliche Ansätze und Konzepte. Diese Entwicklung wurde u. a. durch soziale und wirtschaftliche Missstände beeinflusst, die den Fokus zunehmend auf die Menschen am Rand der Gesellschaft lenkten (siehe Tab. 11.19). In diesem Zusammenhang haben sich verschiedene Praktiken entwickelt, die unter dem Begriff Community Health zusammengefasst werden. Ein wichtiger rechtlicher Meilenstein war ein Gesetz zur Förderung der Patientenrechte und der Qualität des Gesundheitssystems vom 4. März 2002, über das PatientInnen und KlientInnen stärker in die Entscheidungsfindung im Gesundheitswesen einbezogen werden sollen.

Die öffentlichen Aufwendungen für den Gesundheitssektor sind sehr hoch. Das öffentliche Sozialversicherungssystem kommt für ca. 75 % der Kosten auf, private

Tab. 11.19 Soziale Situation und Gesundheit in Frankreich (ausgewählte Sozialdaten). (Quelle: EUROSTAT, eigene Zusammenstellung © Langer/Eurich/Güntner 2018)

	Frankreich	EU
Gesamtbevölkerung 2015	66,4 Mio.	508,5 Mio. (v)
Armutsgefährdungsquote (2015)	13,6 %	17,3 %
Personen, die von Armut und sozialer Ausgrenzung bedroht sind (in % der Bevölkerung, 2015)	17,7 %	23,7 %
Anteil der Bevölkerung im Alter von 65 Jahren und darüber (2015)	18,4 % (v)	18,9 % (v)
Personen mit einem lang andauernden Gesundheitsproblem (2014)*	37 %	32,5 %
Ausgaben für Sozialschutz (2014, in % des BIP)	34,3 %	28,7 % (v)

*Der Indikator zeigt den Anteil der Bevölkerung ab einem Alter von 16 Jahren, welcher eine seit langem bestehende chronische Krankheit oder ein langwieriges gesundheitliches Problem gemeldet hat. Die Aussagekraft ist jedoch eingeschränkt: Er basiert auf Daten aus eigenen Angaben und subjektiver Wahrnehmung. Auch die national und regional sehr unterschiedliche Struktur der Gesundheitsdienste fließt in die Angaben ein, vgl. http:// ec.europa.eu/eurostat/web/health/health-status-determinants/data/main-tables (zuletzt geprüft am 21.01.2017).

Haushalte sowie private und genossenschaftliche Versicherungssysteme teilen sich den verbleibenden Anteil etwa hälftig.

Ausgangspunkt des Innovationshandelns: Das Projekt La *Santé Communitaire Seclin* wurde 2007 bei einem Austausch von GesundheitsexpertInnen und BewohnerInnen des Stadtteils Mouchonnière initiiert und zunächst in Form von Theaterworkshops zur Stärkung des Selbstbewusstseins („L'Atelier Estime de Soi") im Rahmen eines Stadterneuerungsprogramms finanziert. Schon bald übernahm eine Vereinigung von BewohnerInnen die Koordination und verband die Workshops mit weiteren Aktivitäten. Das Projekt greift den „Community Health" Ansatz auf, der schon seit den 1960er Jahren in verschiedenen internationalen Zusammenhängen diskutiert und erprobt wurde, um dem Aufkommen und der Verbreitung neuer Krankheiten (u. a. AIDS) zu begegnen sowie steigenden Gesundheitskosten und einem geringen Gesundheitsbewusstsein durch präventive, partizipative und aktivierende Maßnahmen entgegenzuwirken. Ein wichtiger konzeptioneller

Bezugspunkt ist die „Charta für gemeinschaftsgetragene Gesundheitsförderung" (Charte de promotion des pratiques de santé communautaire) (Institute Theophraste Renaudot 2000).

Organisationale Einbettung des Projekts: *Santé Communautaire Seclin* ist ein Netzwerk, das von zahlreichen Akteuren getragen wird. Hierzu zählen die Stadt, lokale Vereine und Initiativen (v. a. „Forme Santé Détente Seclin") sowie die Gruppe „La Femme et L'Homme Debout", die die Workshops durchführt.[26]

Link zur Homepage:
Kommune Seclin: http://www.ville-seclin.fr
  La Demme et l'Homme Debout: http://www.femmehommedebout.fr

---

[26] An der Recherche und Erstellung dieser Fallstudie waren maßgeblich beteiligt: Philippe Eynaud und Elisabetta Bucolo, IAE Paris.

11.17   *Somerset Community Pain Management/Know Your Own Health (KYOH),* Großbritannien: ambulante Schmerzbehandlung

Kurzinformationen: Traditionelle Behandlungsformen von Schmerzpatienten sind für Ärzte und Pflegepersonal, aber insbesondere auch für die Patienten zeitintensiv und aufwendig. Vor diesem Hintergrund arbeitet der *Somerset Community Pain Management* Service (SPMS, Träger ist der National Health Service des Vereinigten Königreichs) mit der digitalen Selbst-Management-Plattform *Know Your Own Health (KYOH)* zusammen, sodass die Patienten von zuhause aus ihre Krankheitsdaten online dokumentieren und somit aktiv an ihrer Therapie mitwirken können. Durch die Online-Dienstleistungen müssen die Patienten weniger oft ihren Arzt aufsuchen und auch die Auswirkungen auf die tatsächlich notwendige Medikation sind positiv. Zudem haben die Patienten über die Plattform die Möglichkeit zum Austausch mit Menschen in ähnlichen Lebenslagen und können sich so Rat und praktische Tipps einholen. Auf diese Weise werden die Unabhängigkeit der Patienten gestärkt und die Lebensqualität und Gesundheit verbessert sowie Exklusionsrisiken reduziert. Die Patienten werden vom SPMS an die digitale Dienstleistung herangeführt, sodass sie nach einer gewissen Einarbeitungsphase selbstständig und kontinuierlich an der Online-Dokumentation ihrer Erkrankung arbeiten können (siehe Abb. 11.18).

Visual Essay zur Fallstudie *KYOH*: Abb. 5.4 LINK: https://doi.org/10.1007/000-0nd

Innovative Elemente: Die Zusammenarbeit zwischen einem öffentlichen Dienstleister (SPMS) und einem privaten Anbieter (KYOH) führt zu einer vollkommen neuen Dienstleistung auf der Basis neuer digitaler Technologien.

Zielstellung: *Somerset Community Pain Management/Know Your Own Health* möchte Menschen ermöglichen, ihre Lebensqualität trotz Schmerzen zu verbessern. Durch das Selbstmanagement soll die gesundheitliche Situation der Menschen verbessert und gleichzeitig ihre Unabhängigkeit gestärkt werden. Durch die positiven Effekte für die Patienten profitiert gleichzeitig auch der National Health Service von der innovativen Dienstleistung.

Nutzergruppen: Menschen mit chronischen Krankheiten (Diabetes, Asthma, Schlaganfall, Bluthochdruck, Demenz) und insbesondere Schmerzpatienten.

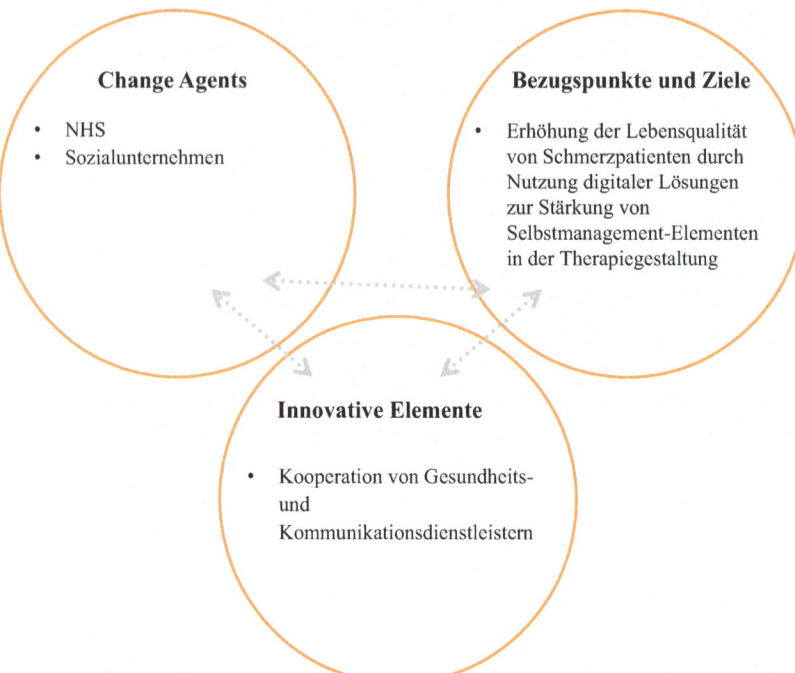

Abb. 11.18   Modell der Dienstleistungsinnovation *Know Your Own Health*, © Langer/
Eurich/Güntner 2018

11.17.1   Sozialer und politischer Kontext

Die Gesundheitsversorgung wird in Großbritannien und Nordirland vom National
Health Service (NHS) abgedeckt, der durch Steuergelder finanziert wird und für alle,
die im Vereinigten Königreich leben, weitgehend kostenlos zur Verfügung steht (siehe
Tab. 11.20). Zwar wird die Gesundheitsversorgung in England, Nordirland, Schottland und Wales getrennt geregelt, ist sich aber dennoch sehr ähnlich. Die Gesundheitsausgaben im Vereinigten Königreich beliefen sich 2012 auf 9,3 % des BIP.

Die Therapie von Schmerzpatienten und chronisch kranken Menschen basiert
bislang hauptsächlich auf kostenintensiver Schmerzmedikation, die nicht zwangsläufig mit einer Verbesserung der Lebensqualität einhergeht. Dieser Ansatz erweist
sich zunehmend als nicht nachhaltig (Department of Health UK 2012). Etwa jeder
Dritte im Vereinigten Königreich leidet an einer chronischen Erkrankung, mit dem
Alter steigt die Zahl der Patienten nochmals an. Die Zahl chronisch Kranker wird
vor dem Hintergrund des demografischen Wandels weiter zunehmen.

Tab. 11.20 Soziale Situation und Gesundheit in UK (ausgewählte Sozialdaten). (Quelle: EUROSTAT, eigene Zusammenstellung © Langer/Eurich/Güntner 2018)

	UK	EU
Gesamtbevölkerung 2015	64,9 Mio.	508 Mio. (v)
Armutsgefährdungsquote (2015)	16,7 %	17,3 %
Personen, die von Armut und sozialer Ausgrenzung bedroht sind (in % der Bevölkerung, 2015)	23,5 %	23,7 %
Nach eigenen Angaben nicht erfüllter Bedarf nach ärztlicher Untersuchung oder Behandlung, da zu kostspielig oder zu weite Anreise oder Wartezeit (2014)	2,1 %	3,6 %
Anteil der Bevölkerung, die ihren Gesundheitszustand als schlecht einschätzen (2014)	7,0 %	5,9 %
Ausgaben für Gesundheitsdienstleistungen (in % des BIP, 2012)*	9,3 %	8,7 %
Ausgaben für Sozialschutz (2014, in % des BIP)	27,4 % (v)	28,7 % (v)

*Quelle: OECD/European Commission (2014): Health at a Glance – Europe 2014, S. 37.

Ausgangspunkt des Innovationshandelns: In dem Projekt sind Akteure aus dem Gesundheitsbereich und aus der Kommunikationsbranche zusammengekommen, um Selbstmanagement-Angebote zu entwickeln, die die Lebensqualität der Patienten erhöhen können.

Organisationale Einbettung des Projekts: Der *Somerset Pain Management Service/Know Your Own Health* ist Teil des National Health Service und ist somit eine öffentliche Dienstleistung. Durch die Zusammenarbeit mit dem Anbieter eines internetbasierten Selbstmanagement-Tools (Know Your Own Health) wird eine Dienstleistung geschaffen, die in ihrer Art über die rein staatliche Dienstleistung hinausgeht und die Reichweite der Dienstleistung durch den digitalen Zugang vergrößert. Know Your Own Health wurde 2010 als Sozialunternehmen gegründet, um gesundheitsbezogene webbasierte Selbstmanagement-Instrumente zu entwickeln.[27]

Link zur Homepage:
www.kyoh.org
www.somersetpain.co.uk

---

[27] An der Recherche und Erstellung dieser Fallstudie waren maßgeblich beteiligt: Chris Hawker und Jane Frankland, University of Southampton.

11.18 *Vitality*, Dänemark: Gutes Leben im Alter

Kurzinformationen: Der demografische Wandel, die Standardisierung der Altenpflege in Heimen sowie der hohe administrative Aufwand für das ambulante und
stationäre Pflegepersonal führen oftmals dazu, dass individuelle Pflegeziele und
das gezielte Fördern oder Reaktivieren noch vorhandener Fähigkeiten und Kenntnisse oftmals auf der Strecke bleiben. Das Projekt *Vitality* aus Dänemark, das im
Jahr 2007 von der Gemeinde Hoje-Taastrup initiiert wurde, möchte dieser Entwicklung gezielt entgegenwirken. Die älteren, pflegebedürftigen Menschen werden
zuhause von bezahlten Pflegekräften gepflegt, wobei ein neues Prinzip – dem ein
andauerndes Bedürfnis zugrunde liegt – befolgt wird: Hilfe zur Selbsthilfe (siehe
Abb. 11.19). Die Umsetzung dieses Prinzips ist nicht immer ganz leicht, etwa aufgrund der manchmal abwehrenden Haltung der Pflegebedürftigen oder aufgrund

Abb. 11.19 Modell der Dienstleistungsinnovation *Vitality*, © Langer/Eurich/Güntner
2018

des Zeitdrucks, der auf den Pflegekräften lastet; das Projekt sieht daher sogenannte Botschafter vor, die die Umsetzung des Hilfe-zur-Selbsthilfe-Prinzips überwachen und gewährleisten.

Visual Essay zur Fallstudie *Vitality*: Abb. 7.3 LINK: https://doi.org/10.1007/000-0nm

Innovative Elemente: Das Kernelement der Dienstleistung besteht in der Erbringung einer Pflegeleistung, die die älteren Menschen miteinbezieht und sie nicht zu passiven Empfängern der Leistung macht. Indem die Pflegekräfte die Pflegebedürftigen dazu befähigen, selbst Aufgaben zu übernehmen, anstatt nur zu kompensieren, werden die Unabhängigkeit und die Lebensqualität der Nutzer gefördert und der Bedarf an Pflegedienstleistungen auf kurze und lange Sicht reduziert. Umgesetzt wird diese neue Form der Dienstleistung durch sog. „Botschafter", die das Prinzip der Hilfe-zur-Selbsthilfe unter den Pflegekräften verbreiten. Das Ziel: Hilfe-zur-Selbsthilfe soll sich innerhalb der ganzen Organisation durchsetzen, um einen langfristigen Wandel einzuleiten.

Zielstellung: Ziel von *Vitality* ist die Etablierung einer neuen Perspektive auf das Alter, als Grundlage von neuem, kooperativen, selbsthilfeorientierten und potenzialorientierten Dienstleistungshandeln.

Nutzergruppen: Ältere Menschen, die zuhause oder in Pflegeheimen leben (zumeist über 70-Jährige).

11.18.1 Sozialer und politischer Kontext

Das soziale Dienstleistungssystem in Dänemark basiert auf dem klassischen skandinavischen Wohlfahrtsmodell, bei dem die Prinzipien des universellen Zugangs mit denen der kommunalen Selbstverwaltung verbunden werden (Burau und Dahl 2013)(siehe Tab. 11.21). Der Großteil der Leistungen wird von den Gemeinden bereitgestellt. Maßgabe ist, dass die Bürger einen bedarfsgerechten Zugang zu (Dienst-)Leistungen bekommen und dass Pflegedienste für ältere Menschen kostenfrei sind. Im Vergleich zu den anderen skandinavischen Ländern schneidet Dänemark bei Pflegediensten für ältere Menschen am besten ab (Szebehely 2003; Sarasa und Mestres 2007). Zudem sind die Gemeinden als kommunale Selbstverwaltung für die Bereitstellung der Dienstleistung und die Feststellung der Bedarfe ihrer Bürger verantwortlich. Mit 1,68 % des BIP sind die öffentlichen Ausgaben für Altenpflegedienste in Dänemark im europäischen Vergleich relativ hoch. Das

Tab. 11.21 Soziale Situation und Altenpflege in Dänemark (ausgewählte Sozialdaten). (Quelle: EUROSTAT, eigene Zusammenstellung © Langer/Eurich/Güntner 2018)

	Dänemark	EU
Gesamtbevölkerung 2015	5,7 Mio.	508,5 Mio. (v)
Armutsgefährdungsquote (2015)	12,2 %	17,3 %
Personen, die von Armut und sozialer Ausgrenzung bedroht sind (in % der Bevölkerung, 2015)	17,7 %	23,7 %
Anteil der Bevölkerung im Alter von 65 Jahren und darüber (2015)	18,6 %	18,9 % (v)
Personen mit einem lang andauernden Gesundheitsproblem (2014)[*]	28,0 %	32,5 %
Ausgaben für Langzeitpflege (in % des BIP, 2010)[**]	4,5 %	1,84 % (EU 27)
Ausgaben für Sozialschutz (2014, in % des BIP)	33,5 %	28,7 % (v)

[*]Der Indikator zeigt den Anteil der Bevölkerung ab einem Alter von 16 Jahren, welcher eine seit langem bestehende chronische Krankheit oder ein langwieriges gesundheitliches Problem gemeldet hat. Die Aussagekraft ist jedoch eingeschränkt: Er basiert auf Daten aus eigenen Angaben und subjektiver Wahrnehmung. Auch die national und regional sehr unterschiedliche Struktur der Gesundheitsdienste fließt in die Angaben ein, vgl. http:// ec.europa.eu/eurostat/web/health/health-status-determinants/data/main-tables (zuletzt geprüft am 21.1.2017).
[**]Quelle: Lipszyc et al. (2012): Long-term care – need, use and expenditure in the EU-27, European Commission Economic Papers 469 (November 2012), Brüssel. Europäische Kommission, S. 15.

System der Langzeitpflege in Dänemark weist im Vergleich zu anderen Ländern eine positive Entwicklung auf (Sarasa und Mestres 2007). Soziale Dienstleistungen, auch für ältere Menschen, werden durch national und kommunal erhobene Steuern finanziert.

Ausgangspunkt des Innovationshandelns: Wichtige Auslöser waren steigende Pflegekosten im Zusammenhang mit dem demografischen Wandel sowie sich verändernde Erwartungen der Nutzer. Auch gab es strukturelle Probleme in der Zusammenarbeit von Krankenhäusern und Pflegeeinrichtungen, wenn ältere Menschen aus dem Krankenhaus entlassen wurden. Zudem reagierte die Gemeinde auf wissenschaftliche Erkenntnisse, die die positiven Auswirkungen von körperlicher Aktivität auf die Lebensqualität älterer Menschen unterstreichen. Hintergrund des Projekts ist auch eine Kritik an der seit den 1990er Jahren voranschreitenden

Standardisierung von Altenpflege sowie der zunehmenden Zentralisierung der Pflegeleistungen verbunden mit einem steigenden administrativen Aufwand für das Pflegepersonal (vgl. Dahl 2007, 2012b).

Der unmittelbare Auslöser für die Innovation lag dann in der gemeindlichen Strukturreform in Dänemark im Jahr 2007, durch die den Gemeinden Verantwortung im Bereich Rehabilitation zukam. Damit wurden sie in die Lage versetzt, auch die Schnittstelle zwischen Rehabilitation und Pflege besser zu organisieren.

Organisationale Einbettung des Projekts: Die Gemeinde Hoje-Taastrup ist verantwortlich für die Bereitstellung der Pflegeleistungen zuhause und in den Heimen. Die Altenpflege wird von einem Gesundheits- und Pflegezentrum erbracht. Von 2007–2009 wurde ein staatlich finanziertes Pilotprojekt zur Einführung des Selbsthilfe-Ansatzes in die Pflegedienstleistungen durchgeführt. Nach positiver Evaluierung wird der neue Ansatz über das „Botschafter"-Programm seither weitergeführt.[28]

Link zur Homepage:
www.htk.dk

---

[28] An der Recherche und Erstellung dieser Fallstudie waren maßgeblich beteiligt: Hanne Marlene Dahl, Kristian Fahnoe, Roskilde University.

Literatur

Aktion Demenz e.V. (o.J.): Demenzfreundliche Kommune. Online verfügbar unter http://www.demenzfreundliche-kommunen.de/reflexionen/demenzfreundliche-kommune, zuletzt geprüft am 02.01.2017.

Albus, Stefanie; Greschke, Heike; Klingler, Birte; Messmer, Heinz; Micheel, Heinz-Günter; Otto, Hans-Uwe; Polutta, Andreas (2010): Wirkungsorientierte Jugendhilfe Abschlussbericht der Evaluation des Bundesmodellprogramms „Qualifizierung der Hilfen zur Erziehung durch wirkungsorientierte Ausgestaltung der Leistungs-, Entgelt- und Qualitätsvereinbarungen nach §§ 78a ff SGB VIII" http://www.wirkungsorientierte-jugendhilfe.de, S. 1.

Allen, Judith (2006): Governing Neighbourhoods: Strategies for Developing Neighbourhood Services. Working Paper, S. 1–11.

Andersen, John; Etherington, David (2005): Flexicurity, workfare or inclusion? The Politics of Welfare and Activation in the UK and Denmark. Working paper no. 8. Centre for Labour Market Research (CARMA): Aalborg University.

Angell, Olav Helge (2008): The Norwegian welfare state. In: E. Maagerø und B. Simonsen (Hg.): Norway: society and culture. Kristiansand: Portal, S. 102–124.

Arnadóttir, Oddny Mjöll; Quinn, Gerard (Hg.) (2009): The UN Convention on the Rights of Persons with Disabilities – European and Scandinavian Perspectives. Leiden, Boston: Martinus Nijhoff Publishers.

Arnold, Ulli/Grundwald, Klaus/Maelicke, Bernd (Hrsg.) (2014): Lehrbuch der Sozialwirtschaft. 4. Aufl., Baden-Baden: Nomos.

atempo (2016): Nueva 2015 – Wirkungsorientierter Geschäftsbericht. Graz.

Augusto, Juan Carlos; Huch, Michael; et al. (Hg.) (2012): Handbook of Ambient Assisted Living, Technology for Healthcare, Rehabilitation and Well-being. Amsterdam, Berlin, Tokio, Waschington DC: IOS Press.

Ausschuss für Sozialschutz (2010): A voluntary quality framework for social services, SPC/2010/10/8 endgültig vom 6. 10.2010,Brüssel.

Bäcker, Gerhard, Naegele, Gerhard, Bispinck, Reinhard, Hofemann, Klaus; Neubauer, Jennifer (2010): Sozialpolitk und soziale Lage in Deutschland. Band 2: Gesundheit, Familie, Alter und Soziale Dienste. Wiesbaden: VS Verlag für Sozialwissenschaften.

Badura, Bernhard; Gross, Peter (1976): Sozialpolitische Perspektiven. Eine Einführung in Grundlagen und Probleme sozialer Dienstleistungen. München: Piper (Soziologie, 36).

© Springer Fachmedien Wiesbaden GmbH, ein Teil von Springer Nature 2018
A. Langer et al., *Innovation Sozialer Dienstleistungen*,
https://doi.org/10.1007/978-3-658-05122-8

183

BAG WfbM/ xit - Bundesarbeitsgemeinschaft Werkstätten für Menschen mit Behinderung e.V. und xit GmbH (2014): „Mehr Wert als man denkt!" Studie berechnet Sozialbilanz von Werkstätten für Menschen mit Behinderung. Online verfügbar unter http://www. bagwfbm.de/page/sroi_materialien.

Barbieri, Paolo (2009): Flexible Employment and Inequality in Europe. In: *European Sociological Review* 25 (6), S. 621–628.

Barnes, Marian; Prior, David (Hg.) (2009): Subversive Citizens. Power, agency and resistance in public services. Bristol: Policy Press.

Bayer, Steffen; Barlow, James; Curry, Richard (2007): Assessing the impact of a care innovation. Telecare. In: *Syst. Dyn. Rev.* 23 (1), S. 61–80. https://doi.org/10.1002/sdr.361.

Bea, Franz-Xaver; Göbel, Elisabeth (2010): Organisation – Theorie und Gestaltung. 4. Überarbeitete Auflage. Stuttgart: Lucius & Lucius.

Beckmann, Markus; Jansen, Stephan A.; Heinze, Rolf G. (Hg.) (2013): Sozialunternehmen in Deutschland: Analysen, Trends und Handlungsempfehlungen. Wiesbaden: Springer VS.

Bellermann, Martin (2011): Sozialpolitik. Eine Einführung für soziale Berufe. Freiburg i.Br.: Lambertus.

BEPA Bureau of European Policy Advisors (2011): Empowering people, driving change. Social Innovation in the European Union. Luxemburg: Publications Office of the European Union.

Billis, David (Hg.) (2010): Hybrid organizations and the third sector. Challenges for practice, theory and policy. Basingstoke: Palgrave Macmillan.

Bock, Thomas (2011): Und sie bewegt sich doch … Die Sozialpsychiatrie in der Zeit nach der Enquete. In: *Soziale Psychiatrie* (2), S. 22ff.

Böhm, Wolfgang; Wöhrle, Armin (2009): Einführung in das Qualitätsmanagement in der sozialen Arbeit. Qualität – Evaluation – Qualitätssicherung – Total Quality Management. 2., aktual. Aufl. Brandenburg: Service-Agentur des HDL (Studienbrief / Hochschulverband Distance Learning, 2-020-1701 : Qualität, Evaluation, Qualitätssicherung, Total Quality Management).

Bolling, Jamie; Nikolin, Sanja (2013): Shaping Innovation in Social Services: 2020 and Beyond. Report from International Expert Meeting held in Brussels, Sept 18, 2013.

Borins, Sandford (2001): Encouraging innovation in the public sector. In: *Journal of Intellectual Capital* 2, S. 310–319.

Bouchard, Marie J. (2006): L'innovation social en économie sociale. Montréal: Chaire de recherché du Canada en économie sociale, Université du Québec à Montréal.

Braun-Thürmann, Holger (2005): Innovation. Bielefeld: Transcript-Verl. (Einsichten).

Bund, Eva; Hubrich, David-Karl; Schmitz, Björn; Mildenberger, Georg; Krlev, Gorgi (2013): Blueprint of social innovation metrics – contributions to an understanding of opportunities and challenges of social innovation measurement. A deliverable of the project: "The theoretical, empirical and policy foundations for building social innovation in Europe" (TEPSIE), European Commission – 7th Framework Programme, Brussels: European Commission, DG Research.

Burau, Viola; Dahl, Hanne Marlene (2013): Trajectories of Change in Danish Long Term Care Policies—Reproduction by Adaptation through Top-Down and Bottom-Up Reforms. In: Costanzo Ranci und Emmanuele Pavolini (Hg.): Reforms in Long-Term Care Policies in Europe. Investigating Institutional Change and Social Impacts. New York, NY: Springer, S. 79–95.

Burchert, Heiko (2009): Telemedizin-Controlling: Aufgaben, Instrumente und Vorgehen. In: F. Duesberg (Eds.) (Hg.): Informationstechnologien und Telematik im Gesundheitswesen. Solingen: Medical future Verlag, S. 18–23.

Chi Yee; Lee, Vincent Wan Pin; Wong, Yu Cheung; Fung, John Yat Chu; Law, Chi Kwong; Lam, Jolie (2009): Tackling the Digital Divide. In: *British Journal of Social Work* 39, S. 754–767.

Clark, Mike; Goodwin, Nick (2010): Sustaining innovation in teleheatlh and telecare. WSDAN briefing paper. Online verfügbar unter http://www.kingsfund.org.uk/sites/files/kf/Sustaining-innovation-telehealth-telecare-wsdan-mike-clark-nick-goodwin-october-2010.pdf.

Coye, Molly Joel; Haselkorn, Ateret; DeMello, Steven (2009): Remote patient management: technology-enabled innovation and evolving business models for chronic disease care. In: *Health affairs (Project Hope)* 28 (1), S. 126–135. https://doi.org/10.1377/hlthaff.28.1.126.

Crepaldi, Chiara; Rosa, Eugenia de; Pesce, Flavia (2012): Literature review on innovation in social services in Europe. Report. INNOSERV.

Cummins, Linda K.; Byers, Katharine V.; Pedrick, Laura E. (2011): Policy practice for social workers. New strategies for a new era. Boston, Mass.: Allyn and Bacon.

Dahl, Hanne Marlene (2007): Strukturreform og ældreomsorg. In: *Gerontologi* 24 (2), S. 4–7.

Dahl, Hanne Marlene (2012a): Neo-liberalism meets the Nordic welfare state: Gaps and silences. In: *NORA* 20(4), S. 283–288.

Dahl, Hanne Marlene (2012b): Who can be against quality? In: Christine Ceci, Kirstín Björnsdottir und Mary Ellen Purkis (Hg.): Perspectives on Care at Home for Older People. New York: Routledge, S. 139–157.

Dahl, Hanne Marlene; Fahnøe, Kristian; Eurich, Johannes; Hawker, Chris; Krlev, Gorig; Langer, Andres et al. (2014): Promoting Innovation in Social Services. An Agenda for Future Research and Development. Heidelberg: Heidelberg University/DWI.

Dahme, Heinz Jürgen; Wohlfahrt, Norbert (2007): Gesundheitspolitik im aktivierenden Sozialstaat: zu einigen Aspekten der Ökonomisierung der Gesundheitsversorgung und Gesundheitsförderung. In: Bettina Schmidt und Petra Kolip (Hg.): Gesundheitsförderung im aktivierenden Sozialstaat. Präventionskonzepte zwischen Public Health, Eigenverantwortung und Sozialer Arbeit. Weinheim und Munich: Juventa.

Daly, Mary (2012): Paradigms in EU social policy. A critical account of Europe 2020. In: *Transfer: European Review of Labour and Research* 18 (3), S. 273–284. https://doi.org/10.1177/1024258912448598.

Deding, Mette; Jakobsen, Vibeke (2007): Kønsforskelle i indvandreres beskæftigelse i Danmark. In: *Søkelys på arbeidslivet* (24), S. 119–128.

Department of Health UK (2012): Long Term Conditions Compendium of Information. 3. Aufl. London: Department of Health.

Dinkić, Mirosinka; Momčilović, Jelena (2005): Cost of Independence, Cost-Benefit Analysis of Investing In the Organization of Personal Assistant Service Network for Persons with Disabilities in Serbia, Belgrade, September2005,. Online verfügbar unter http://cilsrbija.org/ebib/COSTS_benefit.pdf.

Dörner, Klaus; Plog, Ursula (2002): Irren ist menschlich. Lehrbuch der Psychiatrie und Psychotherapie. Bonn: Psychiatrie Verlag.

Duesberg, Frank (Hg.) (2010): e-Health 2010 – Informationstechnologien und Telematik im Gesundheitswesen. Solingen: Medical future Verlag.

Eisenstein, Elisabeth (1983): The Printing Revolution in Early Modern Europe. Cambridge: Cambridge University Press.

Eurich, Johannes (2008): Gerechtigkeit für Menschen mit Behinderung. Ethischen Reflexionen und sozialpolitische Perspektiven. Frankfurt a.M., New York: Campus Forschung.

Eurich, Johannes (2016): Professionelle Assistenz in der Perspektive von Inklusion. In: Ulf Liedke, und Harald Wagner (Hg.): Inklusion. Lehr- und Arbeitsbuch für professionelles Handeln in Kirche und Gesellschaft. Stuttgart: Kohlhammer Verlag, S. 150–166.

Eurich, Johannes (2018): Diakonische Kultur aus der Perspektive von Nutzerinnen und Nutzern. In: Thorsten Moos (Hg.): Diakonische Kultur. Begriff, Forschungsperspektiven, Praxis (Diakonie 16). Stuttgart: Kohlhammer (im Erscheinen).

Eurich, Johannes; Langer, Andreas (2016): Social Innovations as Opportunities: How Can Innovations in Social Services Be Stimulated and Managed? In: *Diaconia* 7/2016 (2), S. 174–190.

Europäische Kommission (2008): Biennial report on social services of general interest. Brüssel.

Europäische Kommission (2014): EU Employment and Social Situation – Quarteryl Review Supplement December 2014 – Health and Social Services from an employment and economic perspective. Brüssel.

Europäisches Parlament und Europäischer Rat (2013): Verordnung (EU) Nr. 1296/2013 des Europäischen Parlaments und des Rates vom 11. Dezember 2013 über ein Programm der Europäischen Union für Beschäftigung und soziale Innovation (EaSI) und zur Änderung des Beschlusses Nr. 283/2010/EU über die Einrichtung eines europäischen Progress-Mikrofinanzierungsinstruments für Beschäftigung und soziale Eingliederug. In: *Amtsblatt der Europäischen Union L 347 vom 20. 12.2013.*

European Consumer Debt Netwrok (2007): Money matters – Debt Advice services. Linz. Online verfügbar unter http://www.ecdn.eu/ecdn/index.php?option=com_docman &task=doc_view&gid=244.

Ferlie, Ewan; Lynn, Laurence E.; Pollitt, Christopher (2005): The Oxford handbook of public management. Oxford: Oxford Univ. Press.

Franz, Daniel (2014): Anforderungen an MitarbeiterInnen in wohnbezogenen Diensten der Behindertenhilfe. Veränderungen des professionellen Handelns im Wandel von der institutionellen zur personalen Orientierung. Marburg: Lebenshilfe-Verlag.

Frewer-Graumann, Susanne (2014): Zwischen Fremdfürsorge und Selbstfürsorge. Wiesbaden: Springer VS.

Gaden, Udo (2011): Neue Technologien in Assistenz und Pflege. Erfahrungen aus Schottland, den Niederlanden und den USA. In: *Archiv für Wissenschaft und Praxis der sozialen Arbeit : Vierteljahresheft zur Förderung von Sozial-, Jugend- und Gesundheitshilfe* 42 (3), S. 18–28.

Gillwald, Katrin (2000): Konzepte sozialer Innovation Berlin. (Paper der Querschnittsgruppe Arbeit und Ökologie P00-519). Berlin: Wissenschaftszentrum Berlin für Sozialforschung.

Government of the Republic of Serbia (2012): Initial Report oft he Implementation of the Convention oft he Rights of Persons with Disabilities. Belgrad.

Grabher, Gernot (2002): Cool Projects, Boring Institutions – temporary collaboration in social context. In: *Regional Studies 63/3* (36.3), S. 205–214.

Groenemeyer, Axel (2010): Doing Social Problems. Mikroanalysen der Konstruktion sozialer Probleme und sozialer Kontrolle in institutionellen Kontexten. Wiesbaden: VS Verlag für Sozialwissenschaften.

Grönroos, Christian; Voima, Päivi (2013): Critical Service Logic – Making Sense of Value Creation and Co-Creation. In: *Journal of the Academy of Marketing Science* 41 (2), S. 133–150.

Grunwald, Klaus; Steinbacher, Elke (2007): Organisationsgestaltung und Personalführung in den Erziehungshilfen. Grundlagen und Praxismethoden. Tübingen: Juventa.

Güntner, Simon; Langer, Andreas (2013): Sozialarbeitspolitik zwischen Professionspolitik und Gesellschaftsgestaltung. In: Benjamin Benz, Günter Rieger, Werner Schönig und Monika Többe-Schukalla (Hg.): Politik Sozialer Arbeit. Weinheim, Basel: Beltz-Juventa, S. 238–254.

Halfar, Bernd (2009): Wirkungsorientiertes Controlling in der Sozialwirtschaft. In: *SOZIALwirtschaft* (5), S. 6–8.

Hamran, Torunn (1996): Effektivisering versus omsorgsansvar. In: *Kvinneforskning* 2, S. 35–48.

Harlow, Elizabeth; Webb, Stephen A. (Hg.) (2003): Information and Communication Technologies in the Welfare Services. London: Jessica Kingsley Publishers.

Hartmann, Anja (2011): Soziale Dienste: Merkmale, Aufgaben und Entwicklungstrends aus der Perspektive soziologischer Theorien. In: Adalbert Evers, Rolf G. Heinze und Thomas Olk (Hg.): Handbuch Soziale Dienste, 1 Aufl. Wiesbaden: VS Verlag für Sozialwissenschaften, S. 76–93.

Hasenfeld, Yeheskel; Gidron, Benjamin (2005): Understanding multi-purpose hybrid voluntary organizations. The contributions of theories on civil society, social movements and non-profit organizations. In: *Journal of Civil Society* 1 (2), S. 97–112. https://doi.org/10.1080/17448680500337350.

Hawker, Chris; Frankland, Jane (2012): Theoretical trends and criteria for 'innovative service practices' in social services within the EU. Report. INNOSERV.

Heath, Christian; Knoblauch, Hubert; Luff, Paul (2000): Technology and social interaction. the emergence of ‚workplace studies'. In: *British Journal of Sociology* 51 (2), S. 299–320.

Heinze, Rolf G. (2009): Rückkehr des Staates? Politische Handlungsmöglichkeiten in unsicheren Zeiten. 1. Aufl. Wiesbaden: VS Verlag für Sozialwissenschaften / GWV Fachverlage GmbH Wiesbaden. Online verfügbar unter http://dx.doi.org/10.1007/978-3-531-91727-6.

Heinze, Rolf G.; Ley, Catherine (2009): Vernetztes Wohnen. Ausbreitung, Akzeptanz und nachhaltige Geschäftsmodelle. Forschungsbericht. Bochum, Berlin. Online verfügbar unter http://www.sowi.rub.de/mam/content/heinze/heinze/abschlussbericht_vernetzteswohnen.pdf.

Hermans, Koen; Vranken, Renilt (2010): Switch the light on green for innovation in care. Practice Book. Brussles: Flemish federation of welfare.

Hilbert, Joseph; Paulus, Wolfgang (2011): Vom Hausnotruf zu AAL. Geschichte, Stand und Perspektiven des Einsatzes von Technikern in Medizin und Pflege. In: *Archiv für Wissenschaft und Praxis der sozialen Arbeit : Vierteljahresheft zur Förderung von Sozial-, Jugend- und Gesundheitshilfe* 42 (3), S. 4–17.

Holmström, Charlotta; Skilbrei, May-Len (2008): Prostitution i Norden. Forskningsrapport. Kopenhagen: Nordiska Ministerrådet.

Howaldt, Jürgen; Schwarz, Michael (2010): Social innovation: Concepts, research fields and international trends. Aachen: RWTH Aachen University, Department of Information Management in Mech. Engineering.

Huuskonen, Saila; Vakkari, Pertti (2015): Selective Clients' Trajectories in Case Files – Filtering out Information in the Recording process in Child protection. In: *British Journal of Social Work* 45, S. 792–808.

Inno-Serv.eu (ohne Jahr): Social Platform des EU FP7 Projektes InnoServ, Social Platform on innovative Social Services. Aufgrund technischer Gegebenheiten ist dieser Internetauftritt ständigen technischen Veränderungen unterworfen, derzeit erreichbat unter: http://innoserv.philnoug.com/de (Stand Ende 2017)

Institut Theophrastus Renaudot (2000): Charte de promotion des pratiques de santé communautaire. Paris.

Jacobsen, Heike; Jostmeier, Milena (2010): Dienstleistungsinnovation als soziale Innovation: neue Optionen für produktive Aktivität der NutzerInnen. In: Jürgen Howaldt und Heike Jacobsen (Hg.): Soziale Innovation. Auf dem Weg zu einem postindustriellen Innovationsparadigma. Wiesbaden: VS Verlag, S. 219–235.

Jalonen, Harri; Juntunen, Pekka (2011): Enabling Innovation in Complex Welfare Service Systems. In: *JugendSportSupporterMagden* 04 (04), S. 401–418. https://doi.org/10.4236/jssm.2011.44046.

Jansen, Sabine (2010): Menschen mit Demenz und ihre Angehörigen: Wünsche und Bedürfnisse. In: *Informationsdienst Altersfragen* 37 (4), S. 13–19.

Karbach, Ute; Driller, Elke (2011): Chancen und Risiken technischer Assistenz für Menschen mit Behinderung. In: *Archiv für Wissenschaft und Praxis der sozialen Arbeit : Vierteljahresheft zur Förderung von Sozial-, Jugend- und Gesundheitshilfe* 42 (3), S. 60–69.

Kastl, Jörg M.; Metzler, Heidrun (2005): Modellprojekt Persönliches Budget für Menschen mit Behinderung in Baden-Württemberg. Abschlussbericht der wissenschaftlichen Begleitforschung. Stuttgart: Ministerium für Arbeit und Soziales Baden-Württemberg.

Kazepov, Yuri (2010): Rescaling in der Sozialpolitik: die neue Rolle lokaler Wohlfahrtssysteme in europäischen Staaten. In: Walter Hanesch (Hg.): Die Zukunft der Sozialen Stadt. Stretegien gegen soziale Spaltung und Armut in den Kommunen. Wiesbaden: VS Verlag für Sozialwissenschaften, S. 115–153.

Kehl, Konstantin; Then, Volker; Münscher, Robert (2012): Social Return on Investment. auf dem Weg zu einem integrativen Ansatz der Wirkungsforschung. In: Helmut K. Anheier et al. (Hg.): Soziale Investitionen. Wiesbaden: VS Verlag für Sozialwissenschaften, S. 313–331.

Kittay, Eva-Feder (2013): Normalcy and A Good Life. Problems, Prospects, and Possibilities in the Life of People with Severe Cognitive Disabilities. In: Presentation held on the NNDR Conference 2013. Turku. Online verfügbar unter https://skydrive.live.com/view.aspx?resid=7321587BAEDCFCA4!110&app=PowerPoint&authkey=!AOrS7uPanNeAXu8.

Knierbein, Sabine (2010): Die Produktion zentraler öffentlicher Räume in der Aufmerksamkeitsökonomie. Ästhetische, ökonomische und mediale Restrukturierungen durch gestaltwirksame Koalitionen in Berlin seit 1980. Univ., Diss.—Weimar, 2009. 1. Aufl. Wiesbaden: VS Verlag für Sozialwissenschaften.

Kreidenweis, Helmut (2012): Lehrbuch Sozialinformatik. 2. Aufl. Baden-Baden: Nomos-Verl.-Ges.

Kristensen, Catharina Juul; Voxsted, Søren (2009): Innovation: Medarbejder og bruger. Copenhagen: Hans Reitzels.

Krone, Sirikit; Langer, Andreas; Mill, Ulrich; Stöbe-Blossey, Sybille (2009): Jugendhilfe und Verwaltungsreform. Zur Entwicklung der Rahmenbedingungen Sozialer Dienste. Wiesbaden: VS Verlag für Sozialwissenschaften.

Kuenne, Christoph W.; Adamczyk, Sabrina; Rass, Matthias; Bullinger, Angelika C.; Moeslein, Kathrin M. (2011): IT-based interaction platforms to foster virtual patient communities. In: Klaus Meißner und Martin Engelien (Hg.): Virtual enterprises, communities & social networks. Workshop GeNeMe '11 – Gemeinschaften in Neuen Medien, TU

Dresden, 07./08.09.2011; [eingebunden in die Gesamttagung "Wissens-Gemeinschaften 2011"]. Dresden: TUDpress, S. 153–162.

Kutsar, Dagmar; Kuronen, Marjo (Hg.) (2015): Local Welfare Policy Making in European Cities. Wiesbaden: Springer.

Kutscher, Nadia; Ley, Thomas; Seelmeyer, Udo (2011): Subjekt – Technik – Kontext. Zur Aneignung von Informations- und Kommunikationstechnologien in der Sozialen Arbeit. In: Jugendhilfeforschung. Kontroversen – Transformationen – Adressierungen (Hg.): Arbeitskreis 'Jugendhilfe im Wandel'. Wiesbaden, S. 187–214.

Laino, Elsa; Sütó, Timea (2013): Pushing research further: International expert meetings on innovation in the social services. Report. INNOSERV.

Langer, Andreas (2004): Professionsethik und Professionsökonomik. Legitimierung sozialer Arbeit zwischen Professionalität, Gerechtigkeit und Effizienz. Univ., Diss.—Bochum, 2004. Regensburg: Transfer-Verl. (Kölner Schriften zur Sozial- und Wirtschaftspolitik, 48).

Langer, Andreas (2006): Dienstleistungsorientiertes Sozialmanagement. Vertrauensgüter – Führungspersonen – Professionalisierung. In: *Zeitschrift für Sozialpädagogik* 4 (3), S. 276–304.

Langer, Andreas (2009): Zur Professionalisierung der SozialmanagerInnen. Neue Kunden (Klienten) – Handlungskompetenzen – politische Anreize. In: Karl-Siegbert Rehberg (Hg.): Die Natur der Gesellschaft. Verhandlungsband des 33. Soziologiekongresses 2006. Ad-hoc Gruppe Professionssoziologie: Campus.

Langer, Andreas (2012): Transnationale Professionalisierung oder Behinderte Transnationalisierung? Professionelles Wissen und professionelles Handeln im Lichte lokaler Sozialpolitik und selbst bestimmten Menschen mit Behinderung. In: Verhandlungen des 35. Kongresses der Deutschen Gesellschaft für Soziologie in Frankfurt 2010: Campus.

Langer, Andreas (2013a): Persönlich vor ambulant und stationär. Wiesbaden: Springer VS.

Langer, Andreas (2013b): Professionell managen. Kompetenz, Wissen und Governance im Sozialen Management. Wiesbaden: Springer VS (Soziale Investitionen).

Langer, Andreas; Eurich, Johannes (2014): Innovation in Social Work and its Impacts on Social Management. In: *International Journal of Innovation, Creativity and Change* 1 (4), S. 1–14.

Langer, Andreas; Güntner, Simon; Crcic, Jasmina (2013): Theoretically informed case studies. Report. INNOSERV.

Laville, Jean-Louis (2014): Innovation sociale, économie sociale et solidaire, entrepreneuriat social. Une mise en perspective historique. In: Frank Moulaert (Hg.): L'Innovation Sociale. Unter Mitarbeit von Juan-Luis Klein und Jean-Louis Laville. Toulouse: ERES, S. 45–80.

Leichsenring, Kai (2004): Developing integrated health and social care services for older persons in Europe. In: *International Journal of Integrated Care* (4, 3).

Leichsenring, Kai (2012): Integrated care for older people in Europe – latest trends and perceptions. In: *International Journal of Integrated Care* (12).

Ley, Thomas (2008): Eingeführt gleich umgesetzt? Zum Stand von Informationstechnologien in den Jugendämtern. In: *Jugendhilfe aktuell* (1), S. 6–9.

Ley, Thomas; Seelmeyer, Udo (2008): Professionalism and information technology. Positioning and mediation. In: *Social Work & Society* 6 (2).

Leys, Mark (2009): Technology and innovation in the elderly care. Care symposium. Aalst.

Lindsay, Colin; Mailand, Mikkel (2009): Delivering employability in a vanguard 'active'-welfare state: thecase of Greater Copenhagen in Denmark. In: *Environment and planning. C, Government & policy* 27 (6), S. 1040–1052.

Lipsky, Michael (2010): Street-level bureaucracy. Dilemmas of the individual in public services. Updated ed. New York: Russell Sage Foundation.

Lipszyc, Barbara; Sail, Etienne; Xavier, Ana (2012): Long-term care – need, use and expenditure in the EU-27, European Commission Economic Papers 469 (November 2012). Brüssel: Europäische Kommission.

Lloyd, James; Wait, Suzanne (2005): Integrated Care. A Guide for Policymakers. London: Alliance for Health and the Future.

Loidl, Rainer; Laskowski, Wolfgang (2012): Professionalization strategies of social work in social enterprises based on socio-economic ratios. In: *Journal of Entrepreneurship Perspectives* 1 (1), S. 111–131.

Luff, Paul; Hindmarsh, Jon; Heath, Christian (2000): Workplace Studies. Recovering Work Practice and Informing System Design. Cambridge: Cambridge University Press.

Lundvall, Bengt-Ake (1985): Product innovation and user-producer interaction. Aalborg: Univ. Press (Industrial development research series, 31 : Research report).

Maaßen, Angelika (2014): Steuern-Stützen-Stärken. Hilfe für pflegende Angehörige durch Beratung. In: *Standpunkt Sozial* 1, S. 67–75.

Mahoney, James (2000): Path dependence in historical sociology. In: *Theory and Society* 29 (4), S. 507–548. https://doi.org/10.1023/A:1007113830879.

Mairhofer, Andreas (2014): Nutzerorientierung in der Sozialen Arbeit – Implikationen der Personen-konzepte Klient, Kunde und Bürger. Münster: LIT Verlag.

Mc Kenzie, James; Pinger, Robert (2015): An introduction to community and public health. 8. Aufl. Boston: Jones and Bartlett.

Melchinger, Heiner (2008): Ambulante psychiatrische Versorgung – Umsteuerung dringend geboten. In: *Deutsches Ärzteblatt* (11), S. 516–518.

Merchel, Joachim (2003): Zum Stand der Diskussion über Effizienz und Qualität in der Produktion sozialer Dienstleistungen. In: Michael Möller (Hg.): Effektivität und Qualität sozialer Dienstleistungen. ein Diskussionsbeitrag. Kassel: Kassel University Press, S. 4–25.

Mirenda, Pat (2003): Toward functional augmentative and alternative communication for students with autism: Manual signs, graphic symbols, and voice output communication aids. In: *Language, Speech, and Hearing Services in Schools* 34, S. 203–216.

Mitton, Craig; Dionne, Francois; Masucci, Lisa; Wong, Sabrina; Law, Susan (2011): Innovations in health service organization and delivery in northern rural and remote regions: a review of the literature. In: *International Journal of Circumpolar Health* 70 (5), S. 460–472.

Mollenkopf, Heidrun (2011): Technische Unterstützungssysteme für alte Menschen : Empowerment oder Isolation? In: *Archiv für Wissenschaft und Praxis der sozialen Arbeit : Vierteljahresheft zur Förderung von Sozial-, Jugend- und Gesundheitshilfe* 42 (3), S. 29–39.

Mur-Veeman, Ingrid; van Raak, Arno; Paulus, Aggie (2008): Comparing integrated care policy in Europe: does policy matter? In: *Health policy (Amsterdam, Netherlands)* 85 (2), S. 172–183. https://doi.org/10.1016/j.healthpol.2007.07.008.

Needham, Catherine (2011): Personalising public services. Understanding the personalisation narrative. Bristol: Policy.

Nicholls, Alex; Murdock, Alex (2011): Social Innovation. Blurring Boundaries to Reconfigure Markets. Basingstoke: Palgrave Macmillan.

O'Rourke, Liz (2008): Recording in Social Work. Not just an Administrative Task. Bristol: Policy Press.

Pauwels, Luc (1993): The visual essay – Affinities and divergences between the social scientific and the social documentary modes. In: *Visual Anthropology* (6), S. 199–210.

Pauwels, Luc (2015): Reframing Visual Social Science – Towards a more visual Sociology and Anthroopology. Cambridge: Cambridge University Press.

Perron, Brian E.; Taylor, Harry O.; Glass, Joseph E.; Margerum-Leys (2010): Information and Communication Technologies in Social Work. In: *Adv Soc Work* 11 (2), 67–28.

Pesce, Flavia; Ispano, Michele (2013): Pushing research further – a comparative analysis from local feedbacks. INNOSERV WP 8 Report. Online verfügbar unter http://www.dwi. uni-heidelberg.de/md/dwi/innoserv/a_comparative_analysis_from_local_feedbacks.pdf.

Pestoff, Victor (1998): Beyond the market and state: Social enterprises and civil democracy in a welfare society. Aldershot, Hants, England, Brookfield, Vt., USA: Ashgate Pub.

Pfadenhauer, Michaela (2008): Organisieren. Eine Fallstudie zum Erhandeln von Events. Wiesbaden: VS Verlag für Sozialwissenschaften.

Phills, James A.; Deiglmeier, Kriss; Miller, Dale T. (2008): Rediscovering Social Innovation. In: *Stanford Social Innovation Review* 6 (4), S. 34–43.

Planète Publique (2011): Pour un débat citoyen sur la santé plus actif, Etude sur les modes de participation des usagers citoyens à la prise de décision en santé, Ministère de la santé, de la jeunesse et des sports. Paris.

Pohlmann, Markus C. (2002): Organisationsentwicklung und Organisationsberatung im Zeichen reflexiver Modernisierung. In: *Gruppendynamik* 33 (3), S. 339–353. https://doi.org/10.1007/s11612-002-0027-1.

Pols, Jeannette; Willems, Dick (2011): Innovation and evaluation. Taming and unleashing telecare technology. In: *Sociology of Health and Illness* 33 (3), S. 484–489.

Porter, Michael E.; Stern, Scott; Loria, Roberto Artavia (2013): Social progress report 2013.

Prahalad, Coimbatore Krishnarao; Ramaswamy, Venkatram (2004): Co-Creating Experiences. the next practice in value creation. In: *Journal of Interactive Marketing* (18(3)), S. 5–14.

Preiß, Holger (2011): Gesundheitsbezogene virtuelle Selbsthilfe – Neue Chance oder Verstärkung gesundheitlicher Ungleichheit? In: *Archiv für Wissenschaft und Praxis der sozialen Arbeit* 42 (3), S. 77–85.

Preskill, Hallie; Gopal, Srik; Cook, Joelle; Mack, Catelyn (2014): Evaluating Complexity: Propositions for Improving Practice. Online verfügbar unter http://www.fsg.org/publications/evaluating-complexity.

Prior, David; Barnes, Marian (2009): „Subversion" and the analysis of public policy. In: Marian Barnes und David Prior (Hg.): Subversive Citizens. Power, agency and resistance in public services. Bristol: Policy Press, S. 191–206.

Prognos AG (2011): Umsetzung und Akzeptanz des Persönlichen Budgets – Rücklauf der Trägerbefragung. 2. Sitzung des Beirats, 12. 12.2011.Präsentation Bundesministerium für Arbeit und Soziales (22/05).

Rammert, Werner (2008): Technographie trifft Theorie – Forschungsperspektiven einer Theorie der Technik. In: Herbert Kalthoff, Stefan Hirschauer und Gesa Lindemann (Hg.): Theoretische Empirie – zur Relevanz qualitativer Forschung. Frankfurt am Main: Suhrkamp, S. 341–367.

Rammert, Werner (2010): Die Innovationen der Gesellschaft. In: Jürgen Howaldt und Heike Jacobsen (Hg.): Soziale Innovation. Auf dem Weg zu einem postindustriellen Innovationsparadigma. Wiesbaden: VS Verlag für Sozialwissenschaften, S. 21–51.

Reichwald, Ralf; Piller, Frank (2009): Interaktive Wertschöpfung. Innovation, Individualisierung und neue Formen der Arbeitsteilung. 2. Aufl. Wiesbaden: Gabler.

Richez-Battesti, Nadine; Vallade, Delphine (2009): Économie sociale et solidaire et innovation sociale. Premières observations sur un incubateur dedié en Languedoc Roussillon. In: *Innovations* (vol. 30, issue 2), S. 41–49.

Rogers, Everett M. (2003): Diffusion of Innovations, New York: Free Press, 5. Auflage.

Sabato, Sebastiano; Vanhercke, Bart; Verschraegen, Gert (2015): The EU framework for social innovation. Between entrepreneurship and policy experimentation. ImPRovE Working Paper No. 15/21. Antwerpen: Herman Deleeck Centre for Social Policy – University of Antwerp.

Sarasa, Sebastià; Mestres, Josep (2007): Women's employment and the adult caring burden. In: Gøsta Esping-Andersen (Hg.): Family formation and family dilemmas in contemporary Europe. Bilbao: Fundación BBVA.

Schaaf, Anna; Namslau, Eberhard (2014): Angehörigenpflege – der schwerste Job? Belastungen der pflegenden Angehörigen von Menschen mit Demenz. In: *Standpunkt Sozial* 1, S. 61–66.

Schalock, Robert L. (2004): The Emerging Disability Paradigm and Its Implications for Policy and Practice. In: *Journal of Disability Policy Studies* 14 (4), S. 204–215.

Schmitz, Björn; Krlev, Gorgi; Mildenberger, Georg; Bund, Eva; Hubrich, David (2013): Paving the Way to Measurement – A Blueprint for Social Innovation Metrics. A short guide to the research for policy makers. A deliverable of the project: "The theoretical, empirical and policy foundations for building social innovation in Europe" (TEPSIE), European Commission – 7th Framework Programme. Brussles: European Comission, DG Research.

Schmidt, M. and Petersen L. (2003): Projekt fælles sprog. akademisk forlag. Copenhagen. akademisk forlag.

Schneider, Ulrike; Pennerstorfer, Astrid (2014): Der Markt für soziale Dienstleistungen. In: Ulli Arnold, Holger Backhaus-Maul und Benjamin Benz (Hg.): Lehrbuch der Sozialwirtschaft. 4., erw. Aufl. Baden-Baden: Nomos-Verl.-Ges, S. 157–180.

Schumpeter, Joseph A. (2005): Kapitalismus, Sozialismus und Demokratie. 8. Aufl. Stuttgart: UTB.

Sodtke, Diana; Armbruster, Meinrad (2007): ELTERN-AG – die niedrigschwellige Elternschule für die frühe Kindheit. In: *Praxis der Kinderpsychologie und Kinderpsychiatrie* 56 (8), S. 707–720.

Sørensen, Eva; Torfing, Jacob (2011): Enhancing collaborative innovation in the public sector. In: *Administration & Society*, S. 842–868.

Spanger, Marlene (2011): Human trafficking as a lever for feminist voices? Transformations of theDanish policy field of prostitution. In: *Critical Social Policy* 31 (4), S. 517–539.

Statistisches Bundesamt (2011): Wie leben Kinder in Deutschland? Wiesbaden.

Statistisches Bundesamt (DESTATIS) (2015): Statistik der Sozialhilfe. Eingliederungshilfe für behinderte Menschen 2013. Hg. v. Statistisches Bundesamt. Wiesbaden. Online verfügbar unter https://www.destatis.de/DE/Publikationen/Thematisch/Soziales/Sozialhilfe/Eingliederungshilfe_Behinderte5221301137004.pdf?__blob=publicationFile, zuletzt geprüft am 26.02.2016.

Steyaert, Jan; Gould, Nick (2009): Social Work and the Changing Face of the Digital Divide. In: *British Journal of Social Work* 39, S. 740–753.

Stiglitz, Joseph E.; Sen, Amartya; Fitoussi, Jean-Paul (2009): Report by the Commission on the Measurement of Economic Performance and Social Progress. Paris. Online abrufbar auf: http://www.stiglitz-sen-fitoussi.fr/en/index.htm.

Storper, Michael (1997): The regional world. Territorial development in a global economy. New York: Guilford Press (Perspectives on economic change). Online verfügbar unter http://www.loc.gov/catdir/bios/guilford051/97016062.html.

Sullivan, Hellen; Skelcher, Chris (2002): Working across boundaries: Collaboration in public services. Basingstoke: Palgrave.

Sunyaev, Ali; Leimeister, Jan Marco; Krcmar, Helmut (2010): Open Security Issues in German Healthcare Telematics. Proceedings of the Third International Conference on Health Informatics (HealthInf 2010), January 20-23. Valencia, Spain, 187–194.

Swyngedouw, Eric (2005): Governance Innovation and the Citizen. The Janus Face of Governance-beyond-the-State. In: *Urban Studies* 42 (11), S. 1991–2006.

Szebehely, Marta (2003): De nordiske hemtjänesten – bakgrund och. In: Marta Szebehely (Hg.): Hemhjälp i Norden. Lund: Studentlitteratur, S. 23–62.

Szikra, Dorottya; Kiss, Adrienne (2013): Producing „Visual Discussion Material" on innovative practice examples INNOSERV WP 6 Report.

The Center for Universal Design (1997): The Principles of Universal Design. Version 2.0. Raleigh, NC: NC State University.

The Young Foundation (2012): Social Innovation Overview: A deliverable of the project: "The theoretical, empirical and policy foundations for building social innovation in Europe" (TEPSIE), European Commission – 7 th Framework Programme, Brussels: European Commission, DG Research.

Then, Volker; Knust, Rüdiger; Stahlschmidt, Stephan (2014): Wirkungsmessung in der freien Wohlfahrt. In: *Theorie und Praxis der Sozialen Arbeit* (6), S. 422–427.

Thiedecke, Udo (Hg.) (2003): Virtuelle Gruppen. Opladen: Westdeutscher Verlag.

Thomas, Paul; Palfrey, Colin (1996): Evaluation: Stakeholder-focussed criteria. In: *Social Policy and Administration* 30(2), S. 125–142.

Toren, Nina (1975): Deprofessionalization and its Sources: A Preliminary Analysis. In: *Work and Occupations* 2(4), S. 323–337.

Tritter, Jonathan Quetzal; McCallum, Alison (2006): The Snakes and Ladders of User Involvement. In: *Health policy* (76), S. 156–168.

Vanhove, Jean-Marie (2012): Innovative practices in Europe. Report. INNOSERV.

Verleye, Katrien; Gemmel, Paul (2009): Innovation in the Elderly Care Sector – at the edge of chaos. Flanders DC. Ghent/Leuven. Online verfügbar unter http://www.flandersdc.be/sites/default/files/innovationcarelrcom.pdf.

Volz, Rüdiger (1993): Lebensführungshermeneutik – zu einigen Aspekten des Verhältnisses von Sozial-pädagogik und Ethik. In: *Neue Praxis* 23 (1 und 2), S. 25–31.

Vukovich, Gabriella (2008): Poverty and Social Exclusion in Rural Areas – Annex 1 Country Study Hungary. Brussles: European Communities.

West, Darrell M.; Miller, Edward Alan (2006): The digital divide in public E-health: Barriers to accessibility and privacy in state health department websites. In: *Journal of Health Care for the Poor and Underserved* 17, S. 652–666.

While, Alison; Dewsbury, Guy (2011): Nursing and information and communication technology (ICT). A discussion of trends and future directions. In: *International Journal of Nursing Studies* 48, S. 1302–1310.

White, Sue; Hall, Chris; Peckover, Sue (2009): The Descriptive Tyranny of the Common Assessment Framework. Technologies of Categorization and Professional Practice in Child Welfare. In: *British Journal of Social Work* 39 (7), S. 1197–1217. https://doi.org/10.1093/bjsw/bcn053.

Williams, Paul M. (2012): Collaboration in public policy and practice. Perspectives on boundary spanners. Bristol: Policy.

Windrum, Paul; Garcia-Goni, Manuel (2008): A neo-Schumpeterian Model of Health Services Innovation. In: *Research Policy* 37(4)(May), S. 649–672.

Winkler, Gabriele; Degele, Nina (2009): Intersektionalität – Zur Analyse sozialer Ungleichheiten. Bielefeld: transcript Verlag.

Wißmann, Peter (2010): Demenz – ein soziales und zivilgesellschaftliches Phänomen. In: Kirsten Aner und Ute Karl (Hg.): Handbuch Soziale Arbeit und Alter. Wiesbaden: VS Verlag für Sozialwissenschaften, S. 339–346.

Wißmann, Peter; Gronemeyer, Reimer; Whitehouse, Peter J.; Klie, Thomas (2008): Demenz und Zivilgesellschaft – eine Streitschrift. Frankfurt am Main: Mabuse-Verl.

The manufacturer's authorised representative in the EU is Springer
Nature Customer Service Centre GmbH, Europaplatz 3, 69115 Heidelberg,
Germany. If you have any concerns regarding our products, please
contact ProductSafety@springernature.com

Printed and bound by CPI Group (UK) Ltd, Croydon, CR0 4YY
27/04/2026
02097560-0001